SU

El despertar del Tercer Ojo

Accede al conocimiento,
la iluminación y la intuición

EDICIONES OBELISCO

Si este libro le ha interesado y desea que le mantengamos informado
de nuestras publicaciones, escríbanos indicándonos qué temas son de su interés (Astrología,
Autoayuda, Ciencias Ocultas, Artes Marciales, Naturismo, Espiritualidad, Tradición…)
y gustosamente le complaceremos.

Puede consultar nuestro catálogo en www.edicionesobelisco.com

Colección Espiritualidad y Vida interior
EL DESPERTAR DEL TERCER OJO
Susan Shumsky

1.ª edición: noviembre de 2016

Título original: *Awaken Your Third Eye*

Traducción: *Pilar Guerrero*
Maquetación: *Marga Benavides*
Corrección: *M.ª Ángeles Olivera*
Diseño de cubierta: *Enrique Iborra*

© 2015, Susan Shumsky
(Reservados todos los derechos)
Original en lengua inglesa publicado por
The Career Press, 12 Parish Drive, Wayne, NJ 07470, USA
© 2016, Ediciones Obelisco, S. L.
(Reservados los derechos para la presente edición)

Edita: Ediciones Obelisco, S. L.
Collita, 23-25 Pol. Ind. Molí de la Bastida
08191 Rubí - Barcelona - España
Tel. 93 309 85 25 - Fax 93 309 85 23
E-mail: info@edicionesobelisco.com

ISBN: 978-84-9111-158-0
Depósito Legal: B-21.822-2016

Printed in Spain

Impreso en España en los talleres gráficos de Romanyà/Valls S. A.
Verdaguer, 1 - 08786 Capellades (Barcelona)

Responsabilidad

El despertar del Tercer Ojo puede familiarizarnos con campos tan complejos como la meditación, el desarrollo espiritual y el yoga, pero de ningún modo nos enseña globalmente las técnicas descritas. En este sentido, se recomienda la instrucción personal de cada lector. *El despertar del Tercer Ojo* no es una guía independiente para la autosanación. Susan Shumsky no es doctora en medicina y no diagnostica enfermedades ni prescribe tratamientos. Los métodos descritos no implican directrices médicas, ni siquiera ejercicios o posturas que puedan resultar «beneficiosas» o «saludables». Los métodos y sugerencias que aparecen en esta obra deben seguirse siempre que se cuente con el permiso de un médico o un psiquiatra. Susan Shumsky, sus agentes, sus ayudantes y sus representantes legales, así como la Divine Revelation, Teaching of Institutional Metaphysics y la editorial, no tienen obligaciones ni responsabilidad legal alguna en cuanto a la eficacia, los resultados o los posibles beneficios derivados de la lectura de este libro, el empleo de la metodología descrita o el posible contacto con alguna de las personas mencionadas en la obra o en la web www.divinerevelation.org; negamos toda responsabilidad por heridas o daños en los que se pueda incurrir y no se indemnizarán reclamaciones, responsabilidades, pérdidas o daños causados por, o derivados de, la sugerencias propuestas en la obra o en la web www.divinerevelation.org

Dedicatoria

Este libro se ofrece, con todo el amor, a esas almas preciosas que se han sacrificado en busca de la iluminación espiritual y a aquellos maestros que enseñan el camino a esta cima. A todos los aspirantes y maestros devotos de la verdad suprema, porque con ellos quiero compartir este regalo de luz con gratitud por cada lágrima vertida en el camino.

Agradecimientos

Quisiera mostrar mi gratitud a todos aquellos que han hecho posible la publicación de este libro. Pero, principalmente, quiero dar las gracias a Jeff y Deborah Herman, quienes, además de ser mis agentes y consejeros, han sido los amigos más leales. Toda mi gratitud para Michael Pye y Laurie Kelly-Pye, que me pidieron que escribiera este libro y que han estado a mi lado durante más de una década, por los que siento un inmenso cariño y respeto. Gracias a Adam Schwartz, Eileen Munson, Jeff Piasky y a toda la editorial por haber trabajado tan diligentemente de cara a la publicación de esta obra.

Durante el tiempo que estuve escribiendo este libro, estuve bajos los cuidados y la atención de diversos amigos que me ayudaron siempre a dominar algunos retos difíciles. Quiero ofrecer mi reconocimiento y gratitud a Til Luchau, Amy Valenta, Marsha Clark, Hani Saeed, Pat Dorsey, Annette Gore, Helaine Hayutin, Gail Hayutin, Abbie Hayutin y Sid Hayutin, por su afecto y apoyo.

Finalmente, quisiera dedicar un agradecimiento especial a esos mentores que me han ayudado en mi búsqueda para abrir y explorar mi Tercer Ojo, incluyendo al Maharishi Mahesh Yogi, Peter Victor Meyer, Raman Kumar Bachchan, así como a mis maestros interiores y a los divinos seres de luz como el inmortal Mahamuni Babaji o el Espíritu Santo. Sin esos magníficos guías estelares nunca habría podido comprender las energías sutiles ni habría podido despertar el Tercer Ojo.

PRIMERA PARTE

⋮

Descubrir
el Tercer Ojo

CAPÍTULO 1

¿QUÉ ES EL TERCER OJO?

La lámpara del cuerpo es el ojo; así que,
si tu ojo es bueno, todo tu cuerpo estará
lleno de luz.

JESÚS DE NAZARET[1]

Hace poco, Craig Loverich, de Nueva Zelanda, compartió conmigo su experiencia con el Tercer Ojo:

«Cuando empecé a leer tu libro, *Ascension*, al poco tiempo me fui a la cama, porque era de noche. Poco después de cerrar los ojos para disponerme a dormir, tuve una maravillosa experiencia… como una explosión en el ojo de mi mente. No tenía ni idea de lo que me estaba pasando. Era como si un color blanco brillante explotara delante/dentro de mi mente. Esa experiencia sólo duró un momento; sin embargo, fue impresionante y no se parecía a nada que jamás antes hubiera vivido. Me quedé con una intensa sensación de paz y de limpieza.

En ese momento yo no tenía ni idea de lo que había ocurrido. No obstante, después, leyendo tu libro, encontré información al respecto. Desde entonces esto me ha pasado en más ocasiones».

La descripción de Craig es lo que puede ocurrir cuando se abre el Tercer Ojo. Esta afortunada experiencia es un síntoma de despertar hacia un estado de consciencia más elevado.

Mirar a través del Tercer Ojo

¿Qué es el Tercer Ojo? Y ¿cómo puedes abrirlo?

A través de las ventanas de tus ojos puedes ver el cambiante paisaje de tu hermoso y milagroso mundo. Puedes deleitarte contemplando la manifiestamente gloriosa creación que te rodea (no sólo de los elementos naturales, sino también de las creaciones humanas). Percibes ese mundo magnífico con tus cinco sentidos: vista, oído, olfato, gusto y tacto.

Pero hay un sexto sentido. Con ese sexto sentido, de alta percepción sensorial, puedes abrir la puerta a los reinos sutiles de la existencia. Puedes desarrollar un ojo interior y una visión del mundo invisible, consistente en múltiples dimensiones, realidades alternativas, planos sutiles, mundos espirituales repletos de luz y universos paralelos de belleza indescriptible. Ese ojo de sabiduría y conocimiento, de iluminación e intuición, es lo que se llama «el Tercer Ojo».

El mecanismo de la visión, de acuerdo con la ciencia, consiste en la conjugación entre el objeto de percepción (los dos ojos) y el cerebro. Se cree que el mecanismo de la visión interior (intuición) utiliza un tercer ojo interno, ubicado en la glándula pineal. Dicha glándula, que sigue siendo un misterio para la medicina alopática, es de sobras conocida por las medicinas ayurvédica de la India, la medicina tradicional china, las medicinas druídicas, judaica, islámica, taoísta, maya, tibetana, aborigen y por muchas otras culturas; también en el antiguo Egipto, Sumeria, Asiria, Babilonia, Grecia, Roma y Mesoamérica.

En la India, el Tercer Ojo se denomina *ajna chakra*, una energía sutil que se halla en el centro del cerebro, en la glándula pineal. Ésa es la puerta de la visión elevada, a través de la cual puede verse lo que no es evidente para los ojos de la cara. El *ajna chakra* no está en tu cuerpo físico. Si diseccionamos un cadáver no lo encontraremos en ningún sitio. Se halla en tu cuerpo sutil.

En todas partes del mundo antiguo y moderno, el Tercer Ojo se ha ubicado en la glándula pineal y se ha llamado de formas diversas, como «ojo divino», «ojo que todo lo ve», «ojo de la mente», «ojo del alma», «ojo interior», «ojo de la iluminación», «ojo de la sabiduría», «ojo de Horus», «Tercer Ojo», «ojo de la providencia», «ojo de Dios», «sexto chakra», *«ajna chakra»* y «ojo de la frente».

Con este libro podrás explorar el Tercer Ojo en profundidad. Descubrirás el trabajo de tu cuerpo sutil y su relación con tu cuerpo físico. Si empleas la metodología que se presenta en esta obra, podrás aprender cómo despertar tu Tercer Ojo y desarrollar la percepción extrasensorial mediante diversos métodos tradicionales, o innovadores, tanto de la antigüedad como actuales.

Por qué desarrollar el Tercer Ojo

Éstos son los beneficios de la exploración del Tercer Ojo de los que nunca se habla. Este ojo de sabiduría e intuición es, literalmente, tu maestro interior. En la India, el planeta Júpiter se asocia con el Tercer Ojo y se llama *Gurú*, palabra que puede traducirse como «preceptor espiritual» o «maestro». Por otra parte, si se despierta y desarrolla el Tercer Ojo, estaremos abriendo líneas de comunicación entre nuestro ego y el yo superior.

¿Qué puede hacer ese maestro interior por ti? En una palabra: ¡milagros! Cuando se abre el ojo de la sabiduría interior te introduces directamente en el flujo de la guía divina. Cuando aprendas cómo percibir dicho flujo, admítelo, confía en él, aprende a distinguir entre lo que es real y lo que no y, luego, sigue la verdadera guía interior que estás recibiendo. A partir de entonces pueden empezar a obrarse milagros a tu alrededor, en cada parte de tu vida.

El Tercer Ojo es el de la iluminación, que ilumina con sabiduría la senda de tu existencia. Es en realidad un guía, el faro que guía tu verdadero destino, el hogar que habías estado buscando. Es la luz de la consciencia que todos los buscadores de la verdad están esperando. En ese tesoro se ubica tu sabiduría interior, la verdadera esencia y la fuente de tu auténtico yo. Allí está tu hogar, el lugar de la paz más perfecta, de la comprensión divina, del gozo interior, de la plenitud y de la absoluta satisfacción.

El Tercer Ojo es donde descansa la verdad y donde la mentira muere y desaparece. Nada que sea falso puede existir a la luz de la sabiduría pura. El Tercer Ojo es la sede del discernimiento y la discriminación. Allí, se distingue entre lo que es real y lo que es irreal. La verdad reluce en su brillo interior, donde estás envuelto en la divina luz que brilla de manera ecuánime sobre todo, sobre el justo y el injusto, sobre el rico y el pobre, sobre el sano y el enfermo, sobre el hombre y sobre la mujer, en todas las religiones, vías, clases sociales y segmentos económicos.

Esto es lo que puedes esperar con la apertura del milagroso ojo interior de la sabiduría:

- Total confianza al descubrir tu destino real.
- Total sabiduría al beber de la fuente de toda sabiduría.
- Acceso a los consejeros interiores que te guían en tu camino.
- Habilidad para tomar decisiones sin esfuerzo y con absoluta seguridad.
- Claridad mental en toda tentativa.
- Desarrollo de habilidades psíquicas e intuitivas.
- Desarrollo espiritual de la consciencia elevada.
- Comunicación directa con seres superiores.

- Absoluta paz interior, plenitud, felicidad y gozo.
- Habilidad para ver más allá de las ilusiones y percibir la verdad y la realidad.
- Dones espirituales de percepción sensorial sutil, don profético y voz directa.
- Salud física fuerte, bienestar, longevidad y juventud.

El test del Tercer Ojo

Quizás los conceptos que aparecen en este libro te resulten poco familiares, incluso la idea misma del Tercer Ojo. O puede que hayas estudiado disciplinas espirituales durante décadas. Aunque te parezca que eres todo un experto, este pequeño examen puede llegar a sorprenderte. Mide, aquí, tu Tercer Ojo rodeando con un círculo las respuestas correctas entre las diversas posibilidades de este test.

1. **¿Qué es el Tercer Ojo?**
   A. El ojo que todo lo ve y que está en la frente.
   B. Los cíclopes.
   C. La habilidad clarividente.
   D. La sede de la sabiduría.
   E. Un infinito viaje con peyote.

2. **¿Qué es un chakra?**
   A. Una rueda.
   B. El centro del cuerpo.
   C. Un tipo de energía que debe equilibrarse, en el cuerpo.
   D. Un nervio del cuerpo.
   E. Una llaga que huele a podrido.

3. **¿Qué es el *ajna chakra*?**
   A. El centro energético más elevado.
   B. El centro de mandos.

C. Tu oportunidad para conseguir la iluminación.

D. Un plexo en el sistema nervioso.

E. Conmoción y pánico.

4. **¿Qué función cumple la glándula pineal?**
    A. Producir hormonas masculinas.
    B. Despertar el Tercer Ojo.
    C. Secretar pinolina en la oscuridad.
    D. Regular el metabolismo de la glucosa.
    E. Producir piñas para Papá Noel.

5. **¿Quién llamó a la glándula pineal «la sede del alma»?**
    A. Platón.
    B. Spinoza.
    C. René Descartes.
    D. Ralph Waldo Emerson.
    E. Dr. Scholl.

6. **¿Qué es la DMT?**
    A. Un compuesto que provoca experiencias psicodélicas.
    B. Un compuesto que usa el Tercer Ojo para ver la luz interior.
    C. Un compuesto que despierta el *prana* en el cuerpo.
    D. Un compuesto que produce melatonina.
    E. Donde voy a sacarme el permiso de conducir.

7. **¿Qué significa la palabra *gurú*?**
    A. El *ajna chakra*.
    B. El planeta Júpiter.
    C. El Tercer Ojo.
    D. Un maestro que sabe mejor que yo lo que es bueno para mí.
    E. Lo que fue Gollum en su vida pasada.

8. **¿Qué significa la palabra** *prana?*

A. Movimiento o respiración progresiva.

B. Energía sutil.

C. El aliento de vida.

D. Un ejercicio respiratorio.

E. Un hombre que come mucho pescado.

9. **¿Qué es un** *nadi?*

A. Un sonido.

B. Uno de los toros de Shiva.

C. Un conducto de energía sutil.

D. Una palabra que significa «nada».

E. Donde se miran precios de vehículos de segunda mano.

10. **¿Qué es el** *kundalini?*

A. La energía del Tercer Ojo.

B. El poder de la serpiente.

C. Síntoma de estar experimentando la elevación de la consciencia.

D. Una diosa india.

E. Un tipo de pasta.

11. **¿Qué es el** *sushumna?*

A. Un conducto de energía sutil.

B. Un conducto de energía que siempre está abierto.

C. Un conducto energético del cerebro.

D. Un conducto de energía por el que fluye el *kundalini.*

E. El apellido de la autora de este libro.

12. **¿Qué son** *ida* **y** *pingala?*

A. Enlace de nervios del cuerpo.

B. Funciones autónomas como la digestión, la respiración o nutrición.

C. Conductos energéticos asociados al sistema nervioso autónomo.

D. Las partes femenina y masculina del cuerpo.

E. Hermanos siameses.

13. **¿Qué es un *granthi*?**
    A. Una mente atormentada.
    B. Un cacao mental.
    C. El apego a las cosas materiales.
    D. Energía atascada en todos los chakras.
    E. Lo que hace un gordo después de engullir muy rápido.

14. **¿Qué es un *bandha*?**
    A. Una contractura muscular.
    B. Una postura de yoga.
    C. Un ejercicio respiratorio.
    D. Levantar el diafragma.
    E. Un ladrón enmascarado que me roba a punta de pistola.

15. **¿Qué es el *soma*?**
    A. El néctar de la vida inmortal.
    B. El cuerpo físico.
    C. El cuerpo sutil.
    D. La energía vital del cuerpo.
    E. El yoyó de mi hermana.

16. **¿Qué es el *yoga*?**
    A. Un programa de ejercicios físicos.
    B. Ejercicios respiratorios.
    C. Una filosofía oriental.
    D. Una palabra sánscrita que significa «uncir».
    E. Un coleguilla.

17. **¿Qué son los yoga sutras?**
    A. Un diálogo entre Shiva y la Magna Mater.
    B. Aforismos de antiguos videntes.
    C. Lazos de unión divina.
    D. Aforismos de Hatha Yoga
    E. Lo que los aliens usan para coser en el espacio.

18. **¿Qué es *in siddhi?***
    A. Un yoga Sutra de Patanjali.
    B. La más elevada intención de un meditador.
    C. El abandono de los sentidos.
    D. La perfección.
    E. New York, New York.

19. **¿Qué es una *asana?***
    A. Un tipo de meditación.
    B. Un asiento.
    C. Un canto.
    D. Un ejercicio.
    E. La retaguardia de Jennifer López.

20. **¿Qué es el *pranayama?***
    A. Un ejercicio de yoga para la flexibilidad.
    B. La práctica de la meditación del yoga.
    C. La mejor vía para desarrollar la clarividencia.
    D. Una forma de incrementar la fuerza de la energía vital mediante la respiración.
    E. Una torre de papel del tamaño que se prefiera.

21. **¿Qué es el *samadhi?***
    A. La quietud de cuerpo y mente.
    B. Una meditación.
    C. Una filosofía india.

D. Libertad para la rueda kármica.

E. Sábado en francés.

22. ¿Qué es la PES?

A. Ver, oír y percibir cosas sin los sentidos.

B. Conseguir conocimientos elevados.

C. Predecir el futuro.

D. Tener experiencias extrasensoriales.

E. Un canal deportivo de la televisión.

23. ¿Qué es la clarividencia?

A. Ver con claridad.

B. Oír con claridad.

C. Sentir con claridad.

D. Oler con claridad.

E. El claro de Luna de Beethoven.

24. ¿Qué es la intuición?

A. La telepatía.

B. Algo que tienen todas las mujeres.

C. Perspicacia.

D. Capacidad para predecir el futuro.

E. Lo que tengo que pagar por ir a Estados Unidos.

Resultados del test

Cuenta un punto por cada respuesta correcta. Las respuestas adecuadas son las siguientes:

1=D. Tu tercer ojo se ubica en la glándula pineal y se conoce como la sede de la sabiduría, de la iluminación espiritual, del conocimiento elevado y de la percepción extrasensorial: la clarividencia, clariaudiencia y clariesencia.

2=A. La palabra sánscrita *chakra* significa «rueda». Estos centros energéticos en el cuerpo sutil tienen un eje donde convergen muchos conductos energéticos, los cuales irradian energía. Cuando los chakras están completamente abiertos, se goza de buena salud y de una sensación de felicidad.

3=B. El *ajna chakra*, localizado en la glándula pineal, es la sede del Tercer Ojo. Todos los chakras son centros energéticos pero, de todos, el sexto es el mayor y se denomina ajna o «centro de mando».

4=C. La pinolina la produce la glándula pineal durante el metabolismo de la melatonina. La producción de melatonina, estimulada en la oscuridad, se relaciona con los ritmos circadianos.

5=C. René Descartes se dedicó personalmente a estudiar la glándula pineal y creyó que se trataba del punto de unión entre cuerpo y mente. Spinoza lo criticó mucho por esta creencia.

6=A. La dimetiltriptamina, o DMT, es una potente droga alucinógena que afecta en gran medida a la consciencia humana. Por lo visto la produce la misma glándula pineal y, cuando se ingiere triptamina, se despierta el Tercer Ojo.

7=B. Gurú es el nombre sánscrito del planeta Júpiter, conocido preceptor de los dioses. El *ajna chakra* (Tercer Ojo) se asocia con Júpiter. Las raíces sánscritas *gu* y *ru* significan «oscuridad» y «luz», respectivamente. En este sentido, un verdadero gurú (maestro) es aquel capaz de borrar la oscuridad de la ignorancia y arrojar luz sobre el conocimiento.

8=A. La palabra sánscrita *prana* significa «respirar o jadear». Prana es la energía vital que está en todo el universo. También se llama *chi* en china. El *pranayama kosha* (energía del cuerpo sutil) es la sede de los chakras, incluido el Tercer Ojo.

9=C. *Nadi* es una palabra sánscrita que designa los conductos de la energía sutil que, junto con el *prana* (fuerza vital) fluye por el cuerpo sutil. La palabra sánscrita *nada* significa «sonido» y *Nandi* es el todo de Shiva.

10=B. La palabra *kundalini*, en sánscrito, significa literalmente «enroscada». Se trata de una poderosa energía vital que se encuentra en la base de la espina dorsal y que, cuando se despierta, provoca experiencias inusuales, sensaciones corporales, poderes supranormales y consciencia elevada. El *kundalini* también se denomina «espiral cósmica» o «serpiente de poder» porque se enrosca en el chakra de la base y va ascendiendo como una cobra hasta la cabeza.

11=D. *Sushumna* es un conducto específico de energía (*nadi*) a través del cual fluye el *kundalini*. Empieza en la base de la espina dorsal y asciende hasta la cabeza hasta llegar al chakra corona. El *sushumna* está cerrado en la mayoría de individuos pero, cuando el *kundalini* se despierta, obliga al *sushumna* a abrirse y fluir.

12=C. *Ida y Pingala* son tubos de energía sutil que regulan el sistema nervioso autónomo. *Ida* se asocia con el sistema parasimpático mientras que *Pingala* lo hace con el sistema simpático.

13=B. Los nudos psíquicos, o *granthis,* son bloqueos que impiden el libre flujo del *prana* a través de la energía sutil del cuerpo. Los tres *granthis* fundamentales se encuentran en el chakra raíz, en la base de la columna (lazo de la gratificación física), el chakra abdominal (lazo de la acción y la vida material) y en el Tercer Ojo, en la glándula pineal (lazo de las ideas y del poder mental).

14=A. *Bandhas* son bloqueos musculares; los ejercicios tradicionales de yoga que empujan al *kundalini* normalmente se sitúan en el chakra base, intentan subir por el *sushumna nadi* hasta la coronilla, en el chakra corona.

15=A. El *soma* es el néctar de la vida inmortal, una sustancia misteriosa mencionada en las antiguas escrituras indias. Los yogis creen que la fabrica la glándula pineal, la sede del Tercer Ojo. Se dice que puede estimularse mediante la práctica del *khechari mudra*.

16=D. La palabra sánscrita *yoga* deriva de la raíz *yuj*, que significa «uncir» o «acoplar». El objetivo del yoga es uncir o unificar el espíritu individual (el yo) con el espíritu universal (el divino). La filosofía del yoga es uno de los seis principales sistemas filosóficos de la India. Hatha yoga, que enseña a cultivar el cuerpo físico, incluye posturas y ejercicios de respiración y es una de las ocho vías mayores del yoga.

17=C. La escritura sánscrita del sabio Pantajali, llamada Yoga Sutras, escrito alrededor de 400 a.C., significa literalmente «lazos de unión divina». Es un libro de aforismos que enseña el *ashtanga yoga* (los ocho limbos del yoga) que conforma la base del camino denominado Raja Yoga.

18=D. La palabra sánscrita *siddhi* significa «perfección». El Yoga Sutras de Pantajali es la antigua escritura de la India que explica cómo conseguir la perfección a través de la práctica del yoga, que te ayuda a desarrollar la singularidad (*kaivakya*), un estado de consciencia despierta.

19=B. El término *asana* es una palabra sánscrita que significa «sede». En este sentido, el yoga asanas, o yoga de posturas, no es un conjunto de ejercicios, sino de estados meditativos. Hay posiciones corporales que deben mantenerse durante diferentes intervalos de tiempo.

20=D. *Pranayama* son los ejercicios de respiración que incrementan el *prana* a través del sistema energético del cuerpo sutil. Proporciona buena salud, bienestar, felicidad, carisma, atractivo, éxito y paz interior.

21=A. La palabra sánscrita *samadhi* deriva de la raíz *sama* («ecuanimidad») y *dhi* («intelecto»). Tiene una connotación de igualdad mental y de quietud corporal en meditación profunda, cuando las funciones vitales se ralentizan y la respiración resulta casi imperceptible. Cuando se consigue un estado de perpetuo *samadhi*, tu consciencia ya no puede ser perturbada por los efectos de la ley kármica (causa y efecto, acción y reacción).

22=D. La PES, o percepción extrasensorial tiene, en la actualidad, un nombre equívoco, dado que no se puede tener ninguna experiencia sin el uso de los sentidos. Las experiencias sensoriales sutiles de otras dimensiones pueden ocurrir cuando se tiene la consciencia expandida, ya sea mediante meditación o sin ella.

23=A. Clarividencia es una palabra que alude a «ver con claridad» (lo que no es visible, se sobrentiende). Significa que, mediante la PES se pueden recibir impresiones a través de imágenes que son mensajes para tu ojo interior. En la actualidad se utiliza para hablar de todo tipo de impresiones, no sólo las visuales.

24=C. La intuición es la voz de tu yo superior o tu «consejero de estar por casa», una vocecita de sabiduría interior, de curación, de amor e inspiración. La capacidad intuitiva no tiene un sexo concreto. Cada cual puede recibir impresiones intuitivas a través de visiones, palabras y emociones.

Total =

Evaluación del test

Calcula los puntos que has obtenido. Éstos son los resultados:

☞ Si los 24 son correctos, tu resultado es de 200. No necesitas leer libros de orientación espiritual. Deberías, más bien, escribir al respecto.

☞ Si tienes entre 19 y 23 correctos, eres un DOCTOR EN TER-CER OJO. Tienes una comprensión fantástica del Tercer Ojo y tu resultado es de 175.

☞ Si tienes entre 12 y 18 está muy bien, eres un LICENCIADO EN TERCER OJO. Sabes muchas cosas pero te quedan algunos flecos por pulir. Tu resultado es de 150.

☞ Si tienes entre 7 y 11 tienes el BACHILLERATO DEL TERCER OJO. Sabes bastantes cosas pero te quedan muchas por aprender. Tu resultado es de 125.

☞ Si tienes de 1 a 6, enhorabuena. Has aprobado por los pelos pero has sido seleccionado. Tu resultado es de 100.

☞ Si lo has contestado todo mal no te sorprendas. Tu resultado es de 75.

☞ Si escoges algún tipo de felicitación, ríete un rato.

¿Te ha sorprendido alguna de las respuestas del test? Eso se debe a que hay muchos mitos alrededor de esas palabras. Estar familiarizado con terminología esotérica no es lo mismo que conocer su significado auténtico en profundidad. En este libro te introducirás en el verdadero significado del desarrollo espiritual a través del Tercer Ojo. Aprenderás a practicar métodos para abrir el ojo de la sabiduría a través de vías poderosas fáciles de aprender y de aplicar.

Este libro es la clave para acceder a una gran aventura. Cuando abras el portal de los reinos sutiles podrás empezar a explorar las maravillas de la creación multidimensional, que suelen estar vetadas a los ojos. Abriendo el Tercer Ojo y desarrollando el sexto sentido, enriquecerás tu vida, serás capaz de tener más éxito y despertarás a una consciencia más elevada.

Déjanos empezar, ahora mismo, este viaje a las profundidades de la comprensión y a la elevación del espíritu.

CAPÍTULO 2

LA SABIDURÍA DEL TERCER OJO

En todos los hombres hay un ojo del alma,
que puede ser despertado con los medios adecuados.
Es muchísimo más valioso que diez mil ojos físicos.

PLATÓN

Los restos materiales del mundo antiguo nos indican que el Tercer Ojo es más que una ilustración psicodélica de la década de 1960 o el dibujo que hay detrás de un billete de dólar. El despertar de ese ojo de sabiduría y percepción sutil ha sido buscado por los seres humanos desde que se encuentran en el planeta. Esa puerta hacia el espacio interior y los reinos del despertar elevado era bien conocida por nuestros ancestros.

El Tercer Ojo está ampliamente documentado en el budismo, el hinduismo y el taoísmo. Hay esculturas en los templos, pinturas y murales, en los que aparece como un punto, una espiral, una joya o un ojo en mitad de la frente, entre los ojos de la cara, pero por encima de ellos. Se le llama *urna* o *urnakosa* en sánscrito, *unna* en pali, *byakugo* en japonés, y *trinetra* (Tercer Ojo) es un epíteto de Shiva.

En las estatuas de Buda y de algunas divinidades, se coloca una joya entre las cejas para marcar el Tercer Ojo. Las divinidades hindúes suelen representarse con un *tilaka* (un puntito rojo de un polvo denominado *kumkum*) en la frente. De hecho, las mujeres casadas de la India deben llevar ese puntito rojo en la frente. En la actualidad también se lo ponen las solteras, por moda.

El Tercer Ojo es simbolizado por el «Ojo de la Providencia» en los billetes de un dólar estadounidense. Aparece en muchos mitos, como el de los cíclopes. Algunos investigadores del fenómeno ovni creen que es un vestigio de un órgano de los ancestros humanos extraterrestres. En la cábala, se representa como dos de los diez *sefirots* (lámparas) en el árbol de la vida: *Binah y Jomah*, que encarnan la sabiduría y la comprensión.

El cuerpo pineal

Pese a que el Tercer Ojo es uno de los chakras (*ajna chakra*), y que se sitúa en el cuerpo sutil, también se asocia con el cuerpo físico. Su sede es la glándula pineal (*conarium o epífisis cerebro*), ubicada en el centro del cerebro. Los antiguos griegos creían que la inspiración residía en esta glándula.

La palabra hebrea *peniel* se traduce como «cara de Dios». Es muy apropiado porque los místicos pueden ver la cara de Dios con su Tercer Ojo. Cuando el profeta Jacobo vio el rostro divino cara a cara, llamó «peniel» al lugar donde esto ocurrió.[1]

Ankor Wat.[2]

La glándula pineal recuerda a una pequeña piña, de ahí su nombre. Tiene la forma de una piña de pino diminuta. De acuerdo con el físico griego Galeno (h. 130-210 a. C.), su nombre (en griego *kônarion* y en latín *glandula pinealis*) resulta de su forma tan parecida al fruto de los pinos (en griego *kônos* y en latín *pinus pinea*).

Por eso, la piña simboliza la más elevada iluminación espiritual y aparece ampliamente en Indonesia, Babilonia, Sumeria, Egipto, Grecia y Roma. También ha perdurado a través de la francmasonería, la teosofía, el gnosticismo y la cristiandad. La colmena es un símbolo masónico muy común, y la mazorca de maíz está muy vinculada a las culturas indígenas americanas.

Fuente de la piña, en el Vaticano.[5]

El mayor monumento religioso del mundo, el Ankor Wat, se encontró en Camboya. Se trata de unas colosales cúpulas coronadas por piñas. Piñas y colmenas adornan las cabezas de muchos budas de Asia. La piña más grande del mundo se halla en el Vaticano, flanqueada por dos pavos reales que representan la resurrección y la inmortalidad. La piña, del mismo modo, aparece en el bastón del papa y en el escudo de armas de la Santa Sede. Pigna («piña») es el nombre de Rione IX, uno de los 22 distritos administrativos de Roma.

El tirso es el bastón del dios griego de la fertilidad Dionisio (el Baco romano) y de sus seguidores, los sátiros y las ménades. Elaborado con el tallo de una planta de hinojo gigantesca, con hojas de vid y racimos de uvas decorándolo, en el extremo superior se remata con una piña.

Tirso.[4]

El Tercer Ojo en la literatura griega

En la *Odisea* de Homero, compuesta aproximadamente en el siglo VIII a. C., encontramos una alegoría del Tercer Ojo. Después de la guerra de Troya, Ulises empieza su viaje hasta Ítaca. Aparece en Sicilia, la isla de los cíclopes, donde conoce al salvaje y cruel Polifemo (hijo de Poseidón), con un gran ojo en mitad de la frente. Ulises y sus compañeros quedaron prisioneros en la cueva del gigante, que pretendía comérselos. Ulises engañó al cíclope y lo emborrachó. En ese estado ebrio y vulnerable, Polifemo se durmió y Ulises le quemó el ojo, deján-dolo ciego. Así escaparon de la isla y salvaron sus vidas.

En la India, la palabra *chakra* significa literalmente «rueda». El chakra del Tercer Ojo se ubica en el centro de la frente, allá donde Polifemo y todos los cíclopes tienen su ojo. Curiosamente, en Grecia, la palabra *cyclopes* significa «ojo de rueda».

Teniendo eso en mente, podemos considerar posibles interpreta-ciones del mito de Polifemo. Una interpretación sería que, al atravesar el ojo de Polifemo, se atrofia su Tercer Ojo, con la consiguiente pérdi-da de sabiduría divina. Otra podría ser que, si los dones espirituales otorgados con la apertura del Tercer Ojo se pierden, uno resulta vul-nerable a la propia destrucción.

Los antiguos griegos creían que la glándula pineal era la entrada al reino del pensamiento. Platón (h. 428-348 a. C.) e Hipócrates (h. 460-377 a. C.) creían que el Tercer Ojo (*enkephalos*) era el «ojo de la sabi-duría». Platón veía los chakras como órganos sutiles, a través de los cuales el alma (*psyche*) se comunica con el cuerpo físico. Creía que el fluido cerebroespinal era la esencia del alma y que los chakras emana-ban energía espiritual mediante esta savia espiritual a la denominaba «humedad radical». Entendía el Tercer Ojo como el centro de control de todos los chakras. Sus creencias coinciden con la sabiduría de la antigua India. En sánscrito, el término *ajna chakra* significa, literal-mente, «centro de mando».[5]

Plutarco, historiador griego del siglo I, biógrafo y ensayista, señala que «el ojo de Horus» no sólo representa una visión aguda, sino tam-bién presciencia.[6] Además, Plutarco afirmaba que hay una chispa divi-na en la más elevada capacidad del alma humana.[7]

El Ojo Divino que todo lo ve

El 4 de julio de 1776, se firmó la declaración de independencia de Estados Unidos y 13 colonias se declararon estados dentro de una nueva nación. El mismo día, el Congreso continental empezó a diseñar el Gran Sello, su emblema nacional. Benjamin Franklin, John Adams y Thomas Jefferson dirigieron el proceso creativo, que se prolongó durante seis años.

Primero, Pierre Eugene du Simitière dibujó un escudo heráldico, coronado por un solo ojo (que ya se había establecido, durante el Renacimiento, como un símbolo heráldico divino). Simitière lo describió como «el ojo de la providencia dentro de un triángulo radiante cuya gloria se extiende sobre el escudo y más allá de las figuras». Su diseño influyó a Jean-Jacques-François Le Barbier en su personal diseño para la declaración francesa de los derechos humanos, que se coronaba de un modo similar.

El Gran Sello.[8]

Un asesor heráldico que trabajó en el comité del Gran Sello, en 1780, llamado Francis Hopkinson, diseñó la Continental Currency Note de 50 dólares, en la que destacaba una pirámide. Después, en 1782, William Barton, que estudió heráldica en Inglaterra, fue contratado para completar el trabajo. Éste sugirió una pirámide de 13 escalones (que representaban las 13 colonias) con un ojo radiante en la cúspide, que describió: «En el cénit, uno ojo laureado».

El 13 de junio de 1782, el secretario del Congreso, Charles Thomson (1729-1824), fue contratado para que acabara el diseño. Miembro más respetado del congreso, era abogado por la causa de los esclavos africanos y los nativos americanos. Usando los elementos de los proyectos presentados, Thomson creó el diseño oficial de dos caras, adoptado el 20 de junio de 1782. Desde entonces, ese diseño ha permanecido inalterado.[9]

La descripción que Charles Thomson hacía del sello era la siguiente: «La pirámide simboliza la fuerza y la perdurabilidad. El ojo que la corona y el lema *Annuit Coeptis* alude a la participación de la Providencia (señales de intervención divina) en favor de la causa americana». *Annuit Coeptis* se traduce por «Él (el ojo que todo lo ve) ve y aprueba nuestra empresa.[10]

Muchos revolucionarios americanos sintieron que la divina providencia había intervenido para hacer posible la independencia de Gran Bretaña. Como dijo George Washington el 26 de marzo de 1781, «Las muchas y notables intervenciones divinas en momentos de profunda angustia y oscuridad han sido demasiado luminosas como para hacerme sufrir y dudar de la gloria final de la presente contienda».[11]

El lema latino presente bajo la pirámide, *Novus Ordo Seclorum*, significa «el principio de una nueva era», según Thomson. La traducción literal sería «Un nuevo orden de las edades». Ambos lemas en el reverso del Gran Sello pertenecen al poeta romano Virgilio (70-19 a. C.).[12]

Ojo Divino masónico que todo lo ve.

Los masones dicen que el ojo que aparece en el Gran Sello no es un símbolo masónico.[13] Ellos opinan que el Ojo de la Providencia representa la intervención divina activa en los asuntos humanos, mientras que el símbolo masónico del ojo que todo lo ve simboliza la visión divina pasiva, siempre presente, que observa todo lo que ocurre en el universo. El ojo masónico que todo lo ve es un símbolo oficial de Dios en tanto que «Gran Arquitecto del Universo», también conocido como «G» en su simbología.

Los masones afirman que su símbolo fue tomado prestado de culturas antiguas como la egipcia, en las que un ojo abierto era el jeroglífico de Osiris, una de las principales deidades de Egipto.[14] El ojo que todo lo ve aparece en otras sociedades secretas como los Shriners árabes, los Caballeros de Pitias o los Odd Fellows.

MASTERS CARPET

Tablero masónico de trazados.[15]

Durante las reuniones secretas masónicas, los tableros de trazados, con emblemas de los oficios, los dibujaba con tiza en una mesa o en el suelo el Venerable Maestro de la logia. Tras la reunión, el diagrama se borraba para preservar el secretismo. Con el tiempo, dichos tableros se pintaban sobre alfombras o lonas. El Ojo de Dios que todo lo ve suele coronar todos los símbolos que constituyen el tablero.

Veinte veces más brillante que nuestro sol, Sirio, conocido como «la estrella perro», es la más brillante del cielo. En las antiguas civilizaciones, Sirio tenía una importancia suprema en la astronomía, la mitología y el ocultismo. Considerado «el sol detrás del sol» y auténtica fuente de la potencia de nuestro sol, se entendía como la luz que mantenía el reino espiritual con vida, la verdadera luz que brilla desde Oriente, la luz espiritual por excelencia. Se asocia con la glándula pineal, la fuente de la luz espiritual en el cuerpo. Su significado real es el ojo de la sabiduría, el Tercer Ojo, que cada ser humano puede despertar.

THE ENTERED APPRENTICE.

La brillante estrella masónica.[16]

Sirio se considera el hogar de la jerarquía espiritual, de los divinos seres de luz y de los antiguos maestros. La estrella es el foco central de las órdenes herméticas y de las sociedades secretas. Es la «Brillante Estrella» de la masonería, definida por William Hutchinson como «el primero y más exaltado objeto que demanda nuestra atención en la logia». Es un símbolo del Creador Omnisciente.[17]

El ojo de Horus

Es el jeroglífico egipcio llamado *Udjat*, también conocido como *wadjet* u «ojo de Horus». También se denomina *uadjet, utchat, oudjat, wedjoyet, edjo o uto*. El ojo de Horus es un símbolo de despertar espiritual, de protección, de poder real y de buena salud.

Horus es el dios del cielo. Su ojo derecho simboliza el dios solar Ra y el punto cardinal sur. Se le llama ojo de Ra. Su ojo izquierdo representa la Luna y el punto cardinal norte, así como al dios Thot. Se le llama ojo de Thot.

Hay siete jeroglíficos egipcios que representan al ojo. El significado de dichos caracteres es «hacer». Eso se debe a que este ojo representa actividad y no una mirada pasiva. Denota acción, protección e incluso ira. El Ojo de la Providencia que se ve en el billete de dólar de Estados Unidos tiene una connotación similar.

El dios Horus (llamado Heru), hijo de Osiris, se representa en el arte egipcio como un halcón peregrino.[18] Cuando Osiris (dios creador y rey del planeta Saturno) murió, su hermano Seth y su hijo Horus pelearon por ocupar el trono. En la lucha, Seth le sacó el ojo izquierdo a Horus y éste le cortó a su tío los testículos. Luego Seth lanzó el ojo de Horus al océano celestial con la intención de que se rompiera en pedacitos (a este respecto hay versiones distintas).[19]

Cuando el dios Thot, patrón de la magia y la sabiduría, le devolvió el ojo a Horus, éste se lo ofreció a su padre con la idea de resucitarlo. Osiris se comió el ojo y volvió a la vida, pero tuvo que reinar así, renacido, en el reino de los muertos. Es por eso que la palabra *udjat* significa «intacto, completo, saludable». También simboliza las fases de la Luna, porque ese ojo celeste es renovado cada mes.[20]

Horus es un héroe en la mitología egipcia. Vence a los poderes oscuros, regula el caudal del Nilo y establece el orden, la armonía y la productividad. Por eso, este ojo nos permite a ver con claridad, arroja luz sobre las tinieblas y consigue la verdadera iluminación.

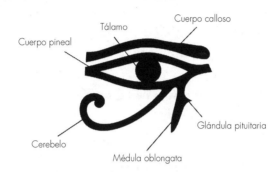

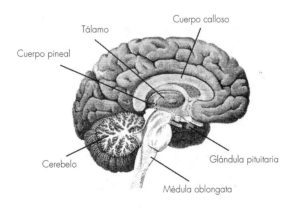

Ojo de Horus como mapa del cerebro humano.

Existe una teoría muy interesante que considera el ojo de Horus como un mapa del cerebro. El ojo representa el tálamo, la ceja es el cuerpo calloso, el lagrimal representa la pituitaria, el arco espiral es el cerebelo y el rabillo es la glándula pineal o Tercer Ojo.

En el antiguo Egipto, la unidad estándar de medida era el *hekat* (unos 4,8 l.) Las fracciones solían escribirse sumando dos o más fracciones con el 1 como numerador. Esto es, para escribir ¾ ponían ½ + ¼. El Papiro Matemático Rhind era una tabla de «Fracciones del Ojo de Horus», escrito en 1650 a. C. por el escriba Ahmes, el primer matemático identificable.

El *wadjet* se divide en seis porciones que representan los trozos que Seth hizo del ojo de Horus. Cada pieza simboliza uno de los seis sentidos (oído, olfato, tacto, gusto, vista y pensamiento). Según Alan Henderson Gardiner, en su *Gramática Egipcia*, publicada en 1927, dichas fracciones se escribieron con jeroglíficos que, juntando las diversas partes, conformaban el *wadjet*, como se muestra en la imagen de debajo de las Fracciones del Ojo de Horus.[21]

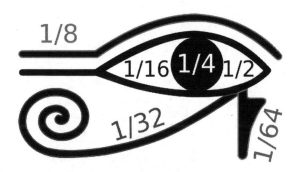

Fracciones del Ojo de Horus.[22]

Las diversas partes del ojo de Horus eran utilizadas por los antiguos egipcios para representar 1 dividido por los primeros seis poderes de 2:

La parte derecha del ojo = $\frac{1}{2}$ y representa el olfato.
El iris = $\frac{1}{4}$ y representa la vista.
La ceja = $\frac{1}{8}$ y representa el pensamiento.
La parte izquierda del ojo = $\frac{1}{16}$ y representa el oído.
La cola en espiral = $\frac{1}{32}$ y representa el gusto.
La lágrima = $\frac{1}{64}$ y representa el tacto.

Cuando esas fracciones se suman, dan un total de $^{63}/_{64}$, en vez de $^{64}/_{64}$ (es decir, 1). Algunos investigadores creen que el $^1/_{64}$ que sobra simboliza el mágico proceder de Thot para devolver al ojo su integridad original. Otros piensan que la porción desaparecida sugiere que la perfección es imposible.[23] Pero, dado que el *udjat* representa la perfección en sí misma, esta última teoría no es lógica.

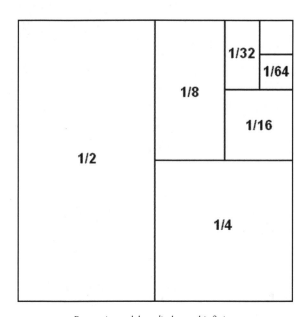

Proporciones del *wadjet* hasta el infinito.

Una idea sugerente es que la fracción perdida, $^1/_{64}$, era entendida por la Escuela Egipcia del Misterio como el nombre secreto de Dios, y que los que poseyeran ese secreto podrían conseguir el despertar de la conciencia.[24]

H. Peter Aleff, autor de *Ancient Creation Stories Told by the Numbers*, ofrece un argumento aún más intrigante. Dice que el jeroglífico para el ojo de Horus pierde la pupila. Sin embargo, un circulito aún más pequeño que el usado para escribir ¼ *hekat* (que representa el iris del ojo de Horus) existía claramente en los jeroglíficos egipcios. Ese circulito representaría todos los *hekats* que van de uno a nueve.

Así que, la parte perdida, de hecho, es la fracción más importante, la pieza que enciende la luz, la «ventana del alma» que existe. Simboliza la totalidad (el numeral 1) y las infinitas posibilidades. El método de reducir a la mitad, sucesivamente, la fracción que lleva a 1/64 puede conducirnos a esa conclusión (es un proceso infinito). Para alcanzar todo un *hekat*, debería llegarse al infinito. Y sólo el infinito tiene poder para resucitar a los muertos, como ocurrió con Osiris.[25]

Se cree que el ojo de Horus fue utilizado como instrumento de mediciones médicas. Sus proporciones matemáticas llevaron a los médicos a preparar remedios dispensando ingredientes de acuerdo con las proporciones del ojo. El Papiro Ebers, de hacia 1550 a. C. (derivado de los libros de Thot, 3000 a. C.), clasifica 700 drogas y 800 compuestos. La palabra «farmacia» proviene del egipcio, *ph-ar-maki* («dador de seguridad»). El dios Thot era el patrón de los médicos.[26]

Origen del símbolo R$_x$.

En el siglo II d. C., el médico griego Claudio Galeno, popularmente conocido como Galeno, solía emplear símbolos místicos para impactar a sus pacientes. Tomó prestado el *udjat* egipcio y el símbolo R$_x$ de los jeroglíficos, con el significado de «prescripción», como se sigue haciendo en la farmacología actual.

Los amuletos que representan el *udjat* acompañaban a muchos egipcios al más allá. Brazaletes, pendientes y collares, realizados en fayenza azul o verde o con otras piedras semipreciosas, protegían al muerto de la mala suerte durante el viaje hacia el reino de los muertos y aseguraban su resurrección. El amuleto se colocaba entre las vendas de las momias sobre la incisión por la que los embalsamadores extraían los órganos internos.

El *udjat* era representado en las esquinas de los sarcófagos, de los ataúdes y en las estelas, colocados en o sobre falsas puertas orientadas al este. A través de dichos portales, los fallecidos pueden ver, mágicamente, el sol naciente. El *udjat* a veces decoraba puertas y los textos antiguos hablan de puertas-perno con dos ojos. Los marineros de Oriente Próximo pintaban este símbolo en sus barcos para que los protegiera de cualquier mal. El trirreme, un barco de guerra usado por los fenicios, los griegos y los romanos, es un ejemplo de ello.[27]

Trirreme en un mosaico de Cartago.[28]

Más símbolos del Tercer Ojo

El Hipocéfalo de Tasheritkhons (105-330 a.C.) es un disco egipcio realizado en lino, papiro, oro y madera o arcilla. Colocado bajo la cabeza del difunto, se creía irradiaba calor y envolvía el cráneo con luz divina. Cuando se usaba acompañado de un encantamiento del *Libro de los Muertos*, supuestamente devolvía la vida[29] al difunto. Ese disco simboliza el ojo de Horus. La parte superior representa el mundo de los vivos y la luz del día, mientras que la inferior simboliza el mundo de los muertos y la oscuridad de la noche.

Hipocéfalo de Tasheritkhons.[30]

Algunos investigadores creen que el disco es un mapa del cerebro humano, con su porción inferior (al revés en la imagen) que representa el cerebelo (parte baja del cerebro) y la parte alta simbolizando la parte superior del cerebro. En la sección inferior, una serpiente con una erección genital ofrece el *udjat* al faraón. La erección simboliza el *kundalini*, la energía sagrada que nace en la base de la espina dorsal y va ascendiendo hacia el Tercer Ojo.

Uraeus, símbolo de resurrección.[31]

Como parte integrante de sus peinados, sacerdotes, dioses y gobernantes de Egipto lucían el *uraeus* (la cobra, símbolo de resurrección) en sus frentes, que señalaba el punto donde se hallaba el Tercer Ojo. Los antiguos egipcios creían que el Sol, u Ojo de Dios, se ubicaba en el centro del cerebro, y el nombre original del ojo de Horus era «ojo de Ra» (el dios del sol). La cobra *uraeus* con su capucha es el jeroglífico de *wadjet,* uno de los títulos de la diosa Sekhmet (hija de Ra). El *uraeus* sostiene el disco solar en la frente, sobre la corona del faraón. El nombre del planeta Urano (conocido como dios del cielo, igual que Horus) deriva de *uraeus.*

Quizás el que sea el libro más antiguo del mundo, el *Popol Vuh* de los mayas, plasma al dios Quetzalcoatl luciendo un sol de múltiples rayos como corona, junto con la forma simbólica de la serpiente.

En un mito antiguo, Ra (que era tanto el dios Sol como el propio faraón) creció viejo y débil. Nadie lo respetaba ni obedecía sus leyes. Acabó siendo el blanco de todas las burlas. Harto y furioso, se arrancó el *uraeus* de la frente (o sea, *wadjet,* su propia hija) y lo arrojó contra la tierra, junto con la leona Sekhmet, para vengarse de la humanidad.

Pero Sekhmet pronto estuvo sedienta de sangre. Ni siquiera Ra podía conseguir que regresara. Así las cosas, la emborrachó con una bebida a base de 7.000 tetas de cerveza mezclada con zumo de granada, para que pareciera sangre. Sekhmet se puso las botas y cayó dormida durante tres días, después de los cuales se despertó con una enorme resaca. De ese modo tuvo que acabar con su interminable campaña de devastación.[32]

Por tanto, *wadjet* no sólo es un ojo protector que todo lo ve. También tiene capacidad destructiva y es infalible. Sekhmet («la que es poderosa») también es conocida como *wadjet,* la diosa de la fuerza vital en la respiración. Su templo era una escuela mistérica del *sekhem* naciente (la energía vital que en la India llaman *kundalini*).

En muchas culturas, los ojos representan el universo. En el símbolo taoísta del yin-yang, los dos ojos simbolizan las polaridades femenina y masculina de la creación. El ojo derecho se asocia con lo masculino y la energía solar, mientras que el izquierdo se asocia a lo femenino y a la energía lunar. En Egipto, la energía masculina se simbolizaba con el sol y el dios Ra, y la femenina con la luna y la diosa Isis.

Símbolo Tai Chi.

En el arte egipcio, Osiris (un dios creador) se muestra de pie entre Horus e Isis. Representa la unidad y la totalidad. Horus, el principio masculino, permanece a su diestra simbolizando la acción, mientras que Isis, la diosa lunar femenina, está a la izquierda simbolizando las emociones. Isis es yin y Horus es yang; Osiris es la unidad entre los dos polos opuestos.

Entre los dos hemisferios cerebrales, en el centro del cerebro, está la clave de la conexión entre la parte femenina y la masculina en cada persona. Se trata de la glándula pineal, el Tercer Ojo, la puerta entre el mundo material y el espiritual, la clave del desarrollo psíquico y de la visión elevada.

El *Ka* del antiguo Egipto representa el alma o cuerpo sutil, el cual suele simbolizarse mediante el ave fénix, con cuerpo de hombre y alas de pájaro, con los brazos levantados y los codos flexionados. El fénix es un símbolo de muerte y renacimiento. Un penacho emplumado en su frente representa la glándula pineal y su función como Tercer Ojo.

Tefilín (Filacteria)

El tefilín o filacteria, en el judaísmo ortodoxo, parece ser un recuerdo del Tercer Ojo. Deuteronomio 6:8: «Y las atarás como una señal a tu mano (las sagradas palabras de la oración judía o Shema), y serán por insignias entre tus ojos» y en Deuteronomio 11:18: «Grabad, pues, estas mis palabras en vuestro corazón y en vuestra alma; atadlas como una señal a vuestra mano, y serán por insignias entre vuestros ojos».

Las *tosafot* son unas cajitas cúbicas de cuero llamadas Tefilín (o Filacterias), las cuales contienen cuatro pasajes de las Sagradas Escrituras. Según los estudiosos del judaísmo, como Chizkuni (Rabí Heze-

Uso del Tefilín en Rusia (hacia 1898).[33]

kiah ben Rabbi Manoach, rabino francés del siglo XIII), la raíz de *tosafot* proviene del arameo y significa «ver».[34]

Los hombres judíos se los atan a la frente y al brazo y los llevan durante las oraciones matutinas. Hoy se cree que su función consiste en recordar siempre las leyes divinas. ¿Puede que también recuerden que la verdad divina está presente en el área del Tercer Ojo, sobre la que se coloca el Tefilín? ¿Pueden las *tosafot* demostrarnos que podemos ver la verdad a través de nuestro Tercer Ojo?

Trepanación

Durante más de 7.000 años, los seres humanos han estado practicándose agujeros en el cráneo por razones médicas y religiosas. La trepanación (del griego *trypanon*, «perforar») más antigua conocida, también llamada trefinación, se descubrió en 1685 en un enterramiento neolítico de Ensisheim (Francia). En términos médicos, la cirugía craneal consiste en retirar una parte del hueso craneal. La trepanación era una técnica practicada por los egipcios, los árabes, los chinos, los indios, los romanos, los griegos y los amerindios.

En el siglo XIX, en Cuzco (Perú), Ephraim George Squier adquirió un fragmento del hueso frontal (proveniente de un cementerio inca) con un cuadrado realizado a mano, de 15 x 17 mm. Paul Broca, ilustre antropólogo que fundó la Societé d'Anthropologie de París en 1859, examinó el hueso y concluyó que se trataba de una trepanación que demostraba el avanzado nivel de cirugía que habían conseguido los antiguos peruanos.

Cientos de cráneos trepanados han sido encontrados en todo el mundo. Algunos de ellos contienen diversos agujeros. Por qué trepanaban cráneos nuestros ancestros con propósitos no médicos es toda una incógnita. Los antropólogos especulan que eran hipotéticos rituales tribales o bien algún tipo de superstición.

El rito concreto de trepanación para abrir el Tercer Ojo se dio a conocer en todo el mundo a partir de 1956, cuando el libro *El Tercer Ojo* se convirtió en un éxito. Su autor, Cyril Henry Hoskin, un fontanero inglés, afirmaba que su cuerpo estaba poseído por el espíritu de un monje tibetano llamado Martes Lobsang Rampa. El libro incluía una detallada descripción de la trepanación que Rampa afirmaba haber sufrido.

En el octavo cumpleaños de Rampa se produjo la intervención. Un lama fornido inmovilizó la cabeza del niño entre sus rodillas y presionó un afilado instrumento brillante contra la frente del niño. El joven Rampa sintió como si lo pincharan con una espina y el tiempo se detuviese. Sintió una sacudida y luego un crujido, cuando el instrumento penetró en el hueso. Una fuerte y limpia astilla de madera, previamente tratada con fuego y hierbas, atravesó el agujero de su frente. Sintió una sensación de ardor y cosquilleo en el puente de la nariz y percibió el olor de una sustancia indefinida y sutil. Después le pareció que había sido empujado contra una especie de velo resiliente.

De repente, tuvo un flash cegador. Sintió un dolor intenso, agudo, como una llama blanca. Luego vio espirales de colores y volutas de humo incandescente. Le retiraron el instrumento de metal, pero la astilla de madera se la dejaron unas cuantas semanas, mientras él permanecía en una pequeña habitación casi a oscuras.

Por lo visto, esta intervención abrió en Rampa la clarividencia y, desde ese día, pudo ver las auras de los demás. El mentor del niño, el Lama Mingyar Dondup, le dijo a Rampa: «Ahora eres uno de nosotros, Lobsang. Para el resto de tu vida verás a la gente tal cual es en realidad y no como pretende que la veas».[35]

Las trepanaciones siguen practicándose en la actualidad para tratar daños en el cerebro. Los defensores de las trepanaciones no médicas, como Bart Hugues de Holanda, afirman que este procedimiento incrementa el flujo de sangre al cerebro y aumenta su tamaño, como ocurre con los niños que tienen las fontanelas abiertas para que el cerebro pueda crecer sin dificultad. Creen que la trepanación de la frente abre el Tercer Ojo. En 1965, Hugues se trepanó a sí mismo usando una broca eléctrica y un bisturí, con anestesia local. Sus seguidores también se autotrepanaron o trepanaron a otros.

Por favor, no se os ocurra hacerlo en casa ¡ni en ninguna otra parte!

El Tercer Ojo en el arte y la arquitectura

Richard Cassaro, autor de *Written in Stone*, exploró el simbolismo del Tercer Ojo en la arquitectura antigua. Descubrió que los edificios de grandes culturas antiguas, incluyendo México, Indonesia y Egipto (cosa que los estudiosos no relacionan en absoluto) presentan un característico patrón trilobulado en sus fachadas. Cassaro también muestra este patrón en las fachadas de los edificios de las sociedades secretas: shriners, caballeros de Pitias, masones y los Skulls and Bones. Cassaro llama a este patrón «tríptico» porque parece una trinidad.

Pero va un paso más allá, afirmando que hay un patrón del Tercer Ojo en la parte central del tríptico de muchos edificios. El tríptico puede compararse con los tres canales mayores que conducen la energía a través del centro del cuerpo sutil de los seres: *ida nadi* a la izquier-

Tríptico y Tercer Ojo de la Catedral de Reims.[36]

da, *pingala nadi* a la derecha y *sushumna nadi* en el centro, que se concentran en el Tercer Ojo.

Estos tres canales de energía también están representados por el caduceo, el antiguo símbolo como el báculo de Hermes o Mercurio, según tomemos la mitología griega o la romana, respectivamente. Es también el báculo de Esculapio, el médico griego divinizado por los antiguos. Este símbolo se vio por primera vez representado en un vaso de libaciones del rey Gudea de Lagash (h. 2000 a. C.), y luego fue adoptado como emblema por la profesión médica.

En la india, el símbolo del *kundalini* es una caña de bambú con siete nudos para cada uno de los siete chakras mayores (centros de energía). El polo de un barbero, con su espiral de bandas rojas, azules y blancas, con un nudo en el extremo, también simbo-

Caduceo.

liza el *kundalini*. Y eso es porque representa la antigua y perdida relación de los barberos con la cirugía. El árbol pagano que después fue adoptado por la cristiandad como árbol de navidad, también representa el *kundalini*, en el que las luces o las bolas representan los centros de energía. Entre los judíos, el *kundalini* está representado por el cabalístico árbol de la vida.

En el siguiente capítulo aprenderemos más sobre la glándula pineal, sede del chakra del Tercer Ojo.

CAPÍTULO 3

LA SEDE DEL TERCER OJO EN EL CEREBRO

Y llamó Jacob el nombre de aquel lugar, Peniel;
porque dijo: «Vi a Dios cara a cara y mi vida fue salvada».
El sol salió así que hubo pasado Peniel,
pero él cojeaba del muslo.

GÉNESIS, 32:30-31

El Tercer Ojo se encuentra centrado en la glándula pineal. Es del tamaño de una pasa, aproximadamente, y tiene frecuentes calcificaciones que pueden verse a través de rayos X. Esta glándula endocrina se halla por detrás de los ojos, detrás del tercer ventrículo cerebral en la línea media (entre los dos hemisferios cerebrales). Está ubicada en el centro geométrico del cráneo, cerca de la entrada del acueducto cerebral, que conecta el cerebro con los cuatro ventrículos. Como parte del epitálamo, entre los dos hemisferios, permanece en una ranura donde se unen las dos mitades del tálamo.

La pineal se considera la glándula «jefe» porque regula los ciclos corporales, estimula la producción de hormonas diversas y controla otras glándulas. El sistema endocrino consiste en una serie de glándulas que secretan hormonas directamente en la sangre. Las mayores glándulas endocrinas son la pineal, la pituitaria, el páncreas, los ovarios o testículos, la tiroides, la paratiroides, el hipotálamo y las adrenales.

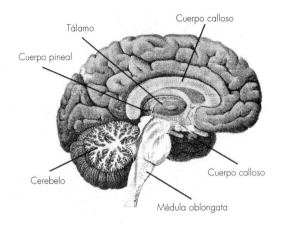

Cuerpo pineal en el cerebro.

Las hormonas secretadas por las glándulas endocrinas son agentes bioquímicos transportados por la sangre hacia órganos específicos. Dichas hormonas regulan el metabolismo, la digestión, la respiración, el ciclo reproductor, la activación o inhibición del sistema inmunitario, desencadenan la pubertad y la menopausia, el sentido de la percepción, los cambios de humor, el ciclo sueño-vigilia, los ritmos circadianos, los caprichos, el deseo sexual, la respuesta de lucha o huida, la lactancia, el estrés, la estimulación o inhibición del crecimiento y el movimiento.

La glándula pineal, a diferencia del resto del cerebro, no está aislada por la barrera hematoencefálica, que separa la sangre de los fluidos extracelulares del cerebro que se hallan en cavidades y canales, así como en la médula. La sangre de la glándula pineal es la que más fluye en el organismo, después de los riñones.

El «gusano» infame

En la actualidad se sabe que la luz que entra por los ojos se envía al hipotálamo y a la glándula pineal. En respuesta a los ciclos de luz y oscuridad, el cuerpo pineal produce melatonina y otras hormonas que monitorizan y dirigen el patrón del sueño por estaciones y los ritmos circadianos. También regula el comportamiento sexual, los ciclos menstruales y la respuesta simpática (lucha o huida) del sistema nervioso.

La glándula pineal produce melatonina en diferentes cantidades durante el día y la noche. Derivada de la serotonina, la melatonina induce somnolencia y reduce la temperatura del núcleo corporal. La melatonina no se descubrió hasta 1958. Casi 2.000 años antes, los médicos y filósofos de Oriente especulaban sobre la función del cuerpo pineal.

En el siglo II d.C., el médico, cirujano y filósofo griego Aelius Galenus (Galeno) describió la glándula pineal en su libro anatómico *Sobre la utilidad de las partes del cuerpo*. La definió como una glándula y apuntó que su función (como otras glándulas) era apoyar a los vasos sanguíneos. Galeno nunca hizo una autopsia ni una disección, dado que estaba prohibida por ley. Además, sorprendentemente, sus teorías anatómicas fueron consideradas fantasías hasta el siglo XVI.

Tanto el médico griego Hipócrates (460-370 a.C.) como Galeno creían que los ventrículos del cerebro humano estaban llenos de *pneuma psíquico*, una fina, sutil, vaporosa y volátil sustancia que era «el primer instrumento del alma». La teoría de Galeno era que el espacio que conecta ambos lados del cerebelo controla el flujo de dicho pneuma entre los ventrículos. Actualmente, este conector se conoce como *cerebellar vermis* («gusano cerebelar», en castellano). Galeno rechazaba con vehemencia la idea de su época que afirmaba que ese «gusano» era la glándula pineal propiamente dicha.[1]

Los anatomistas medievales imaginaban que la razón, la memoria y la imaginación estaban separadas en ventrículos diferentes del cerebro y que ese «gusano» las separaba. Dichos anatomistas incluían a Posidonio de Bizancio (finales del siglo IV a. C.), Nemesio de Emesa (h. 400 d. C.), Avicena (980-1037 d. C.) y Mondino dei Luzzi (1306).[2]

Qusta ibn Luqa (864-923), médico griego de Bizancio, especuló que el apéndice con forma de gusano controla el flujo del «espíritu animal» entre los ventrículos. Observó que la gente mira hacia arriba cuando intenta recordar alguna cosa y hacia abajo cuando se concentra. Postuló que ese movimiento de los ojos sigue el recorrido real del apéndice con forma de gusano, el cual extrae los recuerdos del ventrículo posterior o bien consulta la memoria desde el ventrículo posterior.[3]

Los autores de la baja Edad Media usaron el término *pinea* para referirse a la válvula con forma de gusano. Ésa es la teoría que Galeno rechazaba de manera tajante. Y es que los textos medievales confundían la glándula pineal con el conducto o apéndice en forma de gusano. La confusión no hizo sino aumentar, porque el término «gusano» acabó por significar tres partes separadas del cerebro: el vermis del cerebelo, la glándula pineal y el plexo coroideo.[4]

Finalmente, Andreas Vesalius (1514-1564), un médico belga conocido como el fundador de la anatomía moderna, rechazó todas las teorías que apuntan a que las funciones mentales se localizan en ventrículos específicos. También rechazaba el famoso «gusano» regulador de flujos espirituales en los ventrículos cerebrales.[5]

Principal sede del alma

René Descartes (1596-1650), matemático francés, escritor y padre de la nueva filosofía, creía que el organismo humano actuaba como una máquina, y que la glándula pineal producía sensaciones, imaginación, memoria y movimientos musculares. Él veía la glándula pineal como la sede de la percepción y del sentido común. La llamaba «principal sede del alma» y «lugar donde se forman todos nuestros pensamientos». También creía que la memoria se almacenaba en ella.

Su lógica residía en el hecho de que aun teniendo dos ojos, captamos sólo una imagen, y aun teniendo dos orejas, oímos sólo un sonido, de manera que él concluyó que debía haber un órgano unificador de las impresiones antes de que el alma pueda percibirlos.[6] Dado que la glándula pineal es el único órgano del cerebro que no aparece por pares, Descartes concluye que ésta «debe ser, necesariamente, la sede del sentido común, por ejemplo, del pensamiento y, en consecuencia, del alma misma». También arguye que la idea de un alma que no esté conectada con el cuerpo es absurda.[7]

Descartes postuló que esos «espíritus animales» se acumulan alrededor de los ventrículos, dirigen las respuestas musculares fluyendo a través de tubos huecos entre la pineal y los músculos. Esos espíritus animales, al actuar como intermediarios entre la mente (sita en la pineal) y el cuerpo, fueron entendidos como «un suave viento o una llamita muy pura».

Descartes creía que el tejido cerebral que rodea la glándula pineal trabaja como un tamiz. Sólo las más diminutas partículas de la sangre pueden atravesar unas pequeñísimas aberturas del filtro (las cuales considera que son los espíritus animales).[8]

Creía que los movimientos físicos de la glándula pineal conducían a los espíritus animales «hacia los poros del cerebro» y, a través de los nervios, hacia los miembros. Los nervios son tubos huecos que contienen fibras para conectar los órganos sensoriales con pequeñas válvulas en las paredes de los ventrículos cerebrales.[9]

Aunque las ideas de Descartes no coinciden con la anatomía moderna, podemos preguntarnos si había estudiado Ayurveda o medicina china. Quizás sus «tubos huecos» o «poros» eran, en realidad, los *nadis,* y sus «espíritus animales», los cinco *pranas* que fluyen a través de nuestro cuerpo sutil, garantizando la vida y el movimiento. (En mi libro *The Power of Chakras* se puede obtener más información en cuanto a los *nadis* y los cinco *pranas*).

Cronobiología

El ámbito de la cronobiología estudia la relación entre los organismos vivos y los ciclos solar-lunar, mapeados como un reloj biológico. El ritmo circadiano (ciclos que aparecen de manera natural en el lapso de 24 horas) es el ciclo cronobiológico más importante. Sus procesos biológicos despiertan la actividad cerebral para adaptarla al tiempo de vigilia diurna (ciclos-luz-oscuridad).

Los organismos suelen ser sobre todo *diurnos* (más activos durante el día), *nocturnos* (más activos durante la noche), o *crepusculares* (activos al caer el sol). Los humanos tendemos a ser de dos clases: búhos o alondras, aunque también hay colibríes. Dichas clasificaciones se denominan *cronotipos*.

Los ciclos circadianos fueron observados, en primer lugar, en las plantas durante el siglo XVIII gracias al científico francés Jean-Jacques d'Ortous de Mairan. En el mismo siglo, Carol Linneo, un botánico y naturalista sueco, creó el «reloj floral», que marcaba el instante de apertura de las flores en momentos específicos del día.[10]

En 1898, el Dr. Otto Heubner, un pediatra alemán, identificó el cuerpo pineal como una glándula. Descubrió que los tumores pineales estaban asociados con la pubertad precoz y con la tardía. De 1898 a 1958 se creía que la única función de esta glándula era el control de la pubertad.

En 1918, un anatomista sueco, Nils Holmgren, examinó las glándulas pineales de ranas y tiburones. En el extremo de la glándula, descubrió células que recordaban a las células cónicas (células fotorreceptoras del color). Por este motivo concluyó que la pineal no era una glándula sino el «Tercer Ojo» de esos animales.

El tuatara, un reptil de Nueva Zelanda que puede crecer hasta alcanzar 80 cm, es una especie superviviente que apareció hace 200 millones de años. Su «Tercer Ojo» fotorreceptivo (ojo parietal) parece que regula los ciclos estacionales y los circadianos. Un ojo similar se encuentra en algunos lagartos, iguanas, ranas, lampreas, artemias, larvas de crustáceos y peces como el atún o algunos tiburones. Artrópodos como las arañas suelen tener también ojos fotorreceptivos dorsales (ojos extra con campos visuales distintos).

El biólogo alemán Erwin Bünning determinó que las plantas y los insectos se comportan de acuerdo con sus ritmos circadianos, que son heredados. En 1935, descubrió el origen genético del «reloj biológico», término que él mismo acuñó. Sus hipótesis postulaban que las plantas gozan de fases endógenas de sensibilidad a la luz y a la oscuridad (una especie de fase *fotófila* [amor a la luz]) y otra fase escotófila (amor a la oscuridad).[11]

En 1958, tuvo lugar un gran progreso en la investigación de la glándula pineal, cuando el Dr. Aaron B. Lerner, primer presidente del Departamento de Dermatología de la Universidad de Yale, aisló la hormona melatonina. Vio que la sustancia podía usarse en el tratamiento de la enfermedad llamada vitíligo (pérdida de la pigmentación en algunas zonas de la piel). Investigaciones posteriores demostraron que la melatonina, producida por la glándula pineal durante la noche, regula los ciclos de sueño y vigilia, así como la actividad metabólica.[12]

El Dr. Jürgen Walter Ludwig Aschoff estudió cómo la estimulación podía alterar los ritmos circadianos. En 1960, concibió el término *zeitgeber* (una señal ambiental), que sincroniza los ritmos biológicos. Tras 20 años de experimentación en un bunker subterráneo, donde los sujetos podían encender o apagar las luces a su voluntad, según sus ritmos circadianos, Aschoff concluyó que los humanos contamos con osciladores (ritmos) circadianos (cambios regulares en lapsos de 24 horas) endógenos (de fabricación propia). Descubrió que alterar el ritmo luz-oscuridad era muy perjudicial para la salud y que podía desencadenar enfermedades mentales.

Colin S. Pittendrigh, biólogo británico que fundó la Sociedad de Investigaciones de Ritmos Biológicos en la década de 1970, es considerado el padre de los relojes biológicos. Estudió el reloj circadiano en varias especies, incluidas las moscas de la fruta. Demostró que los ritmos circadianos, que sincronizan los ciclos luz-oscuridad, son intrínsecos e independientes de las señales ambientales.

El Dr. Franz Halberg, de la Universidad de Minnesota, conocido como el padre de la cronobiología estadounidense, acuñó el término *circadiano*. Durante 50 años de carrera, su reto consistió en convencer a los médicos de la necesidad de comprender los ritmos del cuerpo para prevenir las enfermedades. Halberg decía: «Uno de los mayores errores que se cometen es el de creer que tenemos que tener en cuenta los tiempos del reloj [...] y tenemos que ser conscientes de los tiempos del cuerpo». Descubrió que los glóbulos blancos de la sangre de los ratones variaban en gran medida durante el día a un ritmo regular. Fue el primero en tratar con éxito el cáncer concertando la terapia de radiación con los ritmos del cuerpo. Sus investigaciones en cuanto a los ritmos en la presión sanguínea ayudaron a identificar marcadores de potenciales dolencias. Descubrió ciclos de viento solar, las manchas solares y que las tormentas geomagnéticas tienen notables efectos fisiológicos, tanto como los cambios de estación.[13]

En el Cold Spring Harbor Laboratory de Nueva York, el campo de la cronobiología fue expuesto en el famoso simposio de 1960 sobre relojes biológicos. Ese mismo año, Patricia De Coursey inventó la *phase response curve* (PRC), que se usa para mapear los ritmos circadianos.

En 1972, Robert Y. Moore y Víctor B. Eichler, de la Universidad de Chicago, así como Friederich K. Stephan e Irving Zucker, de la Universidad de Berkeley en California, descubrieron que el núcleo supraquiasmático (NSQ) es un centro de regulación de los ritmos circadianos que controla los ritmos diarios y las células, muchas de las cuales tienen sus propios relojes moleculares.[14, 15] Ubicado en el hipotálamo de los mamíferos, el NQS comprende dos pequeños manojitos en forma de ala con 20.000 «células reloj». Coordinan el ciclo del sueño, así como las fluctuaciones del ritmo cardíaco, la presión sanguínea, la temperatura y la secreción de algunas hormonas. A través de impulsos nerviosos, la NQS recibe mensajes de la retina y las envía al hipotálamo y a la glándula pineal.[16, 17]

En 1989, el Dr. Alfred J. Lewy y R. L. Sack, de la Oregon Health Services University de Portland, descubrió que la glándula pineal secreta serotonina de manera natural, y que empieza a hacerlo un par de horas antes de irse a la cama, siempre que la luz sea tenue. A este proceso se le denomina *inicio de la melatonina con penumbra* (DLMO). Así se ayuda al organismo a prepararse para dormir y lo mantiene dentro del programa sueño-vigilia.[18]

¿Es la glándula pineal el Tercer Ojo?

Se dice que la glándula pineal es el Tercer ojo, pero no es un globo ocular. No tiene iris, ni pupila, ni esclerótica. Sin embargo, algunas de sus células se parecen mucho a las de la retina. La célula primaria que encontramos en la pineal es el *pinealocito*, que se creía que había evolucionado desde células fotorreceptoras como las que tiene la retina.[19] Los pinealocitos humanos fueron descritos por el investigador Allan F. Wiechmann como «células fotorreceptoras modificadas con forma de cono».[20]

Investigaciones conjuntas en Bethesda, Maryland, dirigidas por Paul O'Brien, del National Eye Institute, y David Klein, del National Institute of Child Health and Human Development, mostraron que «la glándula pineal fue el precursor del ojo moderno» y les parecía que «hay similitudes sorprendentes entre ambos órganos», incluyendo la presencia de melatonina tanto en la retina como en la glándula pineal.[21]

Evidencia de dicha conexión es el «ojo pineal» que presentan algunos animales. La lagartija espinosa muestra una abertura entre blanca y amarilla, de 1 mm, entre los huesos del cráneo, en la parte superior de la cabeza. Esta especie de ojo de la glándula pineal contiene su propia retina y su córnea. Otras especies, incluidos lagartos, ranas y lampreas, tienen elaborados ojos pineales de este tipo.

Pero a pesar de que este ojo pineal se parece a un ojo real, no reacciona a la luz y, por consiguiente, no es capaz de enfocar. No obstante, cuando se le ilumina, responde con impulsos eléctricos. Es sensible a la luz ambiental, pero no detalla los patrones captados por su retina.

Aunque no posean un ojo pineal, muchos pájaros, peces, reptiles y anfibios tienen una glándula pineal sensible a la luz, con conos y bastones fotorreceptores, pero más rudimentarios que los de la retina y dispuestos al azar.

Las proteínas que antiguamente se consideraban exclusivas de la retina, también se encuentran en la glándula pineal sensible a la luz de varios vertebrados. En los mamíferos, algunas células pineales de los fetos recuerdan mucho a las células fotorreceptoras. En el embrión humano, dichas células tienen el potencial (conocido como *diferenciación potencial*) de convertirse en lentes, capa epitelial o células de retina. Pero, en efecto, crecen en la glándula pineal.[22]

«Ya se sabe que considero la glándula pineal (también llamada Tercer Ojo) el primer ojo –afirma David Klein–. El órgano visual más primitivo fue un "único ojo" que sólo era capaz de convertir la luz en química». Klein cree que la glándula pineal evolucionó para producir señales nerviosas y respuestas hormonales.[23]

Esta opinión es sostenida por el profesor de desarrollo biológico, el Dr. Masasuke Araki de la Universidad de Nara para Mujeres, quien, tras 20 años de investigaciones, descubrió que los efectos de la estructura misma del cerebro, así como los nervios periféricos en las células, son los que provocan la formación de la glándula pineal en sí misma, en lugar de formar un ojo.[24]

Un estudio llevado a cabo en 1986 por Allen F. Wiechmann, del Departamento de Biología Celular de la Facultad de Medicina en la Universidad de Oklahoma, concluyó que tanto la pineal como la retina presentan similitudes notables, incluida la habilidad común para sintetizar la melatonina. Afirmó: «Muchos investigadores sospechan que los ritmos cíclicos de la síntesis de la melatonina pueden relacionarse con otros acontecimientos cíclicos que tienen lugar en la retina».

Además, el estudio dice que «la presencia de proteínas en la glándula pineal está relacionada con la fototransducción (sensibilidad a la luz) retínica, con la posibilidad de que eventos luminosos directos puedan tener lugar en la glándula pineal de los mamíferos».[25]

En 1995, en el USC Health & Medicine, Cheryl C. Craft, directora del Departamento de Neurobiología del USC, escribió: «La glándula pineal es el "ojo de la mente". En la disección, la glándula pineal de los reptiles se parece muchísimo a un ojo, y tiene la misma forma y los mismos tejidos».[26]

En 2004, David C. Klein afirmó que las células fotorreceptoras de la retina se parecen mucho a las células de la glándula pineal, y que las células pineales de los no mamíferos (como pájaros, peces, reptiles y anfibios) detectan la luz.[27]

DMT hallado en la glándula pineal

«La glándula pineal ha sido objeto de enorme interés en relación con la consciencia, durante miles de años, y la sustancia pineal DMT podría sustentar un rol concreto, en el tema de la consciencia, para esta inusual glándula». Esto es lo que dice la web de la Cottonwood Research Foundation.

La DMT (N-dimetiltriptamina) es una sustancia ilegal que se puso de moda en la década de 1960 como droga recreativa de acción rápida e intensos efectos alucinógenos. Componente psicodélico de la familia de la triptamina, la DMT se parece mucho a un neurotransmisor y puede traspasar la barrera hematoencefálica humana. Ingerir este componente provoca la inmediata alteración de la consciencia, una repentina pérdida de la conexión con el mundo físico real, la completa inmersión en experiencias alucinatorias, la comunicación con dimensiones espirituales y seres de otro mundo, así como la entrada en entornos extraños al estilo alienígena o en universos paralelos.

Recientemente, la selva amazónica se ha puesto de moda entre los destinos turísticos por su oferta de DMT en forma de ayahuasca, un medicamento sagrado, chamánico, propio de los amerindios de las culturas sudamericanas. Se usa en forma de pociones para curar dolencias y para abrir la consciencia a los mundos sutiles más allá del mundo físico.

Los indios aguaruna del Amazonas vienen usando la ayahuasca en sus ceremonias rituales desde el año 500 a. C. La pócima se elabora con las hojas y tallos de la planta psicodélica *Banisteriopsis Caapi* (ayahuasca), *Psychotria viridis* (chacruna) y a veces *Diplopterys cabrerana* (chagropanga, chaliponga, oco-yage). Conocida como *yagé, huasca, rambi, shuri, ayahuasca, nishi oni, natema, iona, mii, nixi, pae, ka-hee, mi-hi* o *kuma-basere*, esta planta sagrada se encuentra en Perú, Ecuador, Colombia, Bolivia, el oeste de Brasil y en algunas zonas del Orinoco.[28]

Para aquellos que no tengan ganas de viajar hasta el Amazonas, la Iglesia del Santo Daime, una religión brasileña fundada en la década de 1920, se ha extendido por muchos países. Esta religión mezcla la católica con los rituales de los nativos del Amazonas y el animismo afrocaribeño. Entre sus rituales sagrados, se encuentra la ingesta de ayahuasca.

A partir de que los chamanes amazónicos han proclamado a los cuatro vientos que la DMT despierta la consciencia del yo y provoca la comunión con los planos elevados, los científicos intentaron descubrir su conexión con la glándula pineal, que se asociaba al Tercer Ojo y los estados elevados de consciencia desde la noche de los tiempos.

En 1976, las investigaciones de R. B. Gucchait indicaron que la glándula pineal contiene una enzima capaz de sintetizar la DMT.[29]

El Dr. Rick Strassman, autor de *DMT: The Spirit Molecule*, dirigió una investigación extensiva sobre la DMT en la década de 1990, en la Universidad de Nuevo México. Especuló que la glándula pineal es el lugar más verosímil para producir DMT, porque sus componentes son similares a los de la melatonina. También conjeturó que la DMT es secretada por la glándula pineal durante la fase REM del sueño y en estados próximos a la muerte, de lo cual resultan las experiencias cercanas a la muerte (ECM).[30]

En 2011, Nicholas V. Cozzi, de la Facultad de Medicina y Salud Pública de la Universidad de Wisconsin, descubrió la *indoletilamina N-metiltransferasa* (INMT), una enzima asociada con la biosíntesis de

DMT y los alucinógenos endógenos, presente en la glándula pineal del macaco Rhesus, en las neuronas ganglionares de la retina y en las neuronas motoras de la médula espinal.[31]

En 2013, Stephen A. Barker, Jimo Borijigin, Rick Strassman e Izabela Lomnicka, del Cottonwood Research Foundation, realizaron un descubrimiento sorprendente: la glándula pineal de los roedores produce el alucinógeno psicodélico DMT. «Anunciamos aquí, por primera vez, la presencia de DMT en la glándula pineal dializada, obtenida de las ratas».[32]

Beach Barrett, investigador y socio del Dr. Rick Strassman, acuñó el término *metatonina* para designar la producción endógena y natural de DMT, que tiene lugar en la glándula pineal, para diferenciarla de la DMT fabricada sintéticamente. Para los posibles científicos que estén leyendo este libro, ambas, tanto melatonina como metatonina, son derivados de la serotonina, que pertenece a la familia de las triptaminas. La melatonina deriva de la serotonina (serotonina, más una molécula metil) y la metatonina, de la melatonina (melatonina, más una molécula metil).

El tejido más rico en serotonina en el organismo humano es la glándula pineal. Sin embargo, la serotonina producida por la pineal no influye directamente en el cerebro. Se usa, sobre todo, para fabricar melatonina y metatonina. La metatonina se produce cuando la glándula pineal secreta la enzima *metiltransferasa* (INMT).[33]

Algunos investigadores creen que la DMT endógena producida por la glándula pineal es la responsable de las experiencias extracorporales (EEC), de las experiencias cercanas a la muerte (ECM), de las experiencias místicas, de la inspiración, de los sueños e incluso de las creencias religiosas. La DMT se encuentra de manera natural en la sangre, en la orina y en el fluido cerebro-espinal.

La DMT inunda el organismo durante el nacimiento y en la hora de la muerte, así como en la decimotercera semana de gestación, en el vientre materno. Los budistas y los hinduistas creen que el alma del bebé entra en el feto entre la decimosegunda y decimotercera semana de gestación. La glándula pineal se hace visible en el feto humano a los 49 días de la concepción. Los budistas siempre han defendido que las almas se reencarnan a los 49 días.

Las implicaciones del descubrimiento de la DMT en los mamíferos han sido enormes. Básicamente porque la DMT desencadena la experiencia de estados alterados de consciencia y porque la conexión entre la DMT y la glándula pineal puede indicar que los antiguos habitantes de la India siempre tuvieron razón al afirmar que esta glándula es el Tercer Ojo.

En el siguiente capítulo descubriremos mucho más sobre los últimos avances en las investigaciones científicas en torno a la glándula pineal y al Tercer Ojo.

CAPÍTULO 4

EL TERCER OJO SEGÚN LA CIENCIA

El ojo del alma, que está cegado y enterrado
Por otros estudios, está adaptado de manera natural
para ser despertado y excitado mediante
las disciplinas matemáticas.

PLATÓN

La melatonina, una hormona secretada por la glándula pineal, fue descubierta en 1958 por el Dr. Aaron B. Lerner y sus colegas de la Facultad de Medicina de la Universidad de Yale. Derivada del aminoácido triptófano, la melatonina es secretada por la glándula pineal de mamíferos, reptiles, aves y anfibios, y afecta al ciclo sueño-vigilia (ritmos circadianos).[1]

La glándula pineal convierte la serotonina en melatonina siguiendo un patrón diario regular. La producción de melatonina y serotonina está regida por ciclos de luz y oscuridad, que son detectados por la retina de los ojos.[2] La secreción de melatonina es mayor por la noche y menor durante el día. La secreción de serotonina es superior por el día e inferior durante la noche. De igual modo, la melatonina se produce en mayor cantidad durante las largas noches de invierno que en las breves noches de verano.

Los receptores de melatonina se encuentran, principalmente, en el núcleo supraquiasmático (NSQ), donde se regula el ciclo circadiano. La secreción de melatonina induce cambios corporales que promueven el sueño, como el descenso de la temperatura y la frecuencia respiratoria. Por la mañana, la producción de melatonina se reduce. Eso estimula el despertar y mantiene el estado de alerta propio de la vigilia diurna.[3]

En 2012, Peter McCormick y su equipo de la Facultad de Biología de la Universidad de Barcelona, descubrieron que la dopamina en la glándula pineal, cuando interactúa con sus receptores, inhibe los efectos de la norepinefrina y reduce la secreción de melatonina. Los receptores de dopamina aparecen en la glándula pineal únicamente al final del período de oscuridad. Esto detiene la producción de melatonina cuando empieza el día.[4]

Beneficios de la melatonina y la meditación

La melatonina es el barrendero oficial de radicales libres de todas las células y un potencial antioxidante con propiedades antiedad y anticancerígenas. Neutraliza los radicales oxidantes nocivos y activa enzimas antioxidantes. La disminución en la producción de melatonina que aparece con la edad contribuye a la aparición de dolencias relacionadas con la edad. La melatonina protege los embriones y fetos e interviene en muchas funciones hormonales.[5]

El profesor Russell Reiter, líder en la investigación de la melatonina, resume los beneficios de esta hormona del siguiente modo:

- Fundamental para los estados saludables de sueño, incluido el descenso de la temperatura corporal.
- Reduce el colesterol y, en consecuencia, el riesgo de padecer arteriosclerosis y enfermedades coronarias.
- Reduce la presión sanguínea y la tendencia a los trombos y a los accidentes cerebrovasculares.

- Reduce el riesgo de infarto de miocardio, de cáncer y de replicación viral.
- Mantiene y mejora el sistema inmune.[6,7]

La salud mental también está en gran medida influida por la glándula pineal. Si la glándula pineal no encuentra suficiente serotonina para producir melatonina, aparecen problemas para dormir y los ritmos biológicos se trastornan. En los desórdenes mentales aparecen niveles fluctuantes o cantidades muy bajas de serotonina.

La ausencia de luz natural disminuye los niveles de serotonina y, en consecuencia, desequilibra el reloj biológico. En climas con luz solar reducida, la gente desarrolla desorden de ajuste estacional (DAE). Los individuos que residen en Noruega o Finlandia, por ejemplo, sufren altos índices de irritabilidad, fatiga, enfermedades, insomnio, depresión, alcoholismo y altas tasas de suicidios. Por el contrario, una cantidad suficiente de luz solar aumenta la producción de serotonina, equilibra el ciclo circadiano e incrementa la producción de melatonina.

Las enfermedades mentales están en gran medida relacionadas con la estación en que se nace.[8] Así, la incidencia de la esquizofrenia y de los desórdenes bipolares es más alta entre los individuos que nacen en invierno y primavera. Las investigaciones demuestran una clara relación entre estación, fluctuaciones de los campos geomagnéticos, la producción de melatonina y diversas patologías tanto mentales como físicas.

Los médicos-astrólogos de la antigua Grecia, llamados *iatromathematici*, igual que los antiguos astrólogos médicos europeos, creían que los cuerpos celestes ejercían un efecto directo en el bienestar de los seres humanos. Los médicos griegos tenían en consideración las fuerzas cósmicas, las influencias planetarias, el clima, la geografía y la anatomía cuando trataban a sus pacientes.[9] Las investigaciones científicas en cuanto a los ritmos circadianos apoyan sus hipótesis.

En el siglo I, Areteo de Capadocia, en su obra *Sobre los aires, aguas y lugares*, comenta: «Las enfermedades humanas cambian con las estaciones». En el siglo XVIII, el médico inglés Richard Meade estuvo de acuerdo con ello. En *The Action of Sun and Moon in Animal Bodies*, enfatiza los factores estacionales en el bienestar o malestar.[10]

La glándula pineal está espiritualmente ligada a la consciencia. Los escáneres cerebrales y tomografías por emisión de positrones (PET) indican que la meditación estimula el córtex prefrontal medial (el área del Tercer Ojo). Las investigaciones cerebrales muestran que la meditación regular altera la anatomía neural para promover una consciencia elevada.

Los neurocientíficos han visto que el córtex prefrontal está conectado con los procesos mentales y puede calmar el sistema límbico. Cuando una persona se ve sometida a estrés, la amígdala inicia la respuesta lucha-huida, produciendo la hormona cortisol. Este proceso daña las células y encoge el hipocampo. Por el contrario, la meditación activa el córtex prefrontal, reduciendo la ansiedad y los traumas. Los escáneres cerebrales muestran que los meditadores reducen su amígdala y expanden el hipocampo. Con ello reducen el estrés e incrementan la estabilidad emocional y la habilidad para vivir el presente.

El hipocampo es una de las primeras regiones del cerebro que sufre daños con la enfermedad de Alzheimer. La meditación puede reparar algunos de esos daños. Se ha demostrado que calma el sistema cuerpo-mente y relaja la respuesta autónoma. Ese estado de serenidad promueve la buena salud.[11]

Las revolucionarias investigaciones sobre la glándula pineal

Desde 1984, el *Journal of Pineal Research* ha publicado cientos de artículos en los que se citan investigaciones sobre la glándula pineal. Véase el siguiente archivo en la red para consultar artículos desde 1984 hasta la actualidad: http://goo.gl/IxThnt. Muchos de los recientes artículos informan sobre los amplios beneficios de la melatonina para la salud y sus efectos antiedad, así como la disminución de los efectos de la contaminación lumínica ambiental.

«Aún no tenemos una comprensión completa de la glándula pineal», afirma Jimo Borjigin, profesora de fisiología y neurología de la Universidad de Michigan, pionera en visualización médica (creando imágenes 3D por ordenador de los datos médicos) de la secreción de melatonina por parte de la glándula pineal.

Borjigin afirma: «Se encuentran numerosas moléculas en la glándula pineal, muchas de las cuales son sólo nocturnas, y no tenemos una idea clara de cuáles son sus funciones. La única función establecida más allá de toda duda es la síntesis de la melatonina y su secreción nocturna, que está controlada por el reloj central en el núcleo supraesquimático (SCN) y modulada por la luz. Todo lo demás son meras especulaciones».

Borjigin continúa: «El reloj central circadiano controla la sincronización de prácticamente todos los aspectos de nuestra vida, incluidos la psique y el comportamiento, y la melatonina es el mejor marcador para descodificar las huellas de la sincronización. [...] La melatonina se secreta durante el sueño y ayuda al cerebro a reparar y sincronizar nuestros cuerpos con la rotación de la Tierra. La melatonina es un compuesto sorprendente, un poderoso antioxidante; la lista de sus propiedades medicinales parece no tener fin y cada año se descubren nuevas aplicaciones beneficiosas, según vamos aprendiendo sobre su habilidad para reparar desórdenes inmunes, enfermedades crónicas y la neurodegeneración.

La microdiálisis pineal –empleada únicamente en el laboratorio de Borjigin– nos ayuda a monitorizar la secreción de la melatonina para observarla de cerca y simular las condiciones del *jet-lag*, el trabajo por turnos, la contaminación lumínica, la manipulación dietética y otras cosas, con el fin de definir las huellas de la respuesta circadiana al entorno». Además, añade: «También nos conduce a descubrir animales con cronotipos extremos, como los pájaros mañaneros o las aves nocturnas, para comprender cómo individuos con cronotipos diferentes responden a los retos circadianos de manera diversa».[12]

Uno de los estudios de Borjigin descubrió que la secreción de la melatonina está controlada por el ganglio superior cervical (SCG) y el núcleo suprasquimático (SCN). Cuando uno de ellos se extirpa, la secreción de melatonina se reduce en un 50 % inicialmente, pero se recupera en 36 horas. No sabemos aún cómo la glándula pineal es capaz de recuperarse de manera tan rápida y completa.[13]

Exposición a la radiación electromagnética

En 1989, S. G. Wang, de China, descubrió que los trabajadores expuestos a altos niveles de RF/MW (radiofrecuencias y microondas) veían incrementados sus niveles de serotonina y disminuidos los de melatonina. A partir de ahí, muchos experimentos han corroborado que la exposición a ELF y RF/MW reduce la producción de melatonina en la glándula pineal.[14]

Una investigación de 2011 llevada a cabo por Kavindra Kumar Kesari, Sanjay Kumar y J. Behari, de la Escuela Ciencias Ambientales de la Universidad Jawaharlal Nehru de Nueva Delhi, en la India, midió los efectos de los campos electromagnéticos (RF/EMF) en el cerebro. En los roedores, la exposición crónica a 60 Hz (frecuentes en nuestro entorno) reduce los niveles de melatonina en la glándula pineal hasta el 40 %. Y 900 MHz de radiación por microondas baja de manera significativa la tasa de melatonina hasta un punto que sugiere riesgos para la salud.[15]

Barry W. Wilson, Cherylyn W. Wright y otros investigadores de Battelle, de los Pacific Northwest Laboratories en Richland, Washington, así como Rita Sommer-Flannigan, de la Universidad de Montana en Missoula, han descubierto que la función pineal humana se ve afectada de manera adversa por las mantas eléctricas de cable de polímero continuo.[16]

En la Universidad de Berna, en Suiza, han estudiado los efectos de la exposición a campos magnéticos de 16,7 Hz en los trabajadores ferroviarios. Dichos obreros, que trabajan con máquinas alimentadas con corriente eléctrica o debajo de las líneas de transmisión, presentan una disminución en la producción de melatonina.[17]

Los riesgos de la iluminación nocturna

Los trabajos de investigación llevados a cabo por Shu-qun Shi, Tasneem S. Ansari, Owen P. McGuinness, David H. Wasserman y Carl Hirschie Johnson, de la Universidad Vanderbilt, en Nashville, Tennessee, demuestran que permanecer despierto bajo luz artificial altera la producción de melatonina. Éste es el primer estudio que muestra cómo el reloj biológico circadiano del organismo controla la actividad de la insulina. Los hábitos alimenticios, junto con un sueño deficiente y trabajar hasta muy tarde, aumentan los problemas de obesidad, diabetes, riesgo de padecer cáncer y las dolencias cardíacas.[18]

«Nuestro estudio confirma que no sólo lo que comemos o cuánto comemos es importante para mantener un estilo de vida saludable, sino que el momento en que se come tiene mucha importancia», explica Shu-qun Shi. «Otros ya sospecharon que la respuesta de las células a la insulina tenía un ciclo circadiano pero nosotros hemos sido los primeros en haberlo medido realmente –afirma Owen McGuinness–. El reloj principal en el sistema nervioso central controla el ciclo y la respuesta que le sigue por parte de la insulina».

Una investigación en el Departamento de Recursos Naturales y Administración Ambiental de la Universidad de Haifa, en Israel, indica que la forma de dormir de la sociedad moderna y urbanizada representa un masivo riesgo de padecer cáncer con base hormonal. Desde 2008 hasta 2011, Itai Kloog, Richard G. Stevens, Abraham Haim y Boris A. Portnov publicaron una serie de estudios relacionados con los riesgos de la iluminación nocturna (LAN).[19]

A Kloog le preguntaron y dijo: «Nuestro grupo y otras personas han experimentado con la luz nocturna a diferentes niveles, y se sabe que contribuye, definitivamente, a aumentar el riesgo de desarrollar un cáncer de tipo hormonal». El equipo de Kloog vio que el cáncer de mama aumentaba de manera significativa en las mujeres que se veían expuestas a la luz por la noche.[20]

Kloog afirmó: «Hace unos 120 años, los humanos se veían básicamente expuestos a 12 horas de luz solar y 12 horas de oscuridad de media, según la estación y la latitud, claro está. Pero desde la invención de la bombilla, alargamos el día a nuestro antojo, artificialmente. Nos vamos a dormir muy tarde, siempre hay luz en algún lugar cercano mientras dormimos y la duración de nuestro sueño es breve. Hay un gran número de factores que alargan nuestros días en relación con los períodos de luz que hemos estado experimentando durante millones de años de evolución».

La sugerencia de Kloog es «irse a dormir a una habitación oscura, usar menos luz, cerrar bien las persianas y las cortinas. Porque el desequilibrio circadiano resulta cancerígeno para los humanos».[21]

El Dr. Alfred J. Lewy, de la Universidad de Ciencia y Salud de Portland, en Oregón; la Dra. Josephine Arendt, de la Universidad de Surrey, en Reino Unido, y muchos otros han dirigido investigaciones experimentales con el fin de retrasar o avanzar el inicio del sueño. Descubrieron que los ritmos circadianos animales y humanos pueden resetearse mediante terapias de luz dirigidas a los ojos (para fomentar la vigilia) y con la administración oral de melatonina (para fomentar el sueño).

En 2012, David W. Frank, Jennifer A. Evans, Jeffrey A. Elliot y Michael R. Gorman, de la Universidad de California en San Diego descubrieron que la escasa luz durante la noche acelera el reequilibrio circadiano de los hámsteres, de cualquier edad, en un 50 %. Se mantiene una luz tenue para simular los rayos de luna.[22, 23]

De acuerdo con la Organización Mundial de la Salud, las perturbaciones circadianas como el *jet-lag*, el trabajo nocturno y los desórdenes del sueño afectan al 40 % de la población mundial. Dichas interrupciones han causado que el índice de masa corporal se incremente por encima lo recomendado en un 50 % entre los europeos, así como los trastornos de comportamiento, que afectan al 25 % de la población por lo menos una vez en su vida, casos todos ellos en los que los niveles de melatonina están relacionados.[24]

Calcificación de la glándula pineal

Los bebés y los niños tienen glándulas pineales amplias y prístinas. Conforme se acercan a la pubertad, la glándula se encoge. Con dicha contracción, el sentido infantil del asombro también disminuye. Las posibles experiencias clarividentes de los niños desaparecen en esta edad. Posiblemente sea el resultado de la calcificación de esta glándula, que empieza a producirse en torno a los 5 años de edad.

Con el tiempo, la glándula pineal empieza a acumular depósitos de calcio: *corpora arenacea* (*acervuli* o «arenilla cerebral»). Esta arenilla se compone de fosfato de calcio, carbonato cálcico, fosfato de magnesio y fosfato de amonio; dichas acumulaciones están relacionadas con la edad.[25] Las investigaciones demuestran que el grado de calcificación de la glándula pineal es significativamente mayor en pacientes con Alzheimer, frente a otros tipos de demencia.[26]

La glándula pineal se calcifica mediante la introducción de haluros, como el bromuro, el flúor y el cloro. Así, la calcificación de la glándula pineal y la disminución de la producción enzimática se han asociado al fluoruro de sodio, que suele añadirse, sin ir más lejos, al 90 % de las aguas potables en Estados Unidos, en el agua del baño (absorbiendo el flúor por la piel), en un gran número de bebidas, comidas, dentífricos, en el Prozac (fluoxetina), en los antibióticos fluoroquinolona y en los utensilios de cocina antiadherentes.

En 1997, Jennifer Anne Luke, de la School of Biological Sciences de la Universidad de Surrey, en Guildford, Reino Unido, The Royal

London Hospital, fue la primera en estudiar los efectos del flúor en la glándula pineal. El flúor no se acumula en el cerebro porque la barrera hematoencefálica impide que pase al sistema nervioso central. Lo que ocurre es que la glándula pineal no es parte del cerebro. Está fuera de la barrera hematoencefálica.

En el estudio de Luke con las glándulas pineales de personas mayores se muestra, por primera vez, que el flúor se va acumulando en la glándula pineal y que en edades avanzadas encontramos un promedio de 300 mg por kg, tanto como el que tenemos en los dientes (300 mg en la dentina y 100 en el esmalte). La glándula pineal presenta la concentración más alta de flúor en el organismo, suficiente como para inhibir la producción de enzimas.

Luke descubrió que los altos niveles de flúor en la glándula pineal se deben a la amplia superficie de cristales de fosfato de calcio (hidroxipatita) que hay tanto dentro como fuera de las células. La glándula pineal cuenta con la más alta concentración de calcio de cualquier otro tejido blando normal. Además, esta glándula está profusamente irrigada con sangre y tiene la densidad capilar más alta después de los riñones.[27]

Los países más desarrollados no añaden flúor al agua potable. Sin embargo, la mayoría de estadounidenses beben más agua fluorada que el resto del mundo junto. En la actualidad, los países que beben agua fluorada están empezando a tomar medidas para eliminar el flúor por sus potenciales problemas de salud. Consulta la web www.fluoridation.com para ver 50 razones para eliminar el flúor del agua.[28]

En 2006, el Consejo Nacional de Investigaciones (NRC) llevó a cabo un estudio denominado «Flúor en el agua de beber: una revisión científica de los estándares de la EPA». Entre otras cosas dice: «La exposición al flúor conlleva alteraciones en la producción de melatonina y en la sincronización de la madurez sexual. [...] Informaciones recientes sobre el papel jugado por la glándula pineal en humanos sugieren que cualquier agente que altere la función pineal puede afectar a la salud humana de diversas maneras, incluidos efectos en la madurez sexual, el metabolismo del calcio, la función paratiroides, la osteoporosis en la posmenopausia, cáncer y desequilibrios psiquiátricos».[29]

Descalcificar la glándula pineal

Podemos imaginar los efectos de la calcificación de la glándula pineal en el Tercer Ojo. En este sentido, puedes utilizar algunos de los siguientes métodos de descalcificación.

IMPORTANTE: visita al médico antes de ingerir cualquier cosa que se recomiende y después de seguir estos consejos.

Dieta

Se sabe que algunos alimentos ayudan a la descalcificación de la glándula pineal, como, por ejemplo, el ajo, los limones, vinagre de sidra de manzanas crudas, mantequilla natural, cacao crudo, tamarindo, semillas de goji, cilantro, sandía, plátanos, miel, aceite de coco, semillas de cáñamo, *Nigella sativa* (comino negro), algas marinas, setas y zumo de noni.

Deben evitarse: comidas y bebidas preparadas, alimentos transgénicos, pesticidas, edulcorantes artificiales, enjuagues bucales, productos de limpieza, azúcar refinado, sodas, cafeína, alcohol, tabaco, pescado con restos de mercurio, empastes dentales y vacunas.

Agua

Hay que beber agua pura y fresca que no haya sido fluorada. Eso incluye el agua de manantial, el agua destilada y el agua de ósmosis inversa. Muchos filtros de agua no eliminan el flúor. Evita beber y cocinar con agua del grifo.

Suplementos

Los suplementos recomendados incluyen: la *Hydrilla verticillata* (planta acuática), la *chlorella* (alga verde), espirulina (alga azul verdosa), ginseng, vitamina D_3, Vitaminas K_1/K_2 (Formula Jarrow), MSM, arcilla de bentonita, clorofila, aceite de hígado de raya, aceite de hígado de pez rata, aceite de hígado de bacalao, corteza de la raíz de iboga, orégano y extracto de *neem*. Deben evitarse los suplementos de calcio.

El boro

En efecto, el boro elimina con eficacia el flúor acumulado. Lo contiene la remolacha orgánica. La compañía homeopática Boiron prepara un fármaco completamente seguro llamado Borax. Tú mismo puedes elaborar un concentrado en solución a base de ¼ de cucharadita de Borax, o menos, disuelto en 1 litro de agua mineral. Empieza el tratamiento con 1 dosis de una cucharada sopera al día, mezclada con comida o bebida, continuando luego con 1 o 2 dosis diarias. Manténgase fuera del alcance de los niños.[30]

Minerales

La iodina (solución de iodina) ayuda a eliminar el flúor de la glándula pineal, y el magnesio ayuda a excretar el flúor del organismo. La iodina se encuentra en las algas marinas. La zeolita (zeolita pura) y el extracto de maca negra eliminan toxinas de manera eficaz.

El dentífrico

Deberíamos evitar los dentífricos muy fluorados para prevenir la calcificación de la glándula pineal.

Yoga

Entre las prácticas de yoga que se incluyen en este libro está el *khechari mudra*, que ayuda a descalcificar y despertar el Tercer Ojo.

Los ciclos de sueño

Dormir en la oscuridad estimula la producción de melatonina en la glándula pineal. Si fuera necesario, cómprate un buen antifaz que te permita dormir a oscuras para conseguir un sueño reparador y profundo.

Mirar al sol

Bajo la supervisión de un gurú cualificado, empieza a mirar directamente al sol poco a poco, comenzando por unos pocos segundos, hasta que seas capaz de mirar al sol durante 15 minutos cuando sale y cuando se pone. No debe realizarse este ejercicio sin control médico.

Aceites esenciales

Se recomienda incluir el aceite esencial de lavanda, sándalo, incienso, perejil, davana, pino, loto rosa y artemisa. Éstos pueden ser inhalados directamente (excepto el de artemisa), quemados en difusión o pulverizados, añadiendo agua.

Meditación

Meditar sobre el Tercer Ojo lo llena de *prana* e incrementa su tamaño y salud. *Véase* cómo meditar en el 14.

Afirmación

El empleo de oraciones afirmativas puede ayudar a descalcificar el Tercer Ojo. Véase el capítulo 13 de este libro.

Para obtener información más detallada y recomendaciones útiles de cara a la descalcificación del Tercer Ojo, consulta http://decalcify-pinealgland.com/how-to-decalcify-the-pineal-gland

Evidencias científicas sobre el Tercer Ojo

El profesor Robin Dunbar, de la Universidad de Oxford; la Dra. Joanne Powell y la Dra. Marta García-Finana, de la Universidad de Liverpool, así como la Dra. Penny Lewis, de la Universidad de Manchester, y el profesor Neil Roberts, de la Universidad de Edimburgo, llevaron a cabo un estudio, en 2012, con personas que presentaban habilidades especiales para iniciar conversaciones, mantener muchas amistades y desenvolverse sin problemas en un mundo social complejo. La habilidad, conocida popularmente como «capacidad para leer el pensamiento», se define como la destreza para entender lo que la gente está pensando. El estudio descubrió que los que tienen mayor capacidad en este ámbito presentan lóbulos frontales mayores (la región del Tercer Ojo: el córtex prefrontal).[31]

La Dra. Joanne Powell decía: «Hemos sido capaces de demostrar que la relación entre el tamaño del cerebro y el tamaño de la vida social se fundamenta en habilidades mentales. Ello nos conduce a pensar que el tamaño del cerebro determina la capacidad para las habilidades sociales y eso es lo que nos lleva a tener muchos amigos o pocos».[32]

En 1993, Serena M. Roney-Dougal, del Centro de Investigaciones Psi de Glastonbury, en Somerset, Reino Unido, resumió las investigaciones que vinculan la glándula pineal con un estado psi (mental) de consciencia, y su conexión con los campos electromagnéticos de la Tierra (EMF).

La glándula pineal produce un alucinógeno endógeno, 6-MeO-THBC (6-methoxytetrahydrobetacarbolina), más conocido como pinolina, que es químicamente idéntico a los alcaloides harmala que contiene la vid *Banisteriopsis caapi*, usado por las tribus amazónicas con propósitos psíquicos. Las enzimas pineales actúan sobre la serotonina para producir los posibles alucinógenos. La producción de melatonina, de 6-MeOTHBC y de serotonina se ve afectada por las variaciones en los EMF. Ello puede relacionarse con las variaciones del estado psi.

Roney-Dougal sugiere que algún cambio notable en el campo magnético de la Tierra puede producir una especie de ataque alucinógeno que conduce a la gente a volverse más receptiva psíquicamente. El parapsicólogo Stanley Krippner muestra, en uno de sus estudios, una conexión entre EMF y la actividad geomagnética con el incremento de los sueños y de la actividad psíquica.

Cuando la gente visita determinados lugares del planeta, conocidos por ser sagrados, aumentan las experiencias psíquicas. Esto sugiere que la sensitividad con las experiencias psi se ven afectadas por los EMF. La producción pineal de melatonina y las posibles psi-conductoras-beta-carbolinas no sólo se ven afectadas por la luz y el estrés, sino también por los EMF.[33]

La mirada sin ojos

Biointroscopia es el término utilizado por los parapsicólogos rusos para hablar de la «visión sin ojos», «visión dermoóptica» o «visión paróptica». El término, sencillamente, hace referencia a la capacidad para ver cosas que están ocultas a los ojos físicos, presumiblemente a través del Tercer Ojo.

Rosa Kuleshova (1955-1978) era capaz de leer palabras escritas en papel sin mirarlas, sólo con pasar por encima los dedos de su mano derecha, con la visión ocular completamente bloqueada. También podía determinar tonalidades de color sobre papel y objetos a través del tacto. Llevó a cabo experimentos en el Instituto Biofísico de la Academia Soviética de Ciencias de Moscú.[34]

Tania Bykovskaia fue analizada por una comisión del Instituto Médico Kuban, de Krasnodar, que certificó su habilidad para distinguir los colores de las pelotas ocultas a su vista.[35]

El Dr. Abraham Novomeisky, del laboratorio de psicología en el Instituto Nizhne-Tagil, estudió a un metalúrgico llamado Vasil B. que estuvo completamente ciego durante siete años. Este hombre era capaz de distinguir colores por el tacto y también a distancia. No obstante, su habilidad disminuía si estaba en penumbra o en la oscuridad. El brillo de la luz eléctrica aumentaba su capacidad y cada color específico estaba asociado a una sensación única para él.[36]

En 1960, una niña de catorce años llamada Margaret Foos of Ellerson, de Virginia, fue sometida a elaborados test. Con los ojos completamente tapados y la seguridad de que no podía ver, Margaret leía pasajes impresos, identificaba colores y objetos, e incluso era capaz de jugar a las damas.

Yakov Fishelev, del Instituto Pedagógico Sverdlovsk, experimentó con sujetos de la escuela Pyshma para invidentes, los cuales eran capaces de reconocer los colores con las yemas de los dedos y podían distinguir las formas de las letras impresas en papel.

En 1965, en la Conferencia Científica de la División Ural de la Sociedad de Psicólogos, en Perm, el Dr. S. N. Dobronarov, de Sverdlovsk, afirmó que el 72 % de los niños tenía «visión táctil» en potencia, especialmente entre la edad de siete y doce años.

Anatoly Rodionov, investigador de la Universidad Voronezh State, de Rusia, estudió a ciegos durante más de cuarenta años. Descubrió que los objetos animados tienen campos biomagnéticos y, bajo ciertas condiciones, dichos campos pueden verse con el Tercer Ojo.

Durante muchos años, Rodionov trabajó como consejero en jefe del equipo ruso de gimnasia. Con su talento para «diagnosticar a través de imágenes» (clarividencia médica), ayudó a atletas de renombre a volver a la práctica deportiva después que otros médicos afirmasen que ya nunca podrían competir. Rodionov ideó un plan de rehabilitación médica para la famosa gimnasta Lyubov Burda. Después, esta chica fue capaz de ganar premios tanto en campeonatos soviéticos como en los Juegos Olímpicos.

Además, la biointroscopia experimental era capaz de emitir diagnósticos acertados, recomendando tratamientos y reduciendo los traumatismos sufridos por los jugadores de hockey del equipo soviético.

Investigación sobre la meditación pineal

Beverly Rubik, del Instituto Frontier Science de Oakland, en California, investigó el biocampo, la fuerza vital que rodea los organismos vivos. Rubik dice que el biocampo es «el próximo paso» en la ciencia, la cual podrá «explicar con mayor profundidad cómo trabaja la mente y cómo responde el organismo a los diversos tipos de terapias alternativas».

Rubik, que cree que el cuerpo humano es algo más que «un saco de biomoléculas», estudia el tema de la clarividencia, el Qigong, la curación psíquica y «las ondas cerebrales de alta frecuencia que pueden estar involucradas en los estados elevados de consciencia». Utilizando aparatos Neurotek de retroalimentación neuronal, Rubik ha medido el patrón de ondas cerebrales habitual entre los meditadores, y vio que los cerebros que meditan producen frecuencias de onda más altas que los cerebros que no meditan.

Rubik descubrió que las porciones frontales de los cerebros de los meditadores budistas tibetanos, justo por encima del área del Tercer Ojo, llevan una velocidad constante de 40 Hz. Sus investigaciones indican que esta alta frecuencia está asociada a sentimientos de amor, alegría, gratitud, clarividencia y asombro infantil.[37]

En 2005, Sara Lazar, junto con sus colegas del hospital General de Massachusetts, en Boston, utilizó imágenes por resonancia magnética (MRI) para comparar los cerebros de budistas durante el proceso de meditación (con experiencias variables entre uno y treinta años de práctica) con los cerebros de los no meditadores. Descubrió que la meditación incrementa el espesor del córtex en el área prefrontal (Tercer Ojo) y en la ínsula anterior derecha. Este descubrimiento corrobora los estudios que afirman que los músicos profesionales, los atletas y los lingüistas presentan un espesor mayor en áreas relevantes del córtex. Es evidencia, afirma Lazar, que los yoguis «no se sientan durante horas a no hacer nada».

Las diferencias en el espesor del córtex prefrontal son más pronunciadas en los meditadores más experimentados, lo cual sugiere que la meditación podría compensar el adelgazamiento cortical relacionado con la edad. Este dato resulta la primera evidencia estructural para la plasticidad cortical que depende de la experiencia asociada a la práctica de la meditación.[38]

En 2007, en la Universidad Nacional de Taiwán, Chien-Hui Loou, Chang-Wei Hsieh, Jyh-Horng Chen, Si-Chen Lee y Chi-Hong Wang estudiaron la correlación que existía entre la activación de la glándula pineal y la meditación, utilizando escáneres cerebrales MRI. Sus descubrimientos indicaban que, junto con otras regiones cerebrales, el cuerpo pineal exhibía una activación significativa durante el proceso de la meditación, apoyando la ya vieja especulación de que la glándula pineal juega un papel importante en el despertar intrínseco que concierne al espíritu o al alma.

Jyh-Horng Chen, de la Universidad Nacional de Taiwán, en Taipei, codirectora de la investigación, afirmó: «Nuestros resultados demuestran la correlación entre la activación pineal y la meditación espiritual, la cual puede tener profundas implicaciones en la comprensión psicológica de la mente, el espíritu y el alma».[39]

Ruego se revisen mis libros *The Power of Auras* y *The Power of Chakras*, en los que se encuentran informes extensos sobre investigaciones científicas respecto de la clarividencia y los biocampos, la energía invisible que impregna y rodea el cuerpo físico. En el siguiente capítulo estudiaremos la más que probada sabiduría oriental para profundizar en el conocimiento del Tercer Ojo.[40]

SEGUNDA PARTE

●
●
●

Anatomía
del Tercer Ojo

CAPÍTULO 5

TU CUERPO SUTIL

Gloria, Gloria a la Madre Kundalini, quien,
a través de su infinita gracia y poder, dirige el Sadhaka
de chakra en chakra, e ilumina el intelecto y le permite
comprender su identidad con el Brahman Supremo.

SRI SWAMI SIVANANDA

Como se ha podido comprobar en esta obra, las mentes occidentales han formulado muchas hipótesis sobre el Tercer Ojo. Pero es en el lejano Oriente, en la cuna de la más profunda sabiduría, donde podemos encontrar más realidades que especulaciones. Desde que el mundo es mundo, Oriente ha sido una fuente inagotable de verdades sobre las energías sutiles. Y el Tercer Ojo (*ajna chakra*) no es sino una parte sutil de la anatomía humana. Este centro de energía, ubicado en el centro de la cabeza, se menciona en la literatura antigua de todo Oriente. Resulta invisible al ojo humano y no puede verse en ningún cadáver diseccionado, porque no es un ojo físico.

La llave de la vida

La palabra sánscrita *prana* deriva de la raíz *para* («primero», «primario», «antes» o «adelante») y de *an* («respiración», «movimiento», «vida»). Por consiguiente, *prana* significa «espiración» (es decir, «respirar hacia delante»). Ahora bien, el *prana* es mucho más que una respiración. Es la energía que da vida al cuerpo, la vida de toda materia en el universo.

En China lo denominan *chi*, en Japón *ki*, en el antiguo Egipto *ka* y los investigadores modernos lo llaman *biocampo*; el *prana* es la fuerza vital que está en todo y en todos los seres, desde las partículas cuánticas hasta la forma de vida más compleja. Al ser la fuerza vital más sutil que existe, el *prana* se manifiesta en el mundo físico como un movimiento y en el plano mental como un pensamiento.

El *prana* está en el aire, aunque no sea un elemento físico de éste. Todos los seres vivos absorben *prana* en cada una de sus respiraciones. Ambos, oxígeno y *prana*, son necesarios para conservar la vida. El oxígeno fluye a través del sistema circulatorio para reponer la sangre. El *prana* se mueve por tu cuerpo sutil para aportarle fuerza y energía. El *prana* es comparable a la corriente eléctrica que fluye a través del cuerpo, transmitiendo órdenes desde el cerebro hacia los nervios. La energía pránica es esencial para la homeostasis del cuerpo, y si el *prana* se bloquea, aparece la enfermedad o la muerte.

Sin *prana* no podríamos movernos ni respirar. La sangre no circularía, los pulmones no se moverían y el cuerpo se quedaría rígido y frío. En el texto antiguo de la India, *Hatha Yoga Pradipika*, se dice: «Cuando en el cuerpo hay *prana*, lo llamamos vida; cuando el *prana* abandona el cuerpo, lo llamamos muerte».[1]

El campo energético

Tu cuerpo físico no es más que uno de tus cuerpos. Somos seres multidimensionales con un cuerpo físico y un cuerpo sutil, que en Oriente se denominan *aura,* y que es un campo energético. El cuerpo físico es visible a los ojos físicos. En cambio, el cuerpo sutil es invisible a los ojos, aunque perfectamente visible para el Tercer Ojo. Cuando desarrollamos la percepción sutil y la visión espiritual, podemos ver el campo del aura.

De acuerdo con la sabiduría de la India, también contamos con un tercer cuerpo: el cuerpo físico, el sutil y el casual o semilla. Dentro de esos cuerpos hay cinco envoltorios: la envoltura física (el cuerpo físico), la envoltura vital, la envoltura mental, la envoltura intelectual y la envoltura celestial o cuerpo causal. Se les llama envolturas porque, a modo de velos, esconden *atman* luminoso (yo superior). Los cuerpos sutiles rodean los más groseros, los envuelven. En cualquier caso, habitamos todos y cada uno de esos cuerpos simultánea y multidimensionalmente.

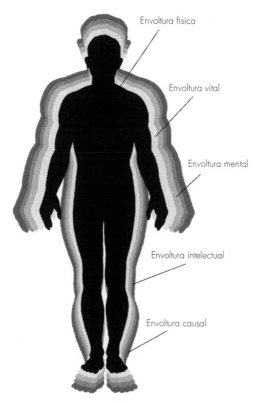

Los cinco envoltorios.

La envoltura vital (*pranamaya kosha*) también se llama cuerpo etérico o astral; respira la vida para tu cuerpo, lo anima y le da expresión. El cuerpo físico se encarga de toda la actividad porque está vivo, pero, sin el cuerpo vital, sería un cadáver.

El cuerpo vital está constituido de *prana*. Intensificar el *prana* incrementa la vitalidad, la salud, el poder, la influencia, el carisma y los poderes sobrenaturales. La energía pránica está continuamente drenada por cada respiración. Otras fuentes de *prana* son el sol, el agua, el aire y los alimentos.

El pensamiento es la forma más sutil y refinada de *prana*, la más potente. Por tanto, cuando la mente está más relajada y expandida, durante la meditación, la energía *prana* se ve naturalmente impulsada de manera exponencial. De hecho, la meditación es la forma más potente de incrementar el *prana*.

La vibración del habla se produce gracias al *prana,* y ciertas formas de hablar, como la oración o la afirmación, incrementan el *prana*. Las sentencias positivas sobre la verdad revitalizan y expanden el aura. Pero las negativas, el discurso dañino, la disminuyen y la encogen.

Gopi Krishna afirma que el *prana* «aporta energía, acondiciona y purifica las neuronas, manteniendo la parte sutil del cuerpo (el alma) del mismo modo que la sangre mantiene la parte grosera del cuerpo».[2]

El ejercicio físico moderado, como caminar, montar en bicicleta, nadar y las posturas de yoga (*asanas*), junto con una buena respiración y ejercicios de respiración de yoga (*pranayama*), oxigenan la sangre y revitalizan el *prana*.

La energía del *prana* es indetectable mediante los aparatos de la ciencia. Aun así, cuanto menos visible y más abstracta es esta energía, más poderosa resulta. Cuando se aprenden a controlar las pequeñas corrientes de *prana* en el cerebro, se desbloquea el secreto del control del *prana* universal. Una vez revelado el secreto, temes no poder, porque has dominado todos los poderes del universo.

La serpiente de poder

El envoltorio de tu cuerpo sutil (*pranayama kosha*) consiste en un vasto complejo de *nadis* (conductos de energía) y chakras (plexos de energía sutil), por los que circula el *prana* energizando el cuerpo. Este sistema funciona como un ordenador (inteligencia subyacente en el crecimiento, la salud y el mantenimiento del organismo).

En forma de corrientes vitales, el *prana* fluye a través de vías fijas, tubos de energía sutil llamados *nadis* (conductos o canales). De acuerdo con las antiguas escrituras de la India, hay 72.000 nadis en el cuerpo pránico. Algunos de ellos son conocidos como meridianos en la medicina tradicional china.

El cuerpo pránico contiene numerosos centros de energía vital concentrada, llamados chakras. Aparecen como vórtices de energía pránica o puntos específicos en el cuerpo sutil. Su función principal es controlar la circulación del *prana* a través del sistema. Algunos de esos puntos se emplean en la terapia de acupuntura.

La palabra sánscrita *chakra* significa «rueda». Eso es porque se trata de un plexo circular concentrado con energía pránica; es un centro de energía con un cubo y radios. El cubo sería el punto de intersección de los *nadis* (conductos de energía pránica) y los radios serían las radiaciones de *prana*.

Las antiguas escrituras cuentan centenares de centros de energía. Sin embargo, los siete chakras primarios son los responsables del mantenimiento de la vida en el cuerpo y de la percepción, de la actividad mental y del despertar de la consciencia. Estos siete chakras se corresponden con las glándulas, los órganos y los plexos nerviosos de sistema nervioso. Aunque apoyan y controlan el cuerpo físico, los *nadis* y los chakras no son físicos. Si diseccionas un cuerpo no encontrarás ningún *nadi* ni ningún chakra.

Los tres *nadis* más importantes por los que fluye el *prana* se llaman *sushumna, ida y pingala*. De todos ellos, el más esencial para el desarrollo espiritual es el *sushumna nadi*. Las antiguas escrituras llaman a este *nadi* la «carretera real» (*rajapath*) porque es el conducto por el que fluye el *kundalini* (la serpiente de poder). *Sushumna* es el canal que va desde la base de la espina dorsal, cerca del hueso sacro, asciende por toda la columna y llega a la coronilla.

El caduceo, símbolo de la American Medical Association, es una alegoría de *ida* y *pingala*, que se van enroscando por un canal central, que es el *sushumna*. Paradójicamente, la mayoría de los médicos no tienen ni idea de qué son los *nadis*, ni de que *ida* y *pingala* controlan el sistema parasimpático y algunos aspectos simpáticos del sistema nervioso autónomo, respectivamente. *Véase* una imagen del caduceo en la página 52 de este libro.

Sólo la forma más refinada y sutil de *prana, kundalini,* puede forzar al *sushumna* a abrirse para fluir por él. *Kundalini* es la energía cósmica que permanece dormida en nosotros hasta que la despertamos, normalmente mediante prácticas espirituales. Elevar el *kundalini* a través de los chakras despierta, poco a poco, la consciencia.

La palabra *kundalini* deriva de las raíces sánscritas *kundala* («enroscar») y *kunda* («lugar profundo»). En relación a la «serpiente de poder», «la espiral mística» o el «poder original», el *kundalini* se asocia con una serpiente que reside en la base de la espina dorsal. En los humanos corrientes, esta energía permanece dormida, enroscada en la raíz del chakra. Cuando se la despierta, asciende en espiral por el *sushumna*, va abriendo los chakras y aportando salud, bienestar, energía y, al final, iluminación espiritual.

Espiral *kundalini* en la base de la columna.

En el gran texto de yoga *Light on Yoga*, de B. K. S. Iyegar, se afirma:

«El cuerpo humano es, en sí mismo, un universo en miniatura. […] Se dice que la energía solar y la lunar fluyen a través de dos nadis principales, *pingala* e *ida*, los cuales nacen de las partes derecha e izquierda de las fosas nasales, respectivamente, y se mueven hacia abajo, en dirección a la base espinal. Pingala es el *nadi* del Sol, *ida* es el *nadi* de la Luna. Entre ellos discurre el *sushumna*, el *nadi* de fuego. El *nadi sushumna* es el principal canal por donde fluye la energía nerviosa y se ubica dentro de la columna vertebral. Pingala e *ida* se entrecruzan, entre ellos y con el *sushumna*, en varios lugares. Dichas intersecciones se llaman chakras o ruedas y regulan los mecanismos corporales como los volantes de una máquina».[3]

El refinado *prana* del *kundalini* sólo puede fluir a través del *sushumna* cuando se alcanza cierto nivel de conciencia. En la meditación profunda, cuando se consigue *samadhi* (ecuanimidad entre mente y cuerpo), la respiración se torna tan leve que parece imperceptible. Entonces, cuerpo y mente alcanzan la quietud y la respiración es tan suave que queda como entre la inspiración y la espiración.

El *prana* más sutil fluye cuando la respiración es lo más delicada posible. La respiración leve es sublime, gozosa y espiritualmente enriquecedora. Entonces se respira el aliento de Dios; es la respiración sagrada.

El sistema de chakras

Para escribir mi galardonado libro *Exploring Chakras* y su última edición, *The Power of Chakras*, investigué las escrituras védicas y tántricas de la antigua India, para encontrar la información más auténtica al respecto. En dicho libro menciono los catorce chakras mencionados en las escrituras: los siete mayores con los que todo el mundo está familiarizado, y otros siete de los que poca gente ha oído hablar. Muchos de los menos conocidos están en el cráneo o sobre la cabeza.

De acuerdo con la sabiduría de la antigua India, cada sonido o vibración del universo es precursor de su correspondiente forma. Las letras del alfabeto sánscrito parecen ser los sonidos originales que lanzó el universo en su creación. El sonido fundamental, primigenio, que dio origen a la totalidad del cosmos es *OM*, el murmullo de la creación.

Los siete chakras mayores son plexos vibracionales, como flores de loto con el sonido de una semilla (*bija mantra*) en el núcleo de cada loto y otro sonido de semilla como radiaciones que serían los pétalos. Las vibraciones del alfabeto sánscrito completo, consistente en cincuenta letras, son los sonidos fundamentales de los pétalos de loto de los seis chakras mayores, y los cincuenta sonidos irradian en los pétalos del séptimo chakra mayor.

El ascenso del *kundalini* por la espina dorsal despierta los chakras y vibra con los cincuenta sonidos primordiales conforme fluye por el *sushumna nadi*. Las letras sánscritas aparecen en los pétalos de los chakras y dan lugar a las formas que presiden las deidades en cada chakra.

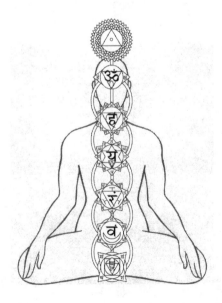

Chakras con mantras sánscritos.

El Tercer Ojo es el único chakra que tiene el sonido vibratorio *OM* en su núcleo. Eso implica que el Tercer Ojo contiene el sonido primordial, cuya vibración es precursora de toda la creación. Es la pulsación original a partir de la cual explotó en universo entero. Así, el Tercer Ojo se denomina *ajna chakra,* o «centro de comandos».

Hay siete chakras mayores que son los más conocidos entre la gente corriente. Éstos tienen funciones específicas que afectan tanto al cuerpo sutil como al físico. Además de esos siete, hay otros siete más que se mencionan en las escrituras védicas y tántricas de la antigua India. Vamos a ver una breve descripción de los catorce chakras.

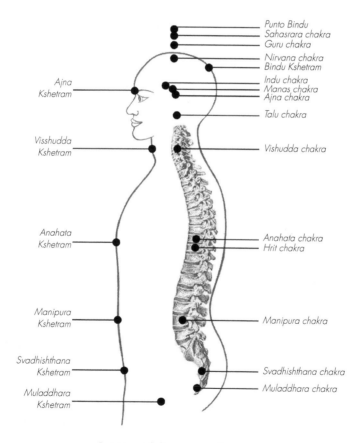

Los catorce chakras y puntos de ruptura.

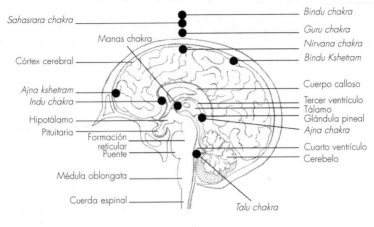

Sahasrara chakra

Manas chakra

Córtex cerebral

Ajna kshetram
Indu chakra

Hipotálamo
Pituitaria

Formación
reticular
Puente

Médula oblongata

Cuerda espinal

Bindu chakra

Guru chakra

Nirvana chakra

Bindu Kshetram

Cuerpo calloso

Tercer ventrículo
Tálamo
Glándula pineal
Ajna chakra

Cuarto ventrículo
Cerebelo

Talu chakra

Chakras del cráneo.

1. **Muladhara:** *Mula* significa «base» o «raíz», porque se encuentra en la base de la espina dorsal, cerca del hueso sacro. El primer chakra es responsable de la excreción, del sentido del olfato y del elemento tierra, y se asocia con las glándulas suprarrenales. El sonido primigenio (mantra) de este chakra es *lam.* Su forma es un loto de cuatro pétalos y un triángulo con el *kundalini* en el centro. Las letras sánscritas de sus pétalos son todas semivocales: *vam,* y semiconsonantes: *sham, shham, sam.* Brahma, el creador, es su deidad. Este centro es la sede de la energía vital primordial: *kundalini.*

2. **Svadhishthana:** significa «el propio yo» porque es donde la individualidad se encarna a través de la procreación. Segundo chakra en la región sacra, gobierna la sexualidad, la reproducción, el sentido del gusto y el elemento agua. Se asocia con las gónadas y el plexo prostático. Su mantra es *vam.* Su forma es una luna circular con seis pétalos de loto. Sus letras son labiales: *bam, bham, mam,* y semivocales: *yam, ram, lam.* Su centro es la sede de la creatividad.

3. **Manipura:** significa «ciudad de joyas», donde ciento un conductos de energía pránica coinciden y donde bullen los fuegos de la digestión. El chakra del ombligo, en la región lumbar, su-

pervisa la digestión, el sentido de la vista y el elemento fuego. Este tercer chakra se asocia con el páncreas y los órganos abdominales, el ombligo y el plexo solar. Su forma es triangular y su mantra es *ram.* Su deidad es Rudra. Tiene diez pétalos. Sus letras son cerebrales: *dam, dham, nam;* dentales: *tam tham, dam, dham, nam,* y labiales: *pam, pham.* Es la sede del ego, de la determinación y de la persistencia.

4. **Anahata:** significa «sin sonido» porque un sonido así no tiene sonido, es el sonido del silencio en la sede del amor divino. Es el chakra del corazón en la región torácica y es la puerta hacia la conciencia elevada. Este cuarto chakra controla el sentido del tacto y el elemento aire. Se asocia con el timo, los pulmones, el corazón y el plexo cardíaco. Su mantra es *yam.* Su deidad es Isa y su forma consiste en una estrella de seis puntas con doce pétalos. Sus letras son guturales: *kam kham, gam, gham, nam;* palatales: *cham, chham, jam, jham, nam,* y cerebrales: *tam, tham.*

5. **Hrit:** significa «corazón». Justo por debajo del *anahata chakra,* se encuentra la sede de la devoción a Dios y la completud de todos los deseos, y algunas personas creen que es una especie de subcentro del cuarto chakra (*anahata*).

6. **Vishnudda:** significa «purificación». El chakra de la garganta está en la región cervical y se asocia con el sentido del oído y el elemento éter. También se relaciona con la glándula tiroides, el cuello y el plexo laríngeo. Su mantra es *ham,* su deidad es Sadashiva y su forma es un triángulo con dieciséis pétalos. Sus letras son vocales: *a, aa, e, ee, uu, kr, kree, lre, lree, ye, yai, o, ow, aam, ah.* Este quinto chakra es el centro de la expresión creativa y de la comunicación.

7. **Talu:** chakra del néctar, está en la médula oblongata y se relaciona con el flujo del soma (néctar de la inmortalidad) y la corriente de energía pránica.

8. **Ajna:** significa «centro de mando» y se ubica en las glándulas que regulan el sistema endocrino, incluidos la pineal y el hipo-

tálamo. Conocido como Tercer Ojo y asociado al plexo caverno-
so, este sexto chakra es la sede del pensamiento elevado, la sabiduría, la clarividencia, el conocimiento, las experiencias místicas,
la intuición, el discernimiento espiritual y la voz superior. *Ajna*
es el centro del *sukshma prakriti* (el poder primordial de toda
cosa) y de *atman* (el Yo). Su forma es un triángulo con dos pétalos y las letras sánscritas *ham y ksham*. Su mantra es *OM* y su
deidad es Paramashiva (Shambu).

9. ***Manas:*** significa «mente». Se encuentra en la parte superior del
   ajna chakra y es el centro del vehículo mental inferior: instintos,
   impresiones sensoriales y hábitos.

10. ***Indu:*** significa «luna». Se halla en la parte frontal del cerebro y
    es la sede del intelecto y del pensamiento elevado.

11. **Nirvana:** significa «disolución». Se encuentra en la parte supe-
    rior del cerebro y se asocia con la anihilación del ego.

12. ***Guru:*** significa «luz/oscuridad» o «maestro». Se localiza sobre la
    cabeza, en la parte inferior del *sahasrara chakra*, y es el centro en
    el que la luz divina acaba con la oscuridad de la ignorancia.

13. ***Sahasrara:*** significa «mil veces». Es los mil pétalos de loto sobre
    la cabeza, el centro de la unión divina, de la integración y de la
    iluminación espiritual. Su sonido es el sonido primordial *OM*,
    fuente de todos los mantras, que se divide en cincuenta unida-
    des mántricas (las cincuenta letras del alfabeto sánscrito), con
    veinte fuerzas diferentes que forman los mil pétalos de loto, con
    mil rayos de luz. Cuando Shakti (*kundalini*) se une permanen-
    temente con Shiva en el séptimo chakra, el alma empieza a libe-
    rarse, para alcanzar un gozo eterno, que posee todos los poderes.

14. ***Bindu:*** significa «punto». Se localiza en la parte superior del
    sahasrara chakra, y es el centro de la energía infinita concentra-
    da, la fuente primordial de la que se alimenta todo el sistema
    energético.

La vía del *kundalini*

Por lo general el *kundalini* está dormido, enroscado cerca del hueso sacro. Cuando se despierta y se despliega columna arriba, perfora seis o siete chakras mayores: raíz, pelvis, ombligo, corazón, cuello y frente. Finalmente, el *kundalini* busca el chakra de la corona que está fuera del *sushumna nadi*, por encima del cráneo.

Sushumna suele estar cerrado en su final, en un centro *nadi* llamado *kanda mula* (bulbo de la raíz), que descansa justo por debajo del chakra raíz, debajo del coxis. En mucha gente, el *prana* no pasa nunca a través de *sushumna* y el *kundalini* permanece siempre durmiendo. Algunas de las formas de despertarlo son la meditación, la devoción, el trabajo, el poder de la voluntad, el discernimiento, el conocimiento, los ejercicios respiratorios y la purificación corporal. Cualquier manifestación espiritual o de poder paranormal indica que el *kundalini* se ha despertado, en cierto grado.

En la India, el *kundalini* está personificado por la Diosa Madre: Shakti Ma, Kali Ma u otras diosas. Se trata de un poder femenino que habita en la región de la base de la columna vertebral, que asciende por la espina hasta unirse con el poder masculino, su consorte, Shiva (Shakta) en el chakra de la corona. Esta unión de opuestos es un símbolo de poder presente en muchas otras culturas.

Shakti es el nexo con la conciencia elevada y la fuente eterna de felicidad. Dado que asciende desde la base de la columna, se va volviendo más sutil. Durante su ascenso, va rasgando el velo de la ilusión, que se evapora como un espejismo. Conforme va subiendo por el *sushumna*, las limitaciones mentales van desapareciendo poco a poco de manera que la consciencia puede brillar con toda su gloria. Las fluctuaciones mentales se normalizan y la mente se serena. La conciencia fluye suavemente y la mente se convierte en el vehículo de la felicidad y gozo.

A medida que asciende, la energía Shakti enciende el despertar espiritual, la libertad y la sabiduría. El *kundalini* creciente abre los

chakras y despierta poderes hasta entonces dormidos. Cuando, finalmente, se une al *sahasrara chakra* (mil pétalos de loto), se alcanza el
objetivo del yoga (la divina unión), y los límites del tiempo, el espacio
y la causalidad trascienden.

Swami Harinanda, autor de *Yoga and the Portal*, afirma que la meditación y el *pranayama* pueden despertar la fuerza vital, *kundalini
Shakti*, en el chakra base. El *kundalini* se mueve hacia arriba a través
del *sushumna nadi* cuando neutralizamos los efectos de los *nadis* Ida y
Pingala. Cuando Shakti llega a la cabeza, estimula la glándula pineal y
la pituitaria para que secreten hormonas. La glándula pineal secreta un
fluido blanco y lechoso, mientas que la pituitaria secreta un fluido
cremoso y amarillo. Cuando ambos fluidos se encuentran, se produce
un flash de luz tan brillante que el Tercer Ojo («Estrella de Belén») se
abre.

Después, ambos fluidos, conocidos como la Tierra de la Leche y la
Miel, en términos bíblicos, empiezan a fluir por el nervio pancreático
hacia abajo (el sagrado río Jordán) al tercer centro de energía (chakra
del ombligo), conocido como pesebre, donde Cristo nace en ti con
plena consciencia. Ese potente estado de conciencia ilumina todo el
cuerpo. Dicha energía luminosa es levantada hacia la coronilla, donde
se une con Dios («El Padre y yo somos uno»).[4]

Más información sobre los chakras

Once de los catorce chakras están localizados a lo lardo del canal de
energía *sushumna nadi*, que es el principal conducto de energía pránica del cuerpo sutil, que discurre por el centro de la espina dorsal desde
el coxis hasta el cráneo. Los otros tres chakras se encuentran encima de
la cabeza.

Los chakras se localizan, generalmente, cerca del área que gobierna
la actividad que representa cada chakra. Por ejemplo, el chakra del ombligo está cerca del plexo solar, que gobierna las funciones digestivas.

Además de los puntos chakra en el *sushumna nadi*, hay unos puntos frontales llamados *chakra kshetram* (contrapartes físicas que reposan directamente frente a sus correspondientes chakras en el mismo plano horizontal). Las imágenes 5d y 5e de las páginas 89 y 90 representan las localizaciones de los puntos chakras y sus contrapuntos.

Cada chakra indica un nivel de frecuencia sutil específica y progresivos estados de consciencia elevada, desde los instintos básicos necesarios para la supervivencia, asociados con *muladhara* (chakra raíz), hasta los poderes intuitivos del *ajna chakra* (área del Tercer Ojo) y, finalmente, la iluminación espiritual en *saharara* (chakra de la corona).

Así, los tres chakras inferiores (raíz, pelvis y ombligo) tienen que ver con la vida material y la supervivencia del cuerpo físico. Los superiores (cuello, Tercer Ojo y corona) se relacionan con la vida espiritual y la elevada expresión creativa. La llave que abre el sistema completo se halla en el chakra de en medio (el del corazón). Es la puerta hacia la conciencia elevada.

Los chakras encarnan la parte espiritual. Esas siete puertas hacia la conciencia elevada inician el ascenso desde la conciencia limitada hasta la expresión del pleno potencial. Son los tres primeros estados, con dormir, soñar y despertar, representados por los tres primeros chakras. El estado trascendental es pura consciencia, la llave para abrir el despertar espiritual. Su sede está en el chakra del corazón. Los tres estados más elevados de consciencia (consciencia cósmica, consciencia divina y consciencia Brahman) están representados por los tres chakras superiores. Para más información en cuanto a los diversos estados de consciencia, léanse mis libros *Divine Revelation* y *Exploring Meditation*.

Enseñanzas de Jesús sobre el Tercer Ojo

El gran yogui Paramahansa creía que Jesús enseñó métodos de yoga y profundos misterios a sus discípulos más cercanos cuando estuvieron preparados para recibirlos.[5] En *The Second Coming of the Christ*, Yogananda describe los siete chakras mayores y la iluminación de la consciencia en el Tercer Ojo:

> *«El cuerpo humano, único entre todas las criaturas, posee centros cerebroespinales espirituales de consciencia divina a los que desciende el Espíritu Santo. Éstos son conocidos por los yoguis (y por san Juan, que los describió en sus Revelaciones como siete sellos, siete estrellas y siete iglesias, con sus siete ángeles y sus siete candelabros de oro). Cuando alguien es bautizado por inmersión, al amparo del Espíritu Santo, el ojo espiritual microcósmico del cuerpo puede unirse a la luz del Espíritu como en una Trinidad Cósmica».*

Y continúa:

> *«Los siete centros tienen salidas o "trampillas" a través de las cuales entra el alma cuando se encarna en el cuerpo y a través de las cuales vuelve a ascender durante la meditación. Con siete etapas diferentes, el alma escapa hacia la Consciencia Cósmica».*[6]

> *«El ojo es la lámpara del cuerpo; así que si tu ojo está sano, todo tu cuerpo estará lleno de luz».*
>
> JESUCRISTO[7]

El médico ruso Nicolas Notovich escribió *The Unknown Life of Christ* en 1884. Durante sus largos viajes, visitó un convento budista en Himis, cerca de Leh, la capital de Ladakh, en la India. Allí encontró dos volúmenes antiguos que contenían más de doscientos versos bajo el título de *La vida de san Issa*, que describía los viajes de Jesús durante sus «años perdidos», entre los trece y los veintinueve años. Este extremo fue confirmado más tarde por Swami Abhedananda y Nicholas

Roerich, que viajaron de manera independiente a Himis y encontraron el mismo texto.

Según dicho texto, Issa estuvo seis años en Varnarasi, Rajagriha, el templo de Jagganath en Orissa y otras ciudades sagradas en las que estudió la antigua sabiduría de los Vedas. Luego viajó al Nepal, al Tíbet y a Persia, enseñando monismo y denunciando la idolatría. Regresó a Jerusalén a los veintinueve años. Detalles fascinantes de su vida y de sus enseñanzas, que no se encuentran en la Biblia, se describen en este antiguo texto.

Puedes aprender mucho más sobre el sistema de energías sutiles, los chakras, el *kundalini* y el *prana* leyendo mis libros *The Power of Auras* y *The Power of Chakras*, en los que encontrarás información profunda que no se halla en ningún otro libro. En el siguiente capítulo, exploraremos el *ajna chakra*, sede del Tercer Ojo.

CAPÍTULO 6

AJNA: EL CHAKRA DEL TERCER OJO

> *Venero al Supremo Creador de la dicha*
> *situado en tu Ajna-Chakra —entre ambos ojos—*
> *resplandeciente como millones de soles y lunas,*
> *adornado por el supremo Poder*
> *Meditando sobre el Todo con devoción,*
> *donde se vive en un mundo resplandeciente*
> *que no necesita luz aun estando más allá*
> *del alcance del sol, la luna y el fuego.*

ADI SHANKARACHARYA[1]

El Tercer Ojo es uno de los siete chakras mayores (centros de energía) del cuerpo sutil. Los chakras han sido representados en muchas tradiciones culturales. Por lo general, los chakras se representan como flores de loto que simbolizan el ascenso de la consciencia humana desde la ignorancia hasta la iluminación. El primer loto nace en el lodo, y representa la ignorancia. Busca crecer para salir al agua mediante el esfuerzo y la aspiración. Finalmente, el loto busca la luz directa del sol, que simboliza la iluminación. Cuando el loto florece, incluso estando en el barro, la flor permanece intocable. Eso es la consciencia elevada, inmaculada, de barro y de la vida material.

El centro de mando

Ajna chakra (Tercer Ojo) significa «centro de mandos», y es el centro de la sabiduría, de la consciencia elevada y de la propia autoridad.

La conciencia despierta se abre a la divinidad. Abrir el *ajna chakra* desarrolla la intuición, la visión interior, la percepción extrasensorial, la clarividencia, la telepatía, la revelación directa, la voz interior, las experiencias espirituales y los poderes espirituales.

Dado que *ajna* es la sede del *buddhi* purificado (intelecto), cuando se abre, desaparecen las fluctuaciones y la inconstancia mental. La mente se convierte, entonces, en un instrumento perfecto de discernimiento espiritual. En su elevado estado de consciencia, desaparece todo vestigio de imperfección. El *ajna* se asocia con el «YO SOY» (*atman*), que favorece la realización divina.

El *ajna* es el lugar del cuerpo sutil donde tiene lugar la iluminación. Es el centro de la luz divina, del despertar espiritual, de la sabiduría verdadera y del conocimiento supremo. La luz divina penetra en el Tercer Ojo y luego irradia hacia fuera. Es un farol que ilumina el camino. Señala la ruta hacia el destino divino y sus propósitos. Ilumina el plan divino de la vida de cada uno. Su luz guía a través de las tinieblas. Te conduce a tu destino real, a través de todas las trampas y baches que puedas encontrar en tu camino. El Tercer Ojo es tu carretera a casa.

El *ajna* (comando, orden) *chakra* se denomina así por razones diversas. Por ser un centro de distribución que transmite el *prana* a varias zonas del cuerpo, regulando el flujo de *prana*. Es la llave de la técnica de yoga llamada *prana vidya* (curación a través de la energía vital). Cuando este chakra se despierta, se intensifica la voluntad y los deseos quedan satisfechos de manera casi instantánea. La transferencia del *ajna* de gurú (orden) tiene lugar en este chakra.

Éste es el Tercer Ojo (*tisra til*) de la más elevada mente, el ojo que mira tanto dentro como fuera, el ojo de Shiva (la consciencia más elevada). *Ajna* es la sede del poder primordial de todo y el *atman* (el Yo superior).

Mientras que los cinco chakras mayores de la parte inferior están relacionados con los cinco elementos (tierra, agua, fuego, aire y éter), el *ajna chakra* es la sede de la mente. El regente planetario del *ajna chakra* es Júpiter. El nombre sánscrito de este planeta es Guru («la luz que disipa las tinieblas»). En las antiguas escrituras védicas, *ajna* se simboliza mediante *Brihaspati*, el *gurú* (preceptor) de los dioses (*devas*). Su día de la semana es el jueves y su color el azul. La casa astrológica regida por *ajna* es la novena, es decir, la de la sabiduría, la educación superior, la espiritualidad y el aprendizaje, regidos por el signo de sagitario.

Ajna chakra se localiza en el centro del cráneo, en la región de la glándula pineal. Justamente delante del *ajna chakra*, en el mismo plano horizontal, se encuentra el *ajna kshetram* (punto de ruptura), entre las dos cejas, en la frente, en un centro llamado *bhru madhya* (centro de la frente). El *ajna chakra* en el área de la glándula pineal está conectado directamente con el *ajna kshetram* de la frente mediante el *nadi mahanadi* (gran *nadi*). Colocando una gota de bálsamo de tigre o de alcanfor entre las dos cejas, se puede incrementar la sensitividad e intensificar la percepción del Tercer Ojo.

La región hexagonal

Se dice que un fluido llamado «néctar de la inmortalidad», conocido como *soma* o *amrita*, permanece en un hueco del centro de la frente. Ahí, los tres *nadis* mayores (*ida, pingala y sushumna*) se encuentran en intersección formando una región hexagonal roja. De hecho, *ida* y *pingala* terminan en el centro de la frente, justo en el punto en que se unen con *sushumna*, el eje medio central del cuerpo sutil.

Como esos tres *nadis* se unen ahí, la frente se llama *mukta triveni* (las tres hebras de la liberación). También se le llama Prayag, el antiguo nombre de Allahabad, India, donde se encuentran los tres ríos, Ganges, Yamuna y el místico río subterráneo Saraswati. El Ganges representa a *ida*, Yamuna simboliza a *pingala* y Saraswati a *sushumna*. En Allahabad, un festival especial llamado Kumbh Mela (festival del néctar de la inmortalidad) celebra el baño en el néctar de este chakra, en la intersección de esos tres ríos sagrados.

Otro símbolo de la intersección de los tres *nadis* es la cruz cristiana, donde *ida* se balancea con *pingala*. El brazo izquierdo de la cruz es *ida*, el derecho es *pingala* y el palo vertical es *sushumna*, que continúa por arriba hacia *sahasrara*. Las líneas se encuentran en el *ajna chakra*, el estado sin ego donde se muere (crucificado) en el yo antiguo.

Loto del *ajna chakra*.

La región triangular

Dentro del hexágono hay un triángulo, que es un *yoni* (genitales femeninos), el receptáculo del *ligna* (el falo) de Shiva. Dicho *linga* es el poder de Shiva, que representa el control total de los deseos durante la meditación. Se describe de color rojo, dorado o blanco brillante.

El *yoni* triangular, sede de Shiva, es el supremo *shakti kundalini*. Su energía, que fluye a rachas de flashes luminosos, radia como el mantra *aing* (el mantra original del gurú), el cual genera la manifestación del *bija* primigenio (sonido primordial) *OM*, fuente fundamental de los Vedas, donde el *kundalini* está en su radiante forma-sonido *OM*.

El loto de dos pétalos

Dos pétalos salen del *ajna chakra*, los cuales son descritos por los antiguos como vibrantes y llenos de néctar, con rayos frescos de un color blanco intenso muy luminoso. Los dos pétalos del *ajna chakra* representan el *nadi* del sol (*pingala*) y el *nadi* de la luna (*ida*), que se unen en el *ajna chakra*. Las letras sánscritas de dichos pétalos son de color blanco brillante, *ham* y *ksham*, o los *smantras* de Shiva (*hang*) y de Shakti (*kshang*).

Ambos pétalos son rayos de poder. Uno de ellos baja hasta los chakras inferiores. El otro se dirige a los chakras superiores. Las radiaciones de *hang* y *kshang* son blancas, puras y muy poderosas. En esos rayos hay cinco brisas vitales, cinco poderes vitales y el poder *kundalini*.

El color blanco indica la preponderancia de *udana vayu*, una de las cinco brisas vitales, que son aspectos del *prana*. De especial significación para la práctica espiritual, *udana* es el aliento de movimiento ascendente, que dirige el flujo de *prana* desde abajo hacia planos más elevados de consciencia. La fuerza radiante ascendente de udana lleva *prana* a los centros energéticos del cerebro. La energía *kundalini*, que asciende a través del *sushumna nadi*, es una forma de *udana vayu*.

Udana vayu despierta los cinco elementos y los cinco sentidos en los cinco chakras inferiores y la triple capacidad mental del chakra *manas* (mente) y del chakra *indu* (intelecto). Cuando *hang* y *kshang* emergen durante la meditación, la radiación inferior se detiene y el poder se concentra en la radiación superior. Entonces, la potente radiación superior no se detiene en *manas* ni en *indu*, sino que pasa directamente al chakra nirvana, el cual proporciona mucho *samadhi* o consciencia trascendental.

El mantra OM del bija (ong)

Dentro de la región triangular del *ajna chakra* se encuentra la luna blanca, brillante, esplendorosa e imperecedera semilla del mantra *OM*.

La vibración del *OM* se cree la fuerza primaria del Veda, y Veda es precursor del universo entero. Además, *OM* se considera el mantra primordial.

OM: precursor de todo el universo.

El *ajna chakra* es el centro del *kundalini* en tanto que consciencia esplendorosa, pura, despierta y profunda. Emerge de su forma sutil a través de los primeros sonidos que forman el *OM*. Las espirales de *kundalini* se describen como un círculo luminoso.

Shiva y Shakti

Cada sonido o vibración en el universo es precursor de una forma correspondiente. De cada sonido primordial sánscrito o mantra surge una deidad que se corresponde. En el centro de actividad de cada chakra hay una letra sánscrita que da salida a una forma específica de Shiva, presidiendo sobre cada chakra.

Del mismo modo, una forma particular de Shakti (la Diosa Madre) es guardiana de cada chakra. Los *shaktis* controlan los chakras y sólo admiten practicantes cualificados para practicar con ellos. La intensa apariencia de los *shaktis* disuade a los neófitos. Los *shaktis* de los chakras son formas diversas de *kundalini*.

En el *ajna chakra*, una forma de Shiva conocida como Parashiva, habita en el *bindu* (punto) sobre el mantra *OM*. Representa la forma sutil de Brahman (consciencia absoluta), como el huevo dorado de la creación, caracterizado por el sonido primordial del mantra *OM*. Como está más allá de la creación manifiesta, no tiene atributos. Además, es insondable, innombrable, no tiene forma ni se manifiesta, no está en el tiempo ni en el espacio, no tiene principio ni fin, es infinito.

El poder (*shakti*) guardián del *ajna* es la diosa Hakini, que es blanca como la luna. Con seis preciosas caras de luna, cabellos rizados, seis brazos y tres ojos en cada cara, esta despierta con consciencia absoluta. Sus ojos, hermosamente pintados con lápiz negro, centellean como abejas negras. Lleva un top blanco y la parte inferior de su ropa es roja. Está sentada en un loto blanco y su cuerpo blanco simboliza la pureza de su forma.

El Tercer Ojo de Hakini es la luz de la meditación profunda, mientras los otros dos ojos representan el conocimiento acumulado a través de los sentidos y del pensamiento. Las seis caras de Hakini representan los cinco elementos centrados en los cinco chakras inferiores, más la mente, localizada en el *ajna chakra*.

Hakini lleva un libro en una de sus manos, que contiene la más elevada sabiduría traducida a palabras inteligibles. En la otra mano, sostiene un cráneo que representa la perpetuación de la consciencia espiritual desarrollada a través de la meditación, incluso después de la muerte. En la tercera mano lleva un tambor que simboliza el silencio de los mantras transformados en sonidos audibles. En la cuarta mano, Hakini sostiene un *rudraksha,* o rosario de semillas (empleado en la práctica de la meditación), que indica la práctica espiritual de la repetición de mantras (*japa*). Con la quinta mano hace el gesto de conceder favores, que son conocimientos espirituales. El gesto de eliminar miedos erradica cualquier obstáculo para la meditación.

Los subcentros del *ajna*

Además del *ajna chakra* de dos pétalos (la rueda del Tercer Ojo), hay otros tres chakras dentro del cerebro, en el área del Tercer Ojo: *manas chakra, indu chakra y nirvana chakra.* De acuerdo con las antiguas escrituras de la India, hay tres sedes en la región frontal. Éstas se llaman *bindu* (punto), *nada* (luna creciente) y *shakti* (poder). El *bindu* es el punto que está sobre el mantra *OM* en el *ajna. Nada* es el *manas chakra* y *shakti* es el *indu chakra.*

Manas Chakra: *la mente sensorial*

Manas chakra (mente), o vehículo mental, consta de tres partes: la mente consciente, o inferior, o instintiva (*manas chitta*); la mente emocional, o subconsciente, o impresionable (*sanskara chitta*) y la mente habitual, preconcebida (*vasana chitta*). Este chakra está regido por el planeta Mercurio, que gobierna la actividad mental, el signo de Géminis, patrón de la mente inferior, así como la tercera casa de la carta astrológica.

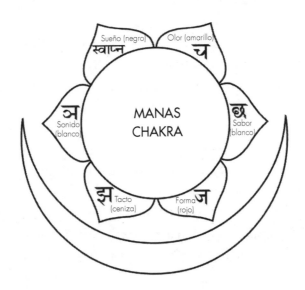

El loto del *manas chakra.*

También conocida como mente sensorial o inferior, *manas* es responsable de la percepción sensorial, de las impresiones captadas con la vista, el oído, el olfato, el tacto y las sensaciones en general. Más poderoso cuanto más finos sean los sentidos físicos, te permite sentir transportando las sensaciones físicas a los chakras más elevados del cerebro.

Sentidos como la vista o el oído dependen de los ojos y las orejas corporales, pero el *manas* puede actuar con independencia de dichos órganos, incluso después de la muerte. *Manas* no sólo es responsable de la percepción sensorial externa, sino que también despierta un sentido de percepción sutil, como la clarividencia o la clariaudiencia, independientemente de los ojos y los oídos.

La localización del *manas chakra* es en un subcentro del *ajna*. Se encuentra por encima del *ajna chakra*, sobre el *bindu* de *OM,* en un segundo *nada* (con forma de luna creciente). Corresponde a la parte cerebral del tercer ventrículo.

Indu Chakra: el intelecto

El loto del *indu chakra.*

El término sánscrito *Indu* (que significa «gota» o «luna») se refiere a las gotas del néctar de la inmortalidad que caen desde la región lunar del cuerpo sutil. *Indu chakra* también se llama la rueda de Brahma, círculo lunar y rueda del néctar. Este chakra está regido por el planeta Urano, que domina el intelecto y la mente superior, el signo de Acuario y la decimoprimera casa de la carta astral.

Indu chakra se ubica en el cerebro, por encima del *ajna chakra*, en la parte frontal del tercer ventrículo cerebral, en la región de la *lamina terminalis* y *commisura anterior*.

Indu chakra es la sede de *buddhi* (el intelecto). Este aspecto de la mente consigue un conocimiento mucho más elevado que *chitta*, la mente sensorial que hay en el *manas chakra*. *Chitta*, responsable de la percepción sensorial, sólo puede obtener conocimiento sensorial. Por el contrario, el conocimiento conseguido por *buddhi* es de tipo intelectual. Las funciones primarias de *buddhi* son la intelectualización elevada, el pensamiento y la retención.

Nirvana Chakra: *la mente concentrada*

Nirvana (que significa «llama que se extingue») es el lugar en que el ego, con todos sus antojos y defectos, es anihilado cuando el *kundalini* pasa por él. Este chakra está regido por el planeta Neptuno, planeta de la disolución del ego, por el sigo de Piscis y por la casa decimosegunda de la carta astral.

El *nirvana chakra* también se conoce como «la más elevada rueda de Brahma», «el loto de cien pétalos», «el loto de la paz», «la rueda del tiempo» y «el vacío de Brahma».

Éste es el chakra más elevado en el *sushumna nadi*, tan sutil que nunca se manifiesta hasta que el *kundalini* lo penetra. Dado que el *kundalini* asciende por el *sushumna nadi*, viaja subiendo por la columna vertebral hasta la cima del cerebro. Finalmente acaba en un punto denominado *brahmarandhra*.

El *nirvana chakra* se localiza en la porción superior del córtex cerebral, unos cinco dedos por detrás del nacimiento del cabello, más o menos donde se unen las fontanelas durante la infancia, en un punto llamado *fontanella anterior*.

El loto del *nirvana chakra*.

El *nirvana chakra* es la sede de la mente enfocada (*dhi*), así como el centro de la «Yoidad». *Dhi* es la parte de la mente que filtra las innumerables sensaciones y se centra en algo concreto. Concentrándose en un solo objeto, la mente desarrolla claridad de pensamiento, agranda el intelecto y aumenta el poder de retención. Así, *dhi* es responsable de despertar el pensamiento profundo (*manisha*).

La principal función del *dhi* es la habilidad para concentrarse. El punto *bindu* es el símbolo de la más elevada forma de concentración, en el que la consciencia se centraliza en la unidad. Puedes leer más sobre cómo desarrollar el *dhi* en el *Trataka Meditation*, en la página 24.

En el siguiente capítulo, aprenderemos cómo curar los tres *granthis*, que son nudos psíquicos que bloquean el flujo del *kundalini* a través de los chakras.

CAPÍTULO 7

SUPERAR LOS BLOQUEOS PSÍQUICOS

El sabio que continuamente (contempla)
este loto ajna, se libera de las cadenas del deseo
Y experimenta la felicidad. Cuando, en el
momento de la muerte, el yogui contempla el loto,
al tiempo que abandona esta vida, toda su
beatitud es absorbida en el Paramatma
(el alma suprema).

Shiva Samhita

Los yoguis de la antigua India descubrieron tres *granthis* (nudos) en la energía pránica del cuerpo, los cuales son áreas de almacenamiento para bloqueos psíquicos, apegos y desilusiones que evitan que el *kundalini* fluya libremente a través de *sushumna nadi*. Estos nudos psíquicos son trampas que nos bloquean e impiden la elevación y la consecución de la iluminación espiritual. Uno de esos nudos está en el área del Tercer Ojo.

En esas tres regiones, el poder de *maya* (ilusión), de la ignorancia y del apego al mundo material es particularmente intenso. Los *granthis* se localizan en los chakras en los que convergen los tres *nadis* mayores: *ida, pingala* y *sushumna*.

Brahma Granthi

Brahma granthi se ubica en el centro de la raíz (*muladhara chakra*) y es el nudo de apego a la vida material (*samsara*) que ata la mente a desear placeres físicos a través de la estimulación sensorial y el contacto sexual. Este nudo oscurece la verdad y nubla el intelecto. Las conductas predominantes de este *granthi* son el instinto de conservación, el instinto reproductor y la seguridad a través de la adquisición de bienes materiales. El mundo exterior se ve como una forma de obtener seguridad. *Brahma granthi* es la sede de las ansias y apetitos que salen a la luz desde lo más hondo del subconsciente.

No es nada fácil escapar de esta trampa porque mucha gente no tiene ni idea de que hay algo más que el mundo material. La gran mayoría de la humanidad no cree en un mundo espiritual y permanece atascada en este nivel, centrada en sí misma.

Sin embargo, una vez se desbloquea este nudo, los instintos naturales de supervivencia se transmutan en impulsos creativos. La energía primordial *kundalini*, entonces, sube y se inicia el despertar, interesándose por consecuciones elevadas, no por los bajos deseos.

Vishnu Granthi

Vishnu granthi está en el centro del corazón (*anahata chakra*) y es el nudo de apego a las emociones, que ata la mente al amor, al sentimentalismo, a la nostalgia, a la lealtad, al apego, a la simpatía, a la piedad y al orgullo. El apego emocional es muy poderoso, esclaviza la mente e impide su despertar espiritual. Los adeptos a disciplinas espirituales que tienen atascado el *vishnu granthi* se vuelven ser fríos, sin corazón y autosuficientes porque no entienden que la verdadera espiritualidad trasciende el amor terrenal.

Vishnu granthi puede fomentar la necesidad de control y dominación, para satisfacer necesidades egoístas mediante la coerción y la manipulación de la gente y de las situaciones. Suele expresarse para conseguir prestigio, estatus, poder y reconocimiento. El mundo se contempla como algo que puede darnos ganancias, poder personal y que puede colmar nuestras ambiciones. El egocentrismo, la arrogancia, la hostilidad y el resentimiento son los resultados.

Cuando *vishnu granthi* se desbloquea, las emociones se purifican y se transmutan en amor a la divinidad. La emoción del amor no se enfoca hacia la glorificación del ego. Por ejemplo, la gente se empieza a ver como encarnaciones de perfección, expresando su verdadera naturaleza. *Vishnu granthi* es la puerta de salida hacia el despertar y nos abre el camino al amor incondicional, la comprensión y la aceptación.

Rudra Granthi

Rudra granthi está en el Tercer Ojo (*ajna chakra*) y es el nudo del apego al mundo mental. Ata la mente al orgullo intelectual, a las creencias tenaces, a los hábitos, a los condicionamientos y al lavado de cerebro. Atrapa al ego con arrogancia sobre las experiencias espirituales, los poderes psíquicos y las habilidades supranormales.

El desarrollo espiritual puede ser la última liberación o una trampa seductora. Si el desarrollo de facultades psíquicas individuales se hace sin la transformación del ego, éste caerá bajo el hechizo de una suerte de materialismo espiritual, en el que el ego se alimenta de autoimportancia y se siente especial.

Bajo el glamur de *rudra granthi*, la gente puede sentirse superior a las almas menos evolucionadas y muchos desarrollan arrogancia espiritual, autocomplacencia y arrogancia en cuanto a sus capacidades intelectuales. Pueden cavar haciendo mal uso de sus habilidades con los demás. En casos extremos, puede retirarse a vivir en aislamiento, dentro de un mundo ilusorio, sufriendo alucinaciones y muy poca conexión con la vida real.

Eliminado el *rudra granthi*, se disuelven el despertar del ego, el despertar mentar y el despertar físico. El sexto sentido u ojo de la intuición se desarrolla. Cuando se rompe el nudo del orgullo intelectual, la energía espiritual trasciende la dualidad y puede ver la verdad. La consciencia se repara y el alma individual emerge dentro del alma cósmica universal.

Eliminar los bloqueos *granthi*

Los tres *granthis* impiden al *prana* fluir libremente a través del *sushumna nadi*. Los tres nudos deben deshacerse para que el *kundalini* despierte, abra el *sushunma nadi* y complete su ascensión a través de los chakras hasta el chakra de la corona, donde tendrá lugar la iluminación espiritual.

Entre las antiguas prácticas de los yoguis, existen métodos efectivos para deshacer los *granthis* (nudos psíquicos). *Bandhas* (nudos musculares) y *mudras* (gestos) pueden abrir los bloqueos, despertar el *kundalini* e incrementar el flujo de *prana*.

La palabra sánscrita *banda* significa «sostener, bloquear o apretar». En este sentido, cuando se practican *bandas*, se contraen y aprietan músculos específicos.

Entre las prácticas más poderosas para despertar el *kundalini* y abrirle paso por los chakras, éstas deben ser practicadas después del *yoga asanas* (yoga postural) y antes de *pranayama* (ejercicios de respiración).

IMPORTANTE: consúltese al médico antes de intentar practicar los ejercicios propuestos en este libro.

Jalandhara Bandha: bloqueo de garganta

Jalandhara bandha es un bloqueo físico que ata un plexo de *nadis* en la garganta y dirige el *prana* hacia el *sushumna nadi*. *Jala* se refiere al *nadi* que pasa a través de la garganta y va hacia el cerebro. *Dhara* significa «tirar hacia arriba». *Bandha* significa «bloqueo». Los *bandha* bloquean el néctar inmortal producido en los chakras de la cabeza, bajando por la garganta y quemándose en los ácidos gástricos del estómago. Además, dichos *bandas* reducen el ritmo cardíaco debido a la compresión de los senos carotídeos. Las antiguas escrituras indias afirman que los *bandas* previenen el envejecimiento y retrasan la muerte.

Cómo practicarlo

Siéntate en una posición cómoda. Las mejores posturas son *padmasana* (posición de loto: *véase* página 199), *siddhasana* o *siddha yoni asana* (postura perfecta: *véase* página 198). También puede hacerse de pie. Si se hace sentado, se ponen las palmas en las rodillas.

Cierra los ojos. Relaja todo el cuerpo. Inspira profundamente y aguanta la respiración. Dobla la cabeza hacia adelante y presiona fuertemente la barbilla contra el esternón. Estira los brazos y bloquea los codos. Mantén las manos en las rodillas. Bloquear los codos intensifica la presión aplicada en el cuello. Simultáneamente, encoge los hombros hacia arriba y hacia delante. Con esto ayudas a los brazos a permanecer estirados con los codos bien bloqueados. Permanece en esta posición tanto tiempo como consigas aguantar la respiración. Concentra tu atención en la garganta, todo el tiempo. Luego, relaja los hombros y los brazos, y levanta la cabeza poco a poco, espirando lentamente. Respira normal. Repite el ejercicio varias veces, mientras no te resulte desagradable.

Si eres hipertenso o tienes problemas cardíacos, no practiques este *bandha*.

Uddiyana Bandha: bloqueo abdominal

La palabra sánscrita *uddiyana* significa «levantarse o volar hacia arriba». Este bloqueo físico, que sube por el diafragma, dirige el *prana* al *sushumni nadi* y mueve el *kundalini* hacia los chakras. Por eso, las antiguas escrituras dicen que el *uddiyana bandha* expande el despertar más elevado, rejuvenece y promueve la longevidad. Este *bandha* actúa directamente en el chakra umbilical, el almacén de *prana*. Estimula y distribuye el *prana* por todo el cuerpo.

Cómo practicarlo

El *uddiyana bandha* puede practicarse en *vajrasana* (*véase* página 195), *padmasana* (*véase* página 199), *siddhasana* o *siddha yoni asana* (*véase* página 198), también de pie. Voy a explicar cómo hacerlo de pie.

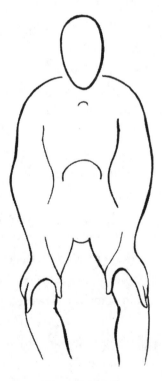

Bloqueo abdominal.

124

Permanece de pie con las piernas separadas a la altura de las caderas. Échate un poco hacia delante y flexiona ligeramente las rodillas. Coloca las palmas de las manos en los muslos, cerca de las rodillas, con los brazos rectos. Espira del todo, intentando que los pulmones se vacíen; para ello, sopla repetidamente.

Después tienes que hacer una falsa inspiración, realizando la misma acción que en una inspiración normal, pero sin llevar el aire a los pulmones realmente. Para ello debes mantener la glotis cerrada, expandir el pecho, meter tripa y pensar como si respirases, pero sin dejar que entre el aire. Con este ejercicio, necesariamente contraes la glotis, los músculos del cuello (esternocleidomastoideo) y los músculos respiratorios, expandiendo el pecho como si entrara aire por la nariz. Sin embargo no debe entrar nada. Esta acción elevará de manera automática el diafragma y tu abdomen se meterá hacia dentro y hacia arriba. Es la falsa inspiración lo que sube el diafragma, y no la contracción de los músculos abdominales. Mantén esta posición tanto como puedas antes de volver a respirar de verdad.

Para deshacer este *bandha*, espira poco a poco para deshacer el nudo de los pulmones y luego respira normal. Automáticamente, el abdomen volverá a su posición normal. Relaja los brazos y enderézate poco a poco. Practica varias veces seguidas y, de manera gradual, incrementa la cantidad de veces que los haces, durante semanas o meses.

Practica *uddiyana bandha* a primera hora de la mañana, antes de desayunar. Es mejor que tengas el estómago vacío, así que es preferible esperar varias horas antes de hacer esto, si has comido. También es recomendable haber vaciado los intestinos.

Las mujeres embarazadas y todos los que tengan serios problemas de corazón, úlceras de estómago, colitis o cualquier enfermedad relacionada con el abdomen, no deberían practicar *uddiyana bandha*. Después del parto, es bueno practicar este *bandha* con otras nuevas mamás para reforzar el abdomen distendido.

Mula Bandha: bloqueo raíz

El término sánscrito *mula* significa «raíz». En este caso se refiere al *muladhara kshetram*, sito en el perineo. Por otra parte, *mula bandha* es «la contracción del bloqueo del perineo». En este *bandha*, el área que se contrae es el punto físico del *muladhara*. Y este punto es diferente en hombres y en mujeres. El los hombres se ubica en el perineo, entre el ano y el saco escrotal. En las mujeres está en el mismo cérvix, allá donde la vagina se encuentra con el útero. Mucha gente practica mal el *mula bandha* y lo único que hace es contraer los músculos del esfínter.

Cómo practicarlo

Inspira profundamente y aguanta la respiración. Contrae lo más fuerte que puedas los músculos del punto *muladhara*. Levántalos todo lo que puedas. Concentra toda tu atención en ese punto de contracción. Mantén el *bandha* tanto tiempo como puedas estar sin respirar. Después, relaja la contracción y expulsa el aire de los pulmones. Practica varias veces en una sesión, tanto como te resulte cómodo.

Si no estás seguro de cómo practicar correctamente el *mula bandha*, imagina que estás orinando y de repente quieres dejar de hacerlo, como si quisieras volverlo a recuperar. La sensación muscular es la misma que la de *mula bandha*.

Este maravilloso *bandha* antienvejecimiento despierta el chakra raíz y levanta el aire vital descendente (*apana*, que expulsa del cuerpo los materiales de desecho), para unirlo con la energía vital ascendente (*prana*, que nutre el cuerpo de energía). *Mula bandha* equilibra el *prana* y el *apana*, permitiendo un equilibrio ideal entre la energía entrante y la saliente. Es una de las prácticas más importantes para despertar el *kundalini* porque fuerza el *sushumna nadi* a abrirse.

Maha Bandha: el gran bloqueo

Maha bandha es un *bandha* muy potente que combina los tres bloqueos mayores. La palabra *maha* significa «gran».

Cómo practicarlo

Inspira lentamente centrando tu atención en el *muladhara* (chakra raíz), imaginando el despertar luminoso del *kundalini*. Al mismo tiempo que haces el *uddiyana bandha* (bloqueo abdominal), bloquea también *mula bandha* (chakra raíz). Cuando ya hayas inhalado completamente, echa la cabeza hacia delante y presiona la barbilla contra el esternón en *jalandhara bandha* (bloqueo de garganta). En ese momento deja de inhalar más aire.

Mantén toda esa tensión muscular siempre imaginando el despertar del *kundalini*. Aguanta la respiración mientras puedas. Luego deshaz los tres bloqueos, *mula bandha, uddiyana bandha* y, finalmente, *jalandhara bandha*.

Este poderoso *bandha* es la clave para el despertar del *kundalini*.

Mudras para abrir el Tercer Ojo

El taraka yoga es una práctica altamente esotérica del yoga. Dado que no existen muchos libros sobre este tema, es muy difícil encontrar, por no decir imposible, un maestro que lo enseñe. La palabra sánscrita *taraka* significa «cruzar, liberar o entregar». Pero ¿qué es lo que se libera? El objetivo de la práctica del yoga es la liberación del alma de las ataduras del mundo (campo dualístico de sufrimiento e ignorancia) para llegar a ser uno mismo de verdad.

El taraka yoga consiste en cinco *mudras* («sellos» o «cierres») que no son sino movimientos físicos que afectan poderosamente al flujo energético del cuerpo sutil. Los cinco *mudras* del taraka yoga son *khechari, bhuchari, madhyama, shanmukha* y *shambhavi*. Sirven, específicamente, para despertar el *kundalini* y limpiar, sanear, energizar y abrir el Tercer Ojo.

Si el chakra del Tercer Ojo está cerrado, insano o bloqueado por emociones negativas o sustancias tóxicas (como drogas, alcohol, tabaco o comida transgénica), tendrás dolores de cabeza, mareos, insomnio, sinusitis o problemas de visión. En casos extremos, se pueden sufrir hemorragias cerebrales, embolias, problemas de aprendizaje, dislexia, autismo, ADD, pesadillas frecuentes y pérdida de memoria. Incluso algunas patologías mentales se relacionan con la contaminación de *ajna chakra*.

Mientras se practican los cinco *mudras*, se pueden tener visiones divinas, escuchar sonidos celestiales, oler fragancias dulces, percibir sabores agradables o sentir sensaciones extáticas. Eso no es sino una indicación de que el *kundalini* empieza a moverse por el *sushumna nadi* y que el *ajna chakra* se abre.

He aquí cómo se practican los mudras:

Khechari mudra: bloqueo de la lengua con *ujjayi pranayama*

Khechari significa «enrollar la lengua hacia atrás y concentrarse en el *bhrumadhya*» *(ajna kshetram,* el punto del centro de la frente, entre las cejas), con los ojos cerrados o abiertos, como se prefiera. El *ujjayi pranayama* es un método de respiración que suele practicarse simultáneamente.

El propósito del *khechari mudra* es elevar el *kundalini* y acceder a los almacenes de elixir inmortal que se producen en los chakras de la cabeza. Este elixir inunda el cuerpo, proporciona buena salud, bienestar, despertar espiritual y, en última instancia, la inmortalidad.

Khechari mudra puede ser una práctica larga y complicada que puede llegar a contemplar una intervención quirúrgica en la membrana que tenemos bajo la lengua. De todos modos, lo que ahora expondremos es sencillo y no requiere preparación, todos podemos hacerlo.

Cómo practicarlo

Enrolla tu lengua hacia arriba y hacia atrás, de forma que la parte suave de la lengua toque tu paladar. Lleva la punta de la lengua lo más lejos posible, pero sin dar tirones. Al mismo tiempo, centra tu atención en el Tercer Ojo en el punto *bhrumadhya*, entre las cejas, sin tirar, con los ojos cerrados o abiertos, no importa.

Ujjayi pranayama

Esta técnica respiratoria, que combina el enrollado de la lengua en *khechari mudra*, ejerce una suave presión sobre los senos carotideos. Además, reduce los latidos y la presión sanguínea. Esta técnica proporciona serenidad física y mental. Armoniza el cuerpo, el cerebro y el cuerpo sutil.

Cómo practicarlo

Siéntate cómodamente con la espalda recta y la cabeza derecha. Puede practicarse en *savasana* (*véase* página 200), para conseguir una mayor relajación. Enrolla la lengua hacia atrás en *khechari mudra*. Cierra los ojos, relaja el cuerpo y respira lenta y profundamente. Cierra la glotis un poco contrayendo suavemente los músculos de la garganta. Al mismo tiempo, se contraerán los músculos del abdomen, de manera automática. Mantén la musculatura facial relajada.

Conforme respiras en esta postura, te darás cuenta de que sale un sonido carraspeante de tu garganta. Ese sonido, causado por el aire que pasa a través de la glotis semiocluida, es parecido al de un bebé que duerme.

Bhuchari mudra

Bhuchari mudra («la mirada en el vacío») es un poderoso limpiador psíquico que estimula la capacidad de concentración y el *ajna chakra*. Se practica mirándose la punta de la nariz, sin parpadear.

Cómo practicarlo

Quítate las gafas o las lentillas, si las llevas. Siéntate cómodamente en una postura relajada, con la espalda recta y la cabeza derecha. Es preferible que tu campo de visión esté libre de posibles distracciones. Lo ideal sería ponerse de cara a una pared pintada de un solo color, sobre todo si es blanca.

Coloca la uña del pulgar de tu mano derecha sobre tu labio superior. Levanta el meñique y el resto de dedos (índice, corazón y anular), bájalos y enróscalos. Luego mira fijamente la punta del dedo meñique, intentando no parpadear en un par de minutos. No ejerzas tensión.

Después, retira la mano y continúa mirando fijamente en la misma dirección, pero al vacío, durante unos minutos. Practica este ejercicio aumentando poco a poco su duración hasta que puedas estar cinco minutos con la primera parte y quince con la segunda.

Si notas que te pones tenso, o si los ojos te lloran durante el ejercicio, cierra los ojos e imagina tu dedo meñique entre tus ojos.[1]

Madhya lakshyam

Madhya lakshyam («llegar al centro») sirve para llevar la atención al *bhrumadhya* (punto en la frente, entre las cejas), con los ojos cerrados y concentrándose en la visión interior.

Cómo practicarlo

Siéntate cómodamente, si es posible en una habitación a oscuras. Cierra los ojos y, manteniéndolos cerrados, fija la mirada en el punto que hay entre las cejas, sin mover los párpados y sin que tiemblen los ojos. Con la práctica irá apareciendo un agujerito microscópico en tu Tercer Ojo.

Cuando la consciencia se introduzca en ese poro diminuto, podrás tener visiones con el ojo interior. Brillos, estrellitas, la iluminación del sol y la luna y los colores de los cinco elementos podrán aparecer.

Podrías ver los cinco cielos de magnífico resplandor: un cielo infinitamente extenso, un infinito cielo de colores oscuros, un cielo que recuerda el fuego, un cielo resplandeciente y un cielo-sol que brilla con la intensidad de mil millones de soles. La visión de esos cielos divinos produce una indescriptible felicidad.[2]

Shanmukha mudra

Shanmukha mudra («posición de las siete puertas») es una práctica profunda que ayuda a escuchar el *nada* interior, conocido como el sonido de los sonidos, el sonido del silencio, la música de las esferas o el murmullo de la creación. En este *mudra*, las siete puertas de la percepción externa se cierran y la consciencia se vuelve hacia dentro. Los mejores momentos para practicar este ejercicio son a última hora de la noche o a primera hora de la mañana, cuando hay muy pocos ruidos externos que puedan interferir en la sutil percepción sensorial.

Cómo practicarlo

Este ejercicio puede practicarse cómodamente sentado, en cualquier postura o bien de pie. Relaja todo tu cuerpo y mantén la espalda recta y la cabeza derecha. Pon las manos en tu cara, con los codos flexionados hacia fuera.

Ahora tápate las orejas con los pulgares y cierra los párpados con las yemas de los índices. No hagas presión sobre los ojos. Con los dedos corazón, tápate la nariz. Con los anulares, rodéate los labios por arriba y con los meñiques por abajo, para tener la boca cerrada.

Ahora haz el *kaki mudra* (gesto de pico de cuervo), que se hace así: pon la boca como si fueras a silbar. Relaja la lengua. Sorbe aire vigorosamente por la boca, con un silbido. Aguanta la respiración.

Ahora, como tienes las fosas nasales tapadas con los dedos, intenta expulsar el aire por la nariz, para crear presión en los oídos, como cuando vamos en avión. Esto forzará el aire a desplazarse hacia las trompas de Eustaquio.

Luego haz el *jalandhara bandha*, bajando la barbilla hasta el esternón (*véase* página 123). Aguanta la respiración tanto como te sea posible, sin excederte.

Mientras tanto, puede que escuches algún sonido en la región superior de la cabeza, en el centro, en la oreja derecha o en el chakra. Mantén tu atención en el *nada* interior. Si percibes un sonido principal con otro sonido de fondo, la conciencia se despierta con el sonido más débil. Continúa moviendo hacia las regiones sutiles a través del sonido, como si viajaras cada vez a más profundidad. No te fijes en sonido alguno y sigue profundizando.

Cuando ya no puedas aguantar más la respiración, levanta la cabeza, suelta los dedos y expulsa el aire por la nariz, lentamente. Esto es una sesión.

Practica tantas sesiones como te resulte cómodo. Tras practicar *yoni mudra* durante un mes, añade un *mula bandha* (*véase* página 126) durante la práctica. Tras otro mes, incorpora el *uddiyana bandha* (*véase* página 124).

No intentes escuchar sonidos sea como sea. Los sonidos irán llegando de manera natural y progresiva. Este *mudra* revela profundos misterios de tu ser interior.

Shambhavi mudra

Shambhavi mudra se llama así porque la leyenda cuenta que Shambhavi (Shakti) enseñó a Shambu (Shiva). También denominado *bhrumadhya drshti* («contemplación entre las cejas»), esta práctica estimula y abre el Tercer Ojo. Este *mudra*, que fija la mente constantemente, elimina las distracciones concentrando la atención en el interior.

La experiencia fundamental del *shambhavi mudra* es que los ojos se dan la vuelta hacia arriba y hacia atrás, dentro de la cabeza. Cuando el

Tercer Ojo se abre a la genuina visión espiritual de luz divina, esto ocurre automáticamente.

Cómo practicarlo

Aquí presento diversas formas de practicar *shambhavi mudra*:

VERSIÓN 1

Cierra los ojos y relaja el cuerpo. Después, abre los ojos y fija la mirada en el punto que hay en el centro de la frente, entre las cejas. Dirige los ojos hacia arriba todo lo que puedas, en esa dirección. Debes llegar a ver dos imágenes oscuras y curvadas que se corresponden a las dos cejas. No fuerces los ojos. Si notas tensión, deja de practicar el ejercicio inmediatamente.

Si te parece que esto es difícil, coloca la punta de un dedo en la punta de la nariz y fíjate en él. Luego, mueve el dedo hacia arriba lentamente, hasta el centro de las cejas, manteniendo la mirada fija en el dedo.

VERSIÓN 2

Entorna los ojos y centra tu atención en el mismo sitio, pero sin llevar los ojos hacia arriba. En este caso, la visión es completamente mental.

VERSIÓN 3

Permanece en un estado interiormente trascendental, en profunda meditación, mientras mantienes la visión dirigida a objetos externos, sin parpadear. Permanece interiormente atento a la conciencia por completo serena, con la mente y la respiración silenciosa. En dicho estado, mantén la visión fija, como si estuvieras viendo algo, aunque no haya nada en el exterior, ni arriba, ni debajo.

VERSIÓN 4

Cuando domines esta técnica, podrás practicarla con los ojos cerrados. La luz interior descenderá y aparecerán visiones de seres celestiales y luces divinas que verás con tu mirada interior.

Respirar como un fuelle

Bhastrika, que significa «fuelle» en sánscrito, también conocido como *kapalbhati*, es un *pranayama* (ejercicio respiratorio) que consiste en la rápida sucesión de exhalaciones forzadas. Este poderoso método depura los *nadis* y los pulmones. Igual que los fuelles se usan con rapidez para avivar un fuego, este ejercicio inhala y exhala con mucha rapidez.

Cómo practicarlo

Puedes sentarte cómodamente o hacerlo de pie. Con la boca cerrada, espira de manera forzada por la nariz, como si fuera un fuelle. Cuando practiques este *pranayama*, tiene lugar un sonido exacto al acto de soplar. Empieza expulsando el aire de la respiración forzadamente, soplando con la nariz, en una sucesión muy rápida. Tras diez expulsiones, toma una amplia inspiración y aguanta la respiración tanto como puedas. Luego espira poco a poco.

Mientras inhalas, distiende el abdomen. Cuando espires contráelo. Pon una mano en el abdomen para asegurarte de que lo estás haciendo correctamente. Concéntrate en la exhalación, que te llevará a una inhalación para que acaben sucediendo solas. Contrae los músculos abdominales cuando exhales rápida y forzadamente. El abdomen se distenderá de manera natural durante la inspiración.

Empieza con 10 expulsiones por tanda y ve incrementando, gradualmente, hasta llegar a 20 o 25 por sesión. El período de retención de la respiración al final puede aumentarse poco a poco pero con sumo cuidado. Espera un poco entre sesión y sesión. Se puede empezar con 3 sesiones e ir aumentando poco a poco hasta llegar a las 20 sesiones. Los estudiantes avanzados practican este *pranayama* cerrando parcialmente la glotis.

El más eficaz de todos los ejercicios de *pranayama*, *bhastrika*, facilita que el *prana* atraviese los tres *granthis*.

Elevación del *kundalini*

La práctica de *bandhas, mudras, pranayama* y meditación debería hacerse a diario. Así, la mente se serena y la respiración se vuelve refinada. Conforme se va practicando, las impurezas mentales desaparecen y el *kundalini* se despierta. Primero se perfora el *sushumna nadi*, por lo general cerrado en la punta de abajo. En las antiguas escrituras se dice que se producen flashes en la boca del *sushumna* como si atravesara el *brahma granthi*.

Entonces, el *kundalini* se eleva por el *sushumna* para perforar el *vishnu granthi* en el corazón. Continúa ascendiendo por el centro de las cejas hasta perforar el *rudra granthi*. El *kundalini* despierto se va levantando y la ducha de néctar del cerebro fluye copiosamente.

Cuando el néctar fluye, se pierden muchos deseos de placeres sensuales. Empezarás a ser absorbido por el *atman* (Yo superior) y participarás en la sagrada ofrenda de ambrosía. En ese momento estarás establecido en el yo. Al disfrutar de ese elevado estado, empezarás a ser devoto del *atman* y a conseguir la paz.

Utilizando los métodos de este capítulo, y practicando la meditación (que podrás aprender en el capítulo 14 de este libro) podrás despertar el *kundalini*, abrir el Tercer Ojo y conseguir el estado no-mental.

En el siguiente capítulo, aprenderemos a abrir el Tercer Ojo para desarrollar percepción extrasensorial y otros dones espirituales.

TERCERA PARTE

:
.

Tesoros
del Tercer Ojo

CAPÍTULO 8

DESARROLLAR LOS SÚPER-SENTIDOS

*El ojo normal sólo ve el exterior de las cosas y
las juzga por ello, pero «el ojo que todo lo ve»
va más allá y lee el corazón y el alma,
encontrando capacidades que no se perciben
desde fuera, y las que el otro tipo [de ojo]
no puede detectar.*

MARK TWAIN

¿Quieres abrir tu Tercer Ojo? ¿Quieres recibir intuiciones claras y saber que son reales? Eso no sólo es posible, sino que todo el mundo puede hacerlo, *a voluntad*, en cualquier momento. Aunque otras personas te digan que eres incapaz, que no vales para ello o que no mereces abrir tu Tercer Ojo, tienes el poder de hacerlo ahora mismo.

Puede que creas que las personas válidas para abrir su Tercer Ojo son maestros espirituales de gran sabiduría que residen en monasterios remotos, cuevas o *ashrams* (o grandes, santas y eminentes mentes, como santos, sabios, profetas, santos hombres [enfatizo la palabra «hombre»] y otras santas figuras que vivieron hace unos 2.000 años en una tierra lejana).

Contrariamente a esta noción, afirmo que todo el mundo nace con esa habilidad particular de escuchar la voz queda de sabiduría interna y desarrollar aptitudes espirituales innatas. Los métodos revelados aquí son sencillos y fáciles de dominar. Cualquiera puede abrir y desarrollar su ojo interior de sabiduría, su Tercer Ojo. Puedes tener experiencias espirituales directas y conversaciones con el guía divino que tienes dentro.

El secreto revelado

Puede ser difícil de imaginar abrir tu Tercer Ojo. Puede que pienses que a menos que pases décadas realizando serios estudios espirituales no tendrás opción a vivir auténticas experiencias espirituales. Pero no puedo estar más en desacuerdo. Tú puedes experimentar ese Tercer Ojo y yo voy a enseñarte, ahora mismo, cómo puedes hacerlo.

Aquí está el gran secreto, ahora revelado:

Siéntate en una silla. Cierra los ojos. Ponte cómodo, mientras estás tranquilo e inmóvil. Respira hondo unas pocas veces y déjate ir. Aún más quieto. Respira hondo unas pocas veces más y relájate aún más. Ve más adentro. Aún más silencioso, centrado y equilibrado. Respira hondo otra vez. Aún más relajado. Entra en un estado de paz interior, relajación y profunda meditación.

Una vez hayas alcanzado un estado de serenidad pura es hora de hacer algo que la gente no suele hacer cuando está en profundo estado de meditación:

PREGUNTA

Pide al Espíritu que te ayude a abrir el Tercer Ojo. O pídele una experiencia espiritual. Pide que se te aparezca un ser divino, una deidad o un ser de luz. Llámalo por su nombre. Pide guía interna. O pide sanación, amor, luz, inspiración. Haz tu petición.

Respira hondo más veces y haz lo que yo llamo el «programa no hacer nada». Eso implica hacer nada, nada de nada, o menos. En otras palabras, quédate en un estado neutral de conciencia, sin expectativas, tensión o concentración. Quédate abierto a recibir pero sin buscar ningún resultado. No te esfuerces en tu conciencia. Simplemente no hagas nada.

Si permaneces en ese estado de neutralidad recibirás lo que has pedido. Si pediste poder abrir tu Tercer Ojo recibirás una experiencia. Si pediste sanación recibirás energía sanadora.

Si hiciste una pregunta recibirás una respuesta. Dentro de tu corazón percibirás una respuesta que vendrá de la parte profunda de ti que está conectada con el Espíritu. Tendrás una visión, escucharás palabras o tendrás una sensación.

Ese mensaje vendrá a ti como cualquier otro pensamiento en tu mente. Lo sentirás, escucharás o verás. Escucharás la voz queda de la sabiduría interna dentro de ti.

Esto es así.

Experimentar el Espíritu en un paso sencillo: «Pedid, y se os dará».[1]

Percepción de los sentidos sutiles

Cualquier experiencia espiritual o respuesta a cualquier pregunta viene por el simple hecho de pedirla. Es así de simple. El problema es que no nos damos cuenta de que podemos pedir, o que no creemos que podamos recibir, o nos olvidamos de pedir. Simplemente pedid, y, de acuerdo con la promesa («Pedid, y se os dará»), recibiréis. No hay nada que no puedas experimentar o recibir. Simplemente pide.

Una vez hayas pedido, deja que el Espíritu te dé el resultado. No quieras aferrarte a la pregunta ni persigas la respuesta. Después de pedir, empieza el programa «no hacer nada». En este estado de quietud mental te llegará la respuesta.

Los mensajes del Espíritu divino aparecen de una de esas tres maneras básicas.

1. Puedes tener una visión interna con tu ojo interno.
2. Puedes sentir una voz interna con tu oído interno.
3. Puedes tener un sentimiento interno, como una primera impresión.

Dicho de otro modo, contactarás con el Espíritu a través de alguno de tus sentidos sutiles.

¿Qué son los sentidos sutiles? Normalmente nuestros sentidos están proyectados hacia fuera, hacia los objetos materiales. Ves, oyes, sientes, degustas y hueles los placeres y dolores de la vida terrenal. Pero durante la meditación, estos sentidos se vuelcan en el mundo interno. De hecho, cuando cierras los ojos, tus sentidos externos se cierran y los sentidos internos toman el control.

Por ejemplo, tus ojos ven el mundo exterior. Pero con tu Tercer Ojo puedes ver el mundo interior. Tu ojo interno ve con un mecanismo sutil que no funciona en la vida consciente. Sin embargo, está plenamente operativo por la noche, mientras duermes. Mediante la meditación, tus sentidos sutiles pueden desarrollarse.

Toda persona tiene un sentido sutil más desarrollado que los demás. Puede que por naturaleza seas más visual (vista), más auditivo (oído), kinestésico (tacto), gustativo (gusto) u olfativo (olfato).

«Percepción extrasensorial» es un modo erróneo de llamarlo. Las percepciones sutiles no son «extrasensoriales» porque nada puede ser percibido sin usar los sentidos. Es imposible experimentar algo sin verlo, escucharlo, saborearlo, olerlo o sentirlo. Tus sentidos sutiles se usan durante las experiencias de percepción extrasensorial, por lo que es más adecuado llamarlas experiencias «sutil-sensoriales» o «suprasensoriales».

¿Qué se siente al usar tus sentidos internos? Es difícil tener experiencias suprasensoriales mientras se está ocupado con las tareas diarias. En la mayor parte de los casos estas experiencias aparecerán durante la meditación, con los ojos cerrados.

Recibir guía interna.

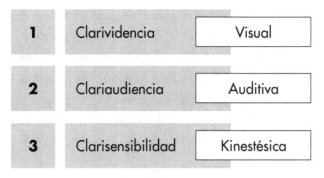

1	Clarividencia	Visual
2	Clariaudiencia	Auditiva
3	Clarisensibilidad	Kinestésica

Percepción suprasensorial.

Clarividencia

Tu sentido de la vista sutil se llama *clarividencia*. Por medio de tus imperfectos ojos físicos puedes ver una amplia gama de colores y formas de objetos en tu entorno. Pero cuando abres tu ojo interno recibes perspicacia y visión interna. También puede parecer una película proyectándose en la pantalla interior de tu mente, algo llamado «el ojo de la mente». Por norma general, las visiones sutiles se dan con los ojos cerrados más que con los ojos abiertos.

Clariaudiencia

Clariaudiencia significa escuchar con clarividencia. La escucha normal, como la de música a través de los auriculares, usa tus orejas. Por el contrario, los mensajes de audición sutil son por lo general inaudibles. En raras ocasiones se oyen externamente. Muy pocas veces se oyen como si alguien hablara. Lo más probable es que los oigas como cualquier otro pensamiento en tu mente. Por ejemplo, puedes recibir el pensamiento: *Te quiero, estoy siempre contigo.* Cuando las palabras pasan por tu mente, tus orejas internas las «oyen». Por tanto, la experiencia es definida como auditiva: «clariaudiencia».

Clarisensibilidad

Las primeras impresiones internas llegan kinestésicamente a través de la clarisensibilidad, las «sensaciones claras». Las percibirás como sentimientos en tu cuerpo sutil más que como imperfectas sensaciones de un sentido físico de tu cuerpo. Un ejemplo de sensación imperfecta puede ser la brisa en la cara, el calor del sol o la picadura de una abeja, todo percibido por los nervios bajo tu piel. En contraste con esto, estos ejemplos lo son de percepciones internas: puedes tener un sentir sutil acerca de qué dirección tomar, el sentimiento de un gran amor o paz que te embarga; en esos momentos las fronteras de tu cuerpo parecen disolverse.

¿Cómo puedes recibir mensajes divinos intuitivamente? Pidiendo. Es así. Pide un mensaje a tu yo supremo. Pide la respuesta a una pregunta. Pide sanación, amor, inspiración. Pídele cuál es tu objetivo vital. «Pedid, y se os dará».

Clarividencia, clariaudiencia y clarisensibilidad no son las únicas formas de recibir intuiciones. Otras de las formas de recibir mensajes del Espíritu incluyen: serendipia o coincidencia, un flash interno o un conocimiento directo, revelaciones en sueños, señales de advertencia, comunicación telepática, mensajeros divinos en formas físicas y adivinación o dispositivos.

A pesar de que puedes recibir intuiciones y comunicación del Espíritu a través de estos otros canales, no son fiables o consistentes. Por tanto, abrir tu Tercer Ojo sigue siendo la mejor opción, ya que te permite recibir estos mensajes cuando quieras. ¿Y cómo sucede esto? Simplemente pidiendo. «Pedid, y se os dará».

¿Qué pasa si no recibes?

¿Qué pasa cuando tú intentas pedir y no pareces tener la experiencia que buscas? En estos casos hay que recurrir a profesores que han sido entrenados para ayudarte a conseguir la experiencia llamada Sesión de Incursión a la Divina Revelación®.

«Tirar abajo la pared que impide poner la divina presencia en el centro de tu ser» es como podrías definir la incursión. La pared puede estar hecha de telaraña para unos o de ladrillos para otros. Es una cuestión de hábitos, de creencias y pensamientos que te han convencido de que estás separado del Espíritu divino. Esos pensamientos de miedo, prejuicio, culpa y confusión han cuajado en una forma sólida.

Es una «capa de ego» o un «velo de incredulidad» lo que parece separarte de Dios. Es una división ilusoria entre materia y Espíritu; una falsa barrera de pensamientos erróneos lo que te aparta de tu verdadera naturaleza. Este velo de creencias subconscientes te aleja de la experimentación del Espíritu, de abrir el Tercer Ojo y de desarrollar tus habilidades intuitivas naturales. Esa fachada protectora no es diseño de Dios, sino del libre albedrío del ser humano, que construye una pared de pensamientos ilusorios tan cristalinos que devienen cosas. Tus pensamientos habituales pueden atrincherarse tanto que se convierten en armas defensivas que cubren el claro, radiante y verdadero tú.

Con esa fachada protectora puedes sentirte tan cómodo y seguro con tus viejos hábitos que pierdas cualquier incentivo de cambio. Puedes seguir resistiéndote a curar viejos miedos y creencias desgastadas. Esta barrera está hecha de recuerdos almacenados en tu subconsciente. Estos recuerdos comprenden tu identidad (quien tú crees que eres). Quien-tu-crees-que-eres y quien-tu-eres-realmente, en la mayoría de los casos, son dos cosas diferentes, y tú te identificas con tu limitado ego basándote en historias pasadas.

«Incursionar» significa caminar a través de la barrera y experimentar quién eres realmente. Cuando experimentas esa incursión, el tú divino con el que contactas es tan diferente a tu yo humano ordinario que te parecerá otra persona. Pero ese perfecto ser espiritual es tu yo real, tu verdadero yo más allá de las fronteras.

Cuando te alzas por encima de falsas creencias humanas y penetras la fachada, vuelves a un estado de pura inocencia; el divino ser original que estabas destinado a ser, viviendo en el paraíso, el cielo en la tierra. A este punto eres uno con el Espíritu y tu propia naturaleza. Te encuentras sin limitaciones, miedo, frustración ni confusión; solo paz, amor, verdad y sabiduría.

Cada vez que haces una incursión a través de tu fachada del ego y experimentas la auténtica naturaleza de tu ser, te vas identificando más con tu yo divino. Contactando diariamente con tu más alto yo vas desarrollando una relación y una mayor identificación con él. El día amanece definitivamente cuando te das cuenta de: «**YO SOY esa unidad, YO SOY ese todo, YO SOY ese ser divino. ¡ESO ES LO QUE SOY!**».

En el siguiente capítulo aprenderás cómo romper esa fachada del ego y alcanzar la experiencia de tu yo divino.

CAPÍTULO 9

LA SEDE DEL SIDDHIS

*Practicando samyama con la cabeza iluminada,
los siddhas [seres perfectos] de los reinos
celestiales pueden ser vistos.*

PATANJALI, YOGA SUTRAS 3:32

El término *yoga* está lleno de concepciones erróneas. A pesar de que existe un camino yogui llamado Hatha Yoga que enseña posturas físicas específicas, la palabra sánscrita *yoga* no significa «ejercicio». La palabra proviene de la raíz *yoke*. En otras palabras, yoga significa «unidad» o «integración». Pero esa unidad no se refiere a la unión de tu nariz con la rodilla o de la frente con el suelo. Es la unión del alma individual con el Espíritu supremo; la unión de individualidad con universalidad.

El estado de yoga lo puede conseguir cualquiera y desde cualquier marco de referencia, no es algo exclusivo de los místicos orientales. Cualquiera que quiera contacto divino y divino amor, luz, poder y energía puede experimentar el yoga. Gente de todas las culturas busca la unidad con lo divino, y todas las religiones y caminos espirituales son válidos para conseguirlo.

Lo que realmente es el yoga

El yoga es uno de los seis sistemas filosóficos principales de la India y se originó a partir de dos fuentes principales:

1. El *Bhagavad Ghita*, una parte de un antiguo libro de historia llamado *Mahabharata* (Gran India), escrito por el profeta Veda Vyasa alrededor de 3129 a. C.
2. Un antiguo texto filosófico llamado *Yoga Sutras*, escrito por un gran sabio llamado Patanjali alrededor de 250 a. C.

El *Bhagavad Gita* («canción de Dios»), la escritura más reverenciada en la India y núcleo de la filosofía oriental, es un diálogo entre Lord Krishna, un *avatar* divino («encarnación de Dios»), y su discípulo Arjuna. En ese diálogo, Krishna describe el *estado* de yoga (un estado de conciencia, no un programa de ejercicios) a Arjuna:

Cuando la mente, completamente asentada, se clava a su yo superior, la persona, libre de añoranza de todos los gozos, se encuentra aposentada en el yoga. Igual que una vela en un lugar sin viento no se mueve, así es la mente del yogui absorto en sí mismo. El estado en el que la mente encuentra reposo, calmada por la práctica del yoga, es el estado en el que, viéndose uno en sí mismo, encuentra paz en su propio ser.[1]

En este pasaje a Krishna se le malinterpreta abogando por la austeridad y la renuncia como caminos para alcanzar el yoga. Pero lo que está haciendo es describir el *destino* más que el *camino* para alcanzar esta meta. Dicha meta es *samadhi* (ecuanimidad de cuerpo y mente), el cumplimiento de todas las búsquedas y fuentes de satisfacción, punto en el que ya no existe meta mayor. Cuando alcanzas este estado eres libre de anhelos. Tu mente está en calma, como una «vela en un lugar sin viento» o una abeja disfrutando del néctar.

El yoga es una ciencia completa que incluye el cuerpo, la mente y el espíritu. Su enfoque holístico puede ayudar a cualquiera a ser más feliz, en sintonía con la vida natural, libre de hábitos que causan enfermedades. Cura el cuerpo, clarifica la mente y refuerza el espíritu. Practicar yoga puede purificar y equilibrar tu vida. Mejora la salud, desarrolla la concentración mental y promociona la paz interior.

La práctica del yoga incluye lo siguiente:

1. **Yoga *asanas*** (posturas), fortalece los músculos, lubrica las articulaciones, mejora la flexibilidad y la postura, mejora la circulación, aumenta la concentración y rejuvenece.
2. ***Pranayama*** (respiración yogui) despierta el flujo de *prana* (la energía de la fuerza vital, lo que invierte procesos de enfermedades mentales e incrementa la vigilancia, el rejuvenecimiento y el despertar espiritual).
3. **Relajación profunda** que recarga el cuerpo, reduce el estrés, rejuvenece y mejora la salud. La relajación mental, física y espiritual conserva el *prana*.
4. **Una dieta saludable** consistente en alimentos ecológicos y naturales, sin procesar y libres de pesticidas y productos químicos. Dicha dieta, conjuntamente con la abstinencia regular, propicia la longevidad, fortalece la salud y previene las enfermedades.
5. **La meditación** es la clave para alcanzar el yoga. Ejercicio, relajación, dieta y pensar en positivo son simples preparativos para la meditación, que es la joya de la corona del yoga.

Para aprender los ocho caminos del Yoga (Hatha Yoga, Raja Yoga, Karma Yoga, Gyana Yoga, Kundalini Yoga, Bhakti Yoga, Tantra Yoga y yoga Integrado), consulta mi libro *Exploring Meditation*.

Las ocho ramas del yoga

La filosofía del yoga definitiva, los *Yoga Sutras* («hilos» o aforismos de la unión divina), fue escrita por el antiguo profeta Patanjali aproximadamente en el siglo III a. C. Los *sutras* ayudan a los que buscan a unificar el *atman* (consciencia individual) con el *brahman* (consciencia divina).

Patanjali define el yoga como «el control de las modificaciones de las cosas de la mente (*chitta vrithri*)». Dice que una vez se ha alcanzado el control «es el Profeta (mismo) el que mora en su propia naturaleza».[2] Los *Ashtanga Yoga* («ocho ramas del Yoga») de Patanjali están considerados por la mayoría de los comentaristas como pasos en el camino al yoga. Pero no son pasos, son ramas. Ramas de un árbol y no caminos hacia el árbol. El tronco de dicho árbol es el *kaivalya* («singularidad» o «unicidad»). Las ramas son las del árbol, sostenidas en el tronco.

He aquí las ocho ramas del yoga:

1. *Yama:* asociada a la vida universal

La primera rama es el *yama* (abstinencia), que sostiene las leyes del yoga. Sus cinco aspectos son:

- *Satya*, que significa verdad. El inmóvil absoluto es verdad eterna. Un yogui, por tanto, conoce la verdad, vive en la verdad y solo dice la verdad.
- *Ahimsa*, que significa no-violencia. Un yogui percibe sólo un estado de unicidad. Por tanto, hacer daño a los demás es hacerse daño a uno mismo.
- *Asteya*, que significa no-codicia. Codiciar es poseer propiedades que no son tuyas. Cuando los objetos sobrepasan los sentidos, poseen el yo. En contraste, nada puede sobrepasar el yo de un yogui en perfecta unicidad.
- *Brahmacharya*: significa vivir (*charya*) el absoluto (*brahman*). Un yogui mora en un estado de divina unicidad en perfecta alegría.

Brahmacharya también significa conservar la energía sexual, que incrementa el aura espiritual.

- *Aparigraha* significa no-acumulación, liberarse de los objetos sensoriales. Un yogui «contento con aquello que venga inesperadamente»[3] no busca nada en la percepción de los objetos.

2. *Niyama:* el enlace entre la vida universal y la individual

Las *Niyama* (observanzas) son leyes del yoga, normas que conectan la vida universal con la individual. Son estas cinco:

- *Shaucha* significa «pureza». Alcanzada relajando la tensión y liberando las toxinas del organismo y las falsas creencias de la mente.
- *Santosha* es «satisfacción». El único estado inalterable de completa plenitud y satisfacción es conocimiento puro.
- *Tapas* («calor») es lo que se define como ascetismo. Pero en realidad lo que significa es volver los sentidos para dentro durante la meditación, alejándose de los objetos sensoriales. Volver tus sentidos hacia dentro incrementa el calor del fervor espiritual.
- *Swadhyaya* («abrir el capítulo del yo») significa abrirse a la consciencia de uno mismo. Cuando tu mente mira hacia dentro, el capítulo del mundo exterior se cierra y el del interior se abre.
- *Ishwar-Pranidhan* («haciendo respirar la divinidad») significa embeberse de la divina presencia cuando la respiración está en suspenso en estado de yoga. Es rendirse a lo divino.

3. *Asana:* asociado con el cuerpo

Asana («silla») indica estabilidad. Establecida en la absoluta pureza del conocimiento, estable, inamovible; el último estado del yoga. Aprenderás algunas *yoga asanas* en el capítulo 12.

4. *Pranayama:* asociado con la respiración

Prana (fuerza vital en el aliento) y *ayama* (ir y volver) indican el movimiento del aliento. El *pranayama* controla la energía vital que armoniza los movimientos. El respirar de un yogui en estado de conocimiento trascendental alcanza un estado de suspensión (*véase* capítulo 12).

5. *Pratyahara:* asociada con los sentidos
Pratya («dirección») y *ahara* («comida») significan la introspección: revertir los sentidos para dentro, hacia una total plenitud. En el *Bhagavad Gita*, el Señor Krishna dijo: «Cuando, cual tortuga retira sus extremidades de todas direcciones, él retira sus sentidos de los objetos y la mente del yogui se estabiliza».[4]

6. *Dharana:* asociada con la mente
Dharana («comprensión» o «asimiento») significa sustentar la mente en un punto fijo o una intención decidida.

7. *Dhyana:* asociada con el intelecto
Dhyana («meditación») es el flujo mental dirigido hacia dentro del ser.

8. *Samadhi:* pura consciencia
Sama («estable») y *dhi* («intelecto») significan el estado de equilibrio mental y quietud corporal. Es un estado de consciencia trascendental.

Los poderes suprasensoriales de Patanjali

Los *Yoga Sutras* de Patanjali explican cómo se alcanza el yoga: la integración del espíritu individual con el universal. La meta es *kaivalya*, que se traduce literalmente por «aislamiento». Sin embargo, la realidad es que *kaivalya* significa identificarse como espíritu supremo, más que como materia. Eso significa desprenderse totalmente del mundo material aunque estemos muy ocupados en actividades terrenales.

El método de Patanjali para alcanzar el *kaivalya* es una técnica de meditación llamada *samyama*, una práctica que incluye las tres ramas finales del yoga descritas en la sección anterior: *dharana, dhyana* y *samadhi*.

El término sánscrito *siddhi* («perfección») es un poder supernormal que se alcanza practicando el *samyama*. Algunos *siddhis* son la levitación, atravesar paredes, fuerza sobrenatural, invisibilidad, la capacidad de ver objetos invisibles con tu Tercer Ojo, percepción suprasensorial, reducir, aumentar, aligerar o engrandecer el cuerpo, la capacidad de estar en varios sitios a la vez, caminar por el agua o sobre carbones calientes, omnipotencia, omnipresencia, omnisciencia y adquirir conocimiento oculto.

La premisa del *samyama* es que tú puedes manifestar cualquier cosa, incluso poderes sobrenaturales, a través de tu poder de intención. Puedes abrir tu Tercer Ojo y ver cosas a gran distancia. Puedes desarrollar la intuición y alcanzar conocimientos ocultos. Puedes ver estrellas, planetas y regiones cósmicas. Puedes comunicarte con seres divinos. Todo esto, y más, es posible para cualquiera.

Hacer milagros

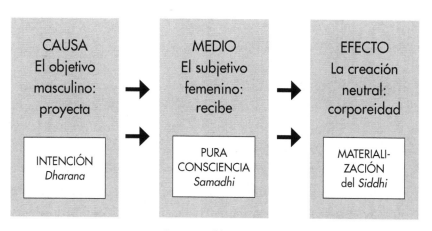

La práctica del *samyama*.

Los *siddhis* son poderes más allá de lo normal que el individuo medio nunca había imaginado como posibles. Aun así son reales y alcanzables. La receta para crear lo imposible es sencilla y sorprendente:

toma a un hombre y a una mujer, mézclalos bien y deja que pase. ¿Como se reproducen los seres vivos? Un elemento masculino se proyecta en un elemento femenino, se suelta *et voilà!* (una vida nueva aparece, un regalo milagroso del Creador).

En la práctica del *samyama* de Patanjali, el elemento masculino, que fija la meta, se llama *dharana* («agarre»). El elemento femenino, el estado de perfecto equilibrio, puro conocimiento, se denomina *samadhi* («igualdad»). El tercer elemento, el *dhyana* («meditación») es el flujo de movimiento, dejarse ir.

La clave de Patanjali para desbloquear los misterios de la epifanía está basada en principios universales. Ello revela el secreto de cómo cualquier meta puede ser alcanzada. La respuesta es dejarse llevar. La parte más poderosa de cualquier plegaria, cualquier meditación, cualquier intención es simplemente no poner empeño. ¿Te has fijado que cuanto más buscas un resultado, cuanto más te esfuerzas para que algo salga, más parece que el éxito te esté evitando? Y cuando te olvidas de ello y no le pones esfuerzo alguno es cuando consigues el objetivo o la solución.

Alcanzar poderes milagrosos

La práctica del *samyama* cultiva un mayor conocimiento y manifiesta milagrosos *siddhis* a través de una práctica tripartita: intención (*dharana*), integridad (*samadhi*) y el movimiento entre ellos (*dhyana*), que une los dos primeros elementos.

1. **Dharana** (concentración). Es mantener la atención de la mente (*chitta*) fija en un punto fijo o en un objeto concreto. En pocas palabras: fijar tu intención.
2. **Dhyana** (meditación). Es el continuo, ininterrumpido flujo de conocimiento. Aquí, la mente suelta el objeto y permite que sea absorbido o desaparezca en su integridad. Es decir, soltar o abandonar tu intención.

3. **Samadhi** (igualdad del intelecto). Es el estado trascendental de pura consciencia, la experiencia de la integridad en una total felicidad de conocimiento (*satchitananda*). Aquí, incluso el yo queda absorbido por la unicidad. En pocas palabras: sentirse en paz.

Las perfecciones (*siddhis*) de los poderes supernormales descritos en los *Yoga Sutras* se cumplen mediante el proceso de *samyama*. A pesar de que es una creencia común pensar que el *samyama* no puede ser enseñado mediante un libro, voy a describir algunos de sus métodos para que puedas empezar a practicarlos en tu esfuerzo para abrir tu Tercer Ojo.

He aquí una descripción de cómo practicar *samyama*:

Paso 1

Para practicar con éxito el *samyama*, es fundamental tener capacidad de alcanzar un estado de tranquilidad, perfección y unidad. A esto se le llama *samadhi* («integración» o «equilibrio intelectual»), igualdad en la mente y quietud en el cuerpo, en silencio, profunda relajación y paz interior.

Ese estado se consigue con la meditación profunda. Si fueras inexperto en alcanzar ese estado de perfecta unicidad, he aquí unos pasos sencillos:

1. Siéntate cómodamente y cierra los ojos.
2. Llama a una divinidad o ser divino por su nombre y pídele que te lleve a esa profunda meditación.
3. Respira profundamente varias veces y mentalízate para la profunda relajación.
4. Sigue respirando profundamente y vete quedando inmóvil, quedo y centrado.
5. Respira profundamente mientras permites que el cuerpo y la mente alcancen serenidad.

6. Suéltate mientras sigues respirando profunda y tranquilamente. Siéntete en paz.

7. Renuncia y entrégate al Espíritu y prepárate para una perfecta integridad.

Paso 2

Una vez has alcanzado el estado de *samadhi*, fija tu propósito. Eso significa tener claro qué quieres conseguir. Ese paso se llama *dharana* («posesión»): fijar tu meta en la mente. En *Yoga Sutras*, Patanjali fija estas metas llanamente con sus aforismos. Dichos aforismos se usan para la práctica del *samyama*. Por tanto, para cumplir uno de estos *siddhis*, todo lo que necesitas es usar un aforismo determinado.

Paso 3

Deja de lado tu propósito. En este tercer paso, llamado *dhyana* («meditación»), simplemente deja que tu mente suelte la meta y vuelva al estado de *samadhi*. Relaja tu mente a un estado de paz interior otra vez.

Los *sutras* del texto de Patanjali se usan durante esas prácticas. Por ejemplo, aquí tienes este *sutra* para el *siddhi* de la fuerza física: «Mediante la práctica del *samyama* para la fuerza física, la fuerza de los elefantes puede ser aquirirda».[5]

Una vez hayas alcanzado el estado de perfecta relajación e integridad (*samadhi*), pasa brevemente por el *sutra* (*dharana*). Eso quiere decir que tú expones de manera consciente tu propósito repitiendo una parte del *sutra* en tu mente, como, por ejemplo, «la fuerza del elefante» mientras visualizas el elefante en tu mente. Luego te olvidas del *sutra* y lo dejas ir por completo (*dhyana*), volviendo al estado de *samadhi*. Luego hay que repetir el círculo.

Como resultado, al practicar este *sutra* particular de modo regular, adquirirás mayor fuerza física. El maravilloso efecto secundario es que te encontrarás más inmerso en el estado de *samadhi*, también conocido como *satchitananda* (conocimiento plenamente feliz).

Dado que este libro trata del despertar del Tercer Ojo, recomiendo que empieces la práctica del *samyama* usando algunos *sutras* que pueden ayudarte más en esta meta particular. Puedes probar con los siguientes *sutras* que he seleccionado de los *Yoga Sutras*. Cuando usas un *sutra* en tu práctica, emplea simplemente una parte de él, la que contenga aquello que quieres conseguir. He puesto una versión corta del *sutra* en corchetes después de cada uno.

Para empezar, selecciona de tres a cinco *sutras* para trabajar y practica la *samyama* durante cinco minutos por *sutra*.

1. «Practicando la *samyama* en la amistad, el amor y la compasión, y en otras virtudes similares, se obtiene fuerza en ello».[6] [«Amistad, amor y compasión»]

2. «Practicando la *samyama* en la luz resplandeciente de la más alta percepción sensorial (*jyotishmati*), el conocimiento de los objetos sutiles o las cosas invisibles a los ojos o localizadas a gran distancia puede ser obtenido».[7] [«Luz interna» mientras se visualiza la luz en tu corazón]

3. «Practicando la *samyama* en el sol (el punto del cuerpo conocido como la entrada solar) se adquiere el conocimiento de las regiones cósmicas».[8] [«Sol» mientras se visualiza la cálida energía pránica en *pingala nadi*, que fluye a través de la fosa nasal derecha y aumenta el metabolismo. No se refiere al sol como astro]

4. «Practicando la *samyama* en la luna (la entrada lunar) se aprende el conocimiento de las alineaciones estelares».[9] [«Luna» mientras se visualiza la fresca energía pránica en *ida nadi*, que fluye a través de la fosa nasal izquierda. No se refiere a la luna como astro]

5. «Practicando la *samyama* en la estrella Polar se aprenden los movimientos de las estrellas».[10] [«Polestar» mientras se visualiza el punto *bindu* en la parte superior del cráneo]

6. «Practicando la *samyama* en el plexo solar se destila el conocimiento del sistema corporal».[11] [«ombligo» mientras se visualiza el chakra del plexo solar]

7. «Practicando la *samyama* en la luz coronal (la luz en la glándula pineal) se pueden ver los *siddhas* (perfectos seres celestiales)».[12]

8. «Practicando la *samyama* en el saber llamado *pratibha* (intuición) todo se vuelve conocido».[13] [«Intuición» mientras se visualiza el centro de la cabeza, la glándula pineal]

9. «Practicando la *samyama* en el corazón se desvela el saber de la mente».[14] [«Corazón» mientras se visualiza la chakra del corazón]

10. «Practicando la *samyama* de la distinción entre *buddhi* (intelecto) y *purusha* (el yo superior) se adquieren conocimientos relativos al *purusha*».[15] [«Distinción entre intelecto y yo superior»]

11. «Del conocimiento de *purusha* surge *pratibha* (presciencia), *sravana* (poder supernormal de escucha), *vedana* (poder supernormal de tacto), *adarsa* (poder supernormal de vista), *asvada* (poder supernormal del gusto), y *varta* (poder supernormal del olfato)».[16] [«olfato sutil»] [«gusto sutil»] [«vista sutil»] [«tacto sutil»] [«oído sutil»]. Cada cual debe practicarse por separado.

Por favor, enviadme un correo a divinerev@aol.com y dadme a conocer vuestras experiencias en la práctica de estos *siddhis*. En el siguiente capítulo aprenderemos las prácticas alquímicas del taoísmo para abrir tu Tercer Ojo.

CAPÍTULO 10

LA ALQUIMIA DEL TERCER OJO

La gente pregunta a menudo cómo se convierte
uno en taoísta, qué libros hay que leer,
a qué templos hay que asistir.
El sabio responde que uno no se convierte
en taoísta. Uno, simplemente,
se da cuenta de que taoísta es un nombre
para lo que uno ya es.

LAO TZU

En las antiguas tradiciones del Lejano Oriente, los chakras son vividos como elementos esenciales en el sistema de la energía sutil. El Tercer Ojo se conoce como *ajna chakra* entre los yoguis y los budistas de la India, el Tíbet, Japón e Indonesia; y como *dantian superior* (también llamado *dan tien* o *tan tien*) entre los taoístas de China. Casi todas las tradiciones espirituales de Oriente reconocen tres grandes centros de energía sutil a lo largo del canal central que discurre por la columna de tu cuerpo sutil. De acuerdo con los taoístas, estos tres centros son transformadores espirituales.

Los tres *dantian*

Los tres *dantian* (también llamados *campos de elixir* o *campos de cinabrio*) de la antigua filosofía taoísta china están situados a lo largo del Tai Chi («gran vara», conocida como *sushumna nadi* en la India), en el área del chakra sacro, el chakra del corazón y el chakra del Tercer Ojo. El Tai Chi se extiende desde el punto de acupuntura *bauhui*, que se halla en la mollera (llamado *punto bindu* en la India) hasta el punto *huiyin*, en el perineo (el *mula kshetram* en la India).

Los tres *dantian* recogen, acumulan, transforman y proyectan la energía de la fuerza vital. Su propósito es el de facilitar los cambios alquímicos de la energía en tu cuerpo sutil. La vara del Tai Chi habilita la comunicación entre los tres *dantian* y facilita el flujo de la energía de la fuerza vital.

Los tres *dantian* son centros que transmutan los «tres tesoros del ser humano»: *jing, qi* y *shen*. Desde antiguo, la medicina china define esos «tesoros» o «joyas» como esenciales para la sustentación de la vida humana. Las prácticas taoístas transforman los tres tesoros mediante prácticas de alquimia interna.

La alquimia china es una antigua tradición taoísta de la purificación y cultivo de cuerpo-mente-espíritu. Hay dos ramas principales de alquimia: *Waidan* (alquimia exterior) y *Neidan* (alquimia interior).

Waidan

El *Waidan* es la práctica que convierte el cuerpo mortal en materia indestructible mediante la alquimia externa y el uso de técnicas de respiración, prácticas sexuales, ejercicios físicos, yoga, elixires de hierbas y químicos, dietas especiales y habilidades médicas.

El *Waidan* es el predecesor de la química moderna. Los alquimistas, tanto de Occidente como de Oriente, experimentaron con minerales, animales y plantas con el objetivo de transformar los metales base en oro. Pero su última meta era producir la piedra filosofal: un elixir dorado que otorgaría vida eterna. Mientras experimentaban con ello, los antiguos alquimistas chinos descubrieron potentes plantas medicinales, además de otras fórmulas químicas como la pólvora.

Neidan

El *Neidan*, también conocido como *jindan* («elixir dorado»), es una disciplina espiritual usada por los taoístas para transmutar las energías del cuerpo sutil y construir un cuerpo espiritual inmortal que sobreviva a la muerte. Meditación, visualización, respiración y posturas corporales, para modificar el ser interno. La alquimia interna purifica y transforma a los practicantes para que expresen su puro y radiante potencial sin necesidad de usar agentes externos.

En la práctica del *Neidan*, los tres *dantian* se consideran calderos, crisoles o estufas que purifican y transforman los tres tesoros. Esos métodos llevan al practicante a la unidad del Tao y, en última instancia, a la inmortalidad.

Los tres tesoros cultivan y transforman la energía mediante los procesos de *lianjing huaqi* («refinar la esencia en aliento»), *lianqi huashen* («refinar el aliento en espíritu»), y *liasen huanxu* («refinar el espíritu y volverlo vacuidad»). La acción de esos tres calderos es como la de calentar hielo para transformarlo en líquido y vapor.

Los ejercicios y meditaciones taoístas Qigong recogen y hacen circular esos tres tesoros, también conocidos como «elixires internos», de *jing, qi* y *shen* a los puntos *dantian*.

Jing en el dantian inferior

Jing o *ching* significa «esencia», «energía primitiva», «chispa de vida», «energía sexual», «refinado», «perfección», «extracto», «espíritu», «vitalidad», «excelencia», «pureza», «habilidad». Es la materia física más densa en el cuerpo y es yin por naturaleza. Asociado con el dantian inferior, localizado unos centímetros por debajo del ombligo, al punto de acupuntura *qihai* (Ren 6) se le conoce también como *shenlu* (el «horno sagrado»). El *dantian* inferior se llama «estufa de oro», donde el *jing* se refina, purifica y finalmente se transmuta en *qi*. En Japón, el *dantian* inferior se conoce como *hara*.

Qi *en el* dantian *medio*

Qi, chi o *ki* significa «aliento», «espíritu», «aire», «gas», «vapor», «vitalidad», «energía», «vigor», «actitud». Es la energía de la fuerza vital obtenida del aire, los alimentos y el agua, y cultivada mediante el pensamiento. Se le llama *prana* en la India y *ki* en Japón. El *qi* se asocia con el *dantian* medio o chakra del corazón, el que transforma el *qi* en *shen*. El *dantian* medio se localiza en el punto *hanzhong* (Ren 17), en medio de los dos pezones.

Shen *en el* dantian *superior*

El *dantian* superior es el Tercer Ojo, en el punto *yintang*, también llamado *meijian* («entre las cejas») o *xuanguan* («puerta de lo misterioso»), en medio de la frente, arriba del medio de las cejas. Ésa es la silla del *shen*, que significa «espíritu», «alma», «mente», «dios», «deidad», «ser supranatural», «consciencia», «energía espiritual».

El *shen* es la más pura, más refinada y rara energía vital. En el *dantian* superior, el *shen* se transforma en *wuji* (o *wu wei*, la apertura absoluta al espacio infinito, la nada última, la insignificancia, el infinito ilimitado). Finalmente, el *wuji* es absorbido en el Tao, el subyacente orden natural del universo (eternamente sin nombre ni forma, la unicidad absoluta no manifiesta).

El poder de los *dantian*

Los tres *dantian* son centros vitales para el crecimiento de la energía, el diagnóstico y la sanación. La salud y fuerza de tu campo de energía dependen de la cantidad de *qi* (energía vital) presente en los tres *dantian*.

Cuando concentras tu atención en incrementar tu energía *qi* en el *dantian* inferior, el resultado es un elevado sentimiento de poder y estabilidad. Centrando la atención en incrementar el *qi* en el *dantian* medio, se elevará tu conciencia emocional. Céntrate en incrementar el *qi* en el *dantian* superior; expandirá tu conciencia espiritual y la conexión con tu yo supremo. El cuerpo está conectado al *jing*, el aliento al *qi*, y la mente y el espíritu se conectan con el *shen*.

Los taoístas creen que la cantidad de *jing* con la que nacemos es finita, y que cuando se agota, el cuerpo muere. El *jing* puede ser preservado mediante la conservación de los fluidos sexuales. Gastar *jing* provoca baja concentración, lagunas en la memoria, mareos y olvidos. La deficiencia de *jing* prenatal causa retrasos mentales y trastorno por déficit de atención (TDA).

Los yoguis de la India creen que preservando los fluidos sexuales, transmutan esas sustancias en médula, luego en sangre y finalmente en *ojas,* el material equivalente al *prana*. El *ojas* es una sustancia dulce y aceitosa que cubre la piel, dándole un divino resplandor y carisma.

La alquimia taoísta enseña a los aspirantes a usar la fuerza generadora del *jing*, normalmente descargada a través de la eyaculación, para renovar el cuerpo. El *jing* se retiene, se conserva, y se envía arriba desde el *dantian* inferior a través de la columna para bañar los centros de energía (chakras) y nutrir el cerebro («el mar de médula»).

El *qi* que se mueve a través de los meridianos (conocidos como *nadis* en la India) se almacena en el *dantian* inferior. Su energía fluye y nutre todo el cuerpo e irradia hacia el campo del *wei qi* (tu campo de energía protectora que se proyecta varios metros más allá de tu cuerpo.) El *qi* puede ser cultivado mediante el Qigong (artes marciales chinas), el Tai Chi Chuan (ejercicios chinos) y el *pranayama* (ejercicios yoguis de respiración).

El *dantian* superior es el generador y almacén del *qi* celestial, que es sutil, etéreo, vaporoso. Abrir tu *dantian* superior (conocido como «sala de cristal») despierta la percepción suprasensorial, la intuición espiritual, la conciencia suprema y las percepciones fuera del tiempo y el espacio.

La cabeza es la parte más yang del cuerpo al ser la más cercana al cielo. Por tanto, el *qi* en el *dantian* superior es yang. Es posible absorber el *yang qi* del cielo de forma consciente, ya que fluye por las puertas superiores (*baihui* GV-20) desde los cuerpos celestiales: sol, luna, planetas y estrellas. Ese *yang qi* diáfano habilita la claridad mental.

La localización del *dantian* superior

El *dantian* superior, la silla del *shen* (espíritu), se localiza en el cerebro, en el área de la glándula pineal, la pituitaria, el tálamo y el hipotálamo. Se dice que tiene forma de pirámide recta (con el extremo superior hacia arriba) para poder ayudar a almacenar luz y recoger energía del reino celestial (sol, luna y planetas).

El *dantian* superior se conoce como «sedimento fangoso» (*niwan*) o «palacio del *qian*». El *qian* se refiere a uno de los tres trigramas o de los ocho *bagua* (elementos conocidos en el Feng Shui). Representan los principios fundamentales de la naturaleza en la cosmología taoísta. Cada trigrama consiste en tres líneas, ya sean rotas (yin) o enteras (yang). El trigrama *qian* (tres líneas enteras) representa el *dantian* superior, el yang puro, el cielo.

El *dantian* superior se divide en nueve palacios, o cámaras, alienados en dos renglones. Cuando el elixir interior se mueve al campo superior, se completa el tercer y último estadio del proceso Neidan («refinado del espíritu y vuelta a la vacuidad»).[1]

Hay cuatro grandes puntos en el *dantian* superior identificados por los taoístas: frontal, posterior, superior y central. A continuación se muestra más información acerca de ellos:

Yintang (el recibidor de las ideas)
El punto frontal del *dantian* superior se conoce como punto *yintang*, Tercer Ojo y silla de la sabiduría y la ilustración, en el medio de la frente (del tamaño y forma de una almendra grande, en una cámara que brilla con luz espiritual). Es conocido como la puerta principal del sexto mayor chakra, llamado *ajna kshetram* o *bhrumadhya*.

Los taoístas creen que uno puede comunicarse con el mundo de los espíritus si mueve la vista hacia arriba (sin mover la cabeza) y se centra en el punto unos cuantos centímetros más arriba del punto *yintang*. Éste es el punto *mingtang* («recibidor de luz»). Los taoístas creen que cruzando los ojos cuando se centran en el *mingtang* (una práctica conocida como *shambhavi mudra* en la India), se permite al alma unirse al Tao. (*Véase* página 132 para la práctica).

Fengfu (el palacio del viento)

El punto posterior del *dantian* superior se ubica en el exterior de la protuberancia occipital, en la parte posterior del cráneo, justo encima del cuello. Es la puerta trasera del sexto chakra mayor (*ajna chakra*). Se cree que este punto (Fengfu GV-16) actúa de antena, captando varias frecuencias en el océano de la consciencia y, por tanto, recibiendo impresiones espirituales mediante la clarividencia, la clariaudiencia y la clarisensibilidad.

Se cree que el punto Fengfu afecta al flujo de *qi* y sangre al cerebro y se usa para tratar perturbaciones en el *shen* y posesiones de entidades astrales. Una protuberancia occipital marcada indica una tendencia a la clarividencia y a la habilidad para percibir impresiones físicas.

Los puntos del Pilar Celestial (UB-10), a los lados y debajo del Fengfu, se asocian con el trance de los médiums, puertas a la comunicación espiritual con seres de otras dimensiones. Esos puntos reciben *qi* y *shen* de los seres espirituales.

Baihui (un centenar de encuentros)

El punto superior del *dantian* superior está en el vértice de la coronilla, el punto Baihui (GV-20). Es la misma posición que el punto *bindu* en el sistema de chakras, en el extremo superior del *sahasrara chakra*. El Baihui está en la puerta superior de la espina Tai Chi (*sushumna nadi*).

Según dicen los antiguos, puedes acceder a los planos espirituales y ascender a la conciencia suprema a través de este punto. Los taoístas creen que este Baihui dirige el *qi* celestial hacia la «cámara del elixir misterioso», ubicada en el tercer ventrículo del cerebro. Todos los canales principales de energía del cuerpo (*nadis* y meridianos) están conectados al Baihui, por lo que, con la muerte, el *shen* puede abandonar el cuerpo a través de esta puerta superior y ascender a los reinos celestiales. Los taoístas creen que el alma eterna entra en la espina del Tai Chi con la concepción y la abandona por el mismo lugar tras la muerte.

De acuerdo con la cábala, nueve *sephiroth* evolucionan desde *kether* (*bindu*). Estos *sephiroth* son puntos chakra del árbol de la vida. Esos *kether*, fuente de la luz de la consciencia, filtran progresivamente los otros *sephiroth* (chakras).

La clave para alcanzar el yoga es volver a *bindu*. Más conveniente que ir vacilando entre placeres extrasensoriales, la mente se vuelve hacia dentro y se vuelve a concentrar tan intensamente en esa unidireccionalidad que ésta se vuelve un punto (*bindu*). Cuando todas las fluctuaciones mentales (parloteo interno) cesan, se alcanza el yoga (integración).

El centro del dantian *superior*

El centro del *Dantian* superior («la cavidad original del espíritu») está ubicado en el *ajna chakra*, en la glándula pineal. Esa glándula es grande en los niños, pero encoge a medida que crecemos, y está más desarrollada en las mujeres que en los hombres. Como órgano de comunicación telepática, recibe impresiones a través de las vibraciones del pensamiento, ondas e impulsos proyectados desde los campos áuricos de otras personas. La glándula pineal se considera el lugar donde el *shen* trasciende las limitaciones de la forma y se mezcla con el infinito espacio del . Desde el *wuji*, el *shen* se reúne con el Tao.

Cultivar el dantian superior

Los practicantes del Qigong médico cultivan el *dantian* superior y fortalecen la intuición a través de meditaciones *Shegong*. El *qi* es absorbido desde los reinos celestiales y el ambiente hasta el *dantian* superior a través de los puntos *baihui* (coronilla), *yintang* (entre las cejas) y *tianmen* («puerta del cielo», en el centro de la frente). El *qi* puede ser dirigido hacia fuera a modo de energía sanadora a través de esos tres puntos.

Los practicantes del Qigong médico recogen y equilibran las energías del yin (femenino) y el yang (masculino) dentro del *dantian* superior. A eso se le llama «la unión del marido y la mujer en el dormitorio». Las principales deidades del taoísmo, que representan el yin y el yang, son Hsi Wang Mu (La Reina Madre del Oeste) y su consorte Tung Wang Kung (el Señor Rey del Este). En la tradición del yoga, esta misma unión mística sucede con el chakra de la corona (*sahasrara*) en el *bindu* (punto *baihui*). La deesa Shakti (*kundalini*) asciende por la columna y se une a Shiva en el chakra de la corona. Shakti es la energía yin y Shiva la yang.

Los taoístas creen que el aliento primordial o energía vida-fuerza aparece como una niebla luminosa de color verde azulado, y reside en las nueve cámaras del *palacio niwan* (área de la glándula pineal). En los niveles avanzados de práctica del Neidan se abren las nueve cámaras, haciendo que nueve pequeñas esferas aparezcan, girando alrededor de una gran bola de luz. Esa bola de luz es el sol, y las nueve pequeñas son los planetas.[2] El Sistema Solar reside en tu campo de energía multidimensional, en la cámara de cristal de tu Tercer Ojo.

Los taoístas creen que los dioses residen dentro los *dantian* y los practicantes lo perciben durante la meditación y la respiración embrionaria (*taixi*), conocida como «aliento del campo de cinabrio» (*huxi dantian*).[3] Los yoguis de la India coinciden en ello. Las deidades masculinas y femeninas viven en cada chakra y se aparecen a los adeptos durante la meditación.

Practicar la órbita microcósmica

La «órbita microcósmica», o «rueda autodevanadora de la ley», es una práctica originaria de la India, un circuito de energía usado en la meditación taoísta. Meditar con la órbita microcósmica impide que se agote el *jing* corporal mediante la pérdida de fluidos sexuales. Este método hace circular y refinar el *qi* por un circuito que va del perineo a la cabeza y de vuelta al perineo.

El *jing* (la esencia para crear descendencia) asciende por un canal que empieza en la base de la columna (la «primera puerta», *huiyin*), sube por el coxis, el espacio entre los riñones (la «segunda puerta», *mingmen*), detrás de la cabeza (la «tercera puerta» o *yuzhen*) y llega al cerebro, al *baihui*. Luego fluye de vuelta, pasando por la parte frontal del cuerpo y sus puntos *yintang* (Tercer Ojo), *shanzhong* (corazón), *duqi* (ombligo) y *huiyin* (perineo).

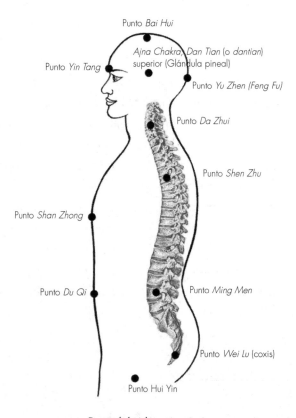

Puntos de la órbita microcósmica.

168

Ese circuito se crea empezando por una inhalación profunda en el *dantian* inferior, forzando al fuego *kundalini* (la energía vital en la base de la columna vertebral) y al ying (fuerza generatriz) a subir por la columna a través de los chakras hasta la cabeza a través del «vaso gobernante» o «canal de control» (*dumai*, o canal mediano posterior, *sushumna nadi*), que conecta todos los vasos del yang (meridianos) del cuerpo.

Luego, una exhalación relaja la parte inferior del abdomen para que el *kundalini* y el *jing* se sumerjan en el «canal de la concepción», o «canal de función» (*renmai*, conocido como canal mediano frontal), a lo largo de la parte delantera del cuerpo, que conecta todos los vasos yin (meridianos) del cuerpo, a través de los puntos de liberación chakra (*kshetram*).

Eso completa una rotación entera del circuito.[4]

Veamos una manera de practicar la órbita microcósmica:

Siéntate o túmbate boca arriba con los ojos cerrados. Si estás sentado, permanece derecho, con los pies planos en el suelo, sentado en la punta de la silla, con solo las nalgas en ella.

Focaliza tu atención en el *dantian* inferior, unos centímetros por debajo el ombligo, y visualiza una pequeña bola luminosa, blanca o dorada, brillante y pura. Mantén tu atención en el *dantian* inferior hasta que sientas la bola. Puede ser calor, vibración, o la sensación de su presencia.

Empieza a practicar la respiración abdominal del siguiente modo: cierra la boca e inspira a través de la nariz. Dirige el aire hacia tu vientre; sentirás cómo se expande el abdomen. Abre un poco la boca y exhala mientras colocas la punta de la lengua detrás de tus incisivos. Al exhalar, tus músculos abdominales se contraerán.

Ahora, usando el mismo sistema de respiración abdominal, respira hondo hacia el vientre e imagina la bolita de energía bajando por el *dantian* inferior, el *huiyin* en el perineo, hasta la columna por el coxis (*weilu*). Luego imagina la bola subiendo por la columna hasta el *mingmen* (punto del chakra del ombligo en la columna) y más tarde arriba, donde las costillas se encajan en la columna, yendo donde el cuello se une a la cabeza, en el punto *dazhui* (punto del chakra de la garganta en la columna).

A continuación, visualiza o imagina la bola *qi* en el centro de tu cerebro, en la glándula pineal (palacio de cristal), absorbiendo energía sanadora a través del punto *baihui (bindu)*, que se encuentra en la parte superior de tu cabeza. Más tarde, centra tu atención en el punto *yintang*, en el centro de tu frente, encima de tus cejas, y extrae energía desde ese punto a la bola mientras pasa por el cielo de tu boca. Quizás sientas un hormigueo o unas pulsaciones en tu boca.

Así finaliza la inhalación.

(Para principiantes, respirar una o dos veces mientras la bola de energía está en tu boca puede ayudarte a centrarte en ella).

Entonces, mientras exhalas por la boca, deja que la bola de energía descienda por el paladar y la lengua (que aún está presionando ligeramente contra tu paladar), la garganta y hasta el corazón (punto *shanzhong*). Del corazón haz que baje hasta el plexo solar, debajo el ombligo, en el *dantian* inferior, donde la energía es recogida, mezclada y reservada para la circulación interna.

Luego empieza otro ciclo. Puedes ir practicando esa órbita varias veces.

Mientras el *qi* está circulando, tu respiración se refina, se suaviza, se homogeniza en lugar de ser irregular o ir a rachas. Esa meditación puede causar que tu cabeza oscile o tu cuerpo tiemble. La circulación del *qi* armoniza y transmuta los fluidos vitales para producir auténtica vitalidad.

Si experimentas alguna incomodidad en tu cuerpo mientras practicas la órbita para la circulación (de la bola), centra el *qi* en el punto incómodo. Deja que lata hasta que la alteración remita. Eso sanará el cuerpo y mejorará el flujo de energía.

Puedes usar esa meditación beneficiosa durante el día para reducir el estrés. También lo puedes practicar estirado en la cama antes de dormir. Si tienes dificultades imaginando el flujo, intenta pensar en una pelota de golf o una de ping pong. Incluso puedes usar un dedo para seguir el flujo durante la práctica.[5]

En el siguiente capítulo analizaremos el legendario néctar de la inmortalidad (la ambrosia, elixir o soma), la fuente de la eterna juventud.

CAPÍTULO 11

EL NÉCTAR DE LA VIDA INMORTAL

Mantén la glándula pineal en funcionamiento
y no envejecerás nunca –siempre serás joven.

EDGAR CAYCE

El ambrosiaco elixir de la vida es una poción que, una vez ingerida, se cree que garantiza la vida eterna. En los mitos de Enoc, Thot, Hermes Trimegisto y Al-Khidr (el Hombre Verde), se han bebido las inmortales gotas blancas, oro líquido o el agua danzante. En los poemas homéricos, el néctar es la bebida de los dioses y la ambrosía su sustento. *Amrita* es el equivalente en la India, consumido por los dioses. En las leyendas del Santo Grial, su alimento mágico nutrió a José de Arimatea durante 42 años.

En los cultos mitraico y zoroástrico, la sustancia *haoma*, equivalente a la palabra sánscrita *soma*, de raíces *su* o *bu* («estrujar» o «moler»), es el nombre de una planta amarilla cuyos jugos se extraen para ceremonias sacramentales.

El dios nórdico Odín posee una cabra mágica que llena de hidromiel un cántaro sin fondo (la más preciada bebida en el universo, que otorga secreta sabiduría e inspiración). Las manzanas doradas de la inmortalidad confieren fuerza, salud y eterna juventud a los dioses germánicos y nórdicos.

En Mesopotamia hay genios alados que sostienen una piña (símbolo del Tercer Ojo o glándula pineal), elemento que se usaba para elaborar una poción mágica o elixir de la inmortalidad sobre el rey o sobre el árbol sagrado de la vida. Un cubo de dicho tónico es sostenido por la mano del genio.[1]

Genio asirio bendiciendo.[2]

Buscar la piedra filosofal

Los amplios escritos de Hermes Trismegisto aparecieron en el Imperio romano en el siglo II d. C. En la Edad Media y el Renacimiento, el hermetismo y la tradición hermética fueron muy populares entre los alquimistas. La Tabla Esmeralda (o Secreto de Hermes) fue la biblia de los alquimistas y se decía que revelaba el secreto de la piedra filosofal.

La palabra «alquimia» tiene sus raíces en el arábigo *al-kimia* (el arte de la transformación). Por definición, los alquimistas intentan trasmutar un material en otro, como un metal base en oro. En la India y China, los alquimistas buscaron la piedra filosofal, «la piedra del agua de la sabiduría», en el siglo IV a. C. Los alquimistas europeos intentaron descubrir la piedra durante quinientos años. Se creía que su milagrosa tintura o polvo era capaz de revertir el envejecimiento y garantizar la vida eterna.

Entre los centenares de nombres que tiene la piedra filosofal se incluyen los términos sánscritos *soma rasa* (el jugo de soma), *maha rasa* (el gran jugo), *amrit rasa* (el jugo de la inmortalidad) y *amrita* (néctar de la inmortalidad), y los arábigos *aab-i-hayat/aab-i-haiwan* (agua de vida) y *chashma-i-kausar* (fuente de la belleza, ubicada en el Paraíso).

Hay un capítulo entero de la *Rig-Veda* (la escritura más antigua de la India) dedicado a una misteriosa sustancia llamada *soma* (también *Soma Pavamana* o *Indu*), que promete la vida eterna. De la raíz sánscrita *sav* («prensar» o «estrujar»), soma es una bebida elaborada a base de exprimir tallos de la legendaria planta de soma.

He aquí algunos versos de *Rig-Veda*, escritos por el profeta Rishi Kashyapa, en los que se invoca la Soma Pavamana y sus propiedades de vida inmortal.

Fluye, Soma, en tu más dulce y estimulante cauce, emanado del Indra para beber. Rakshasas, el destructor que todo lo observa, ha pisado ese manantial prendado de oro unido a su barril de madera. Sé la pródiga fuente de riqueza, la más generosa, la destructora de enemigos; otórganos las riquezas de este afluente.[3]

Donde la luz es perpetua, en el mundo en el que habita el sol, en ese inmortal e imperecedero mundo ponme, Pavamana; fluye, Indu, a Indra. Donde en el tercer cielo, la tercera esfera, el sol vaga a su antojo, donde las regiones se llenan de luz, allí hazme inmortal; fluye, Indu, a Indra. Donde la felicidad, los placeres, la alegría y el gozo, donde los deseos del deseante se materializan, allí hazme in-mortal; fluye, Indu, a Indra.[4]

Hay muchas leyendas asociadas con soma. Muchos creen que esa química existe en una rara planta del Himalaya. Podría ser el potente antioxidante resveratrol, entre cuyas propiedades científicamente demostradas se encuentra frenar el envejecimiento e incrementar la esperanza de vida. El vino de Centidonia (*Polygonum cuspidatum*), una fuente natural de resveratrol, se conoce en China como el remedio antiedad de las raíces de *Fo Ti Tieng* (Ho Shou Wu) o bastón de tigre (*Hu Zhang*). Se ha usado como hierba medicinal en China durante más de 1.500 años.

Para más información acerca de estas hierbas y las personas que las usaron para alcanzar una extraordinaria longevidad, *véase* mi libro *Ascension*.

Néctar en tu Tercer Ojo

Muchos yoguis creen que la legendaria sustancia llamada soma puede ser generada en la glándula pineal, donde programaría el cuerpo para un autorrejuvenecimiento sin fin. Mi experiencia personal es que cuando la meditación profunda se practica durante largos períodos, el jugo de soma recorre la garganta y sabe a líquido dulce.

Las prácticas yogui y taoísta estimulan la producción y conservación de este preciado néctar inmortal, ya que se cree que fluye de la glándula pineal. Una de estas técnicas es la *khechari mudra*. Es una técnica peligrosa que nunca debe ser puesta en práctica sin la guía de un médico y bajo la dirección de un auténtico maestro yogui. De lo contrario se pueden sufrir graves discapacidades del habla.

Consiste en cortar el frenillo de la lengua con el grosor de un pelo y tratar el corte con sal de roca y hierbas. Se estira y alarga la lengua. Después de seis meses, dicha membrana resulta totalmente cortada.

Luego, el yogui dobla la lengua para dentro para sellar la tráquea, el esófago y el paladar. Hatha Yoga Pradipika asegura:

Si el yogui bebe Somarasa (jugo de soma) sentado con la lengua atrás y la mente concentrada no hay duda que conquistará la muerte en 15 días. Igual que el fuego es inseparable de la madera y la luz de la lámpara y el aceite, así el alma no abandona el cuerpo lleno de néctar exudado de la Soma.[5]

Se puede practicar una variación del *khechari mudra* sin cortarse el frenillo. Cabe destacar que mucha gente ha experimentado resultados positivos. Puedes consultar las instrucciones en la página 128 de este libro.

Kaya-kalpa

En la India, la antigua medicina se llama Ayurveda, «la ciencia de la vida», y una de sus ramas está especializada en la longevidad (*kaya-kalpa*). *Kaya* significa «cuerpo», y *kalpa* «final» o «disolución». Los tratamientos para la *kaya-kalpa* se describen el *Siddha's Science of Longevity and Kalpa Medicine of India*, del Dr. A. Shanmuga Velan. Se trata de:

1. Conservar energías vitales mediante el desvío de las secreciones internas del cuerpo con el *pranayama* (ejercicios de respiración).
2. Transmutar la energía sexual y conservar el esperma a través del celibato y la práctica de yoga tántrico.
3. Tomar tres sales minerales, conocidas como *muppu*, ya elaboradas.
4. Tomar polvos calcinados preparados con mercurio, azufre, mica, oro, cobre, hierro y otros minerales.
5. Tomar drogas preparadas con extrañas hierbas indias, como la fo ti tieng y la hidrocótila asiática.

El *Sushruta Samhita*, un antiguo texto ayurvédico, describe el *kaya-kalpa* como un ritual de entrada a una cámara para un proceso de desintoxicación de siete días a base de purgantes, enemas y baños de calor. El soma líquido es preparado y administrado por el médico. El paciente vomita sangre, se llena de hinchazones y defeca gusanos. Los músculos se debilitan y se le caen las uñas y el pelo. El cuerpo expulsa toda la materia tóxica indeseable acumulada durante años de errores en la dieta y la conducta. Al octavo día empieza el proceso de rejuvenecimiento. El pelo y las uñas crecen de nuevo, los músculos vuelven a tener consistencia, la piel tiene un nuevo brillo y el cuerpo amanece nuevo y lleno de juventud.

Para más información acerca del *kaya-kalpa* y el elixir de la inmortalidad, léase mi libro *Ascension*.

Doctrina del elixir dorado

Los taoístas están muy interesados en alcanzar la longevidad y la inmortalidad física. El taoísmo es la única religión que pone tanto énfasis en el cuerpo inmortal como otras lo ponen en el alma inmortal. Ko Hung (288-343 d. C.) escribió el primer libro de alquimia taoísta, *Pao P'u Tzu Nei P'ien* («el que se mantiene en la simplicidad»), alrededor de 320 d. C.

De acuerdo con el taoísmo, la «cavidad original del espíritu» se halla en el centro del cerebro, en el área de la glándula pineal. Lao Tzu (h. 604–531 a. C.), fundador de la escuela taoísta Tao Chia y autor del Tao Te Ching, lo llamó «la puerta al cielo y la tierra». Aconsejó a la gente que se concentrara en esa puerta para que experimentara la unicidad. Ésta es la clave de la inmortalidad, y donde surge el elixir dorado.

Los taoístas creen que hay una perla, del tamaño de un grano de arroz, que es esa puerta. Está en la «cavidad de la verdadera vitalidad prenatal», donde emana la maravillosa luz de la naturaleza esencial. Su símbolo es un círculo al que los taoístas llaman el elixir de la inmortalidad o luz espiritual.

Confucio lo denomina «virtuosidad perfecta» (*jen*). El *Libro de los Cambios* (*I Ching*) lo llama *wu chi* («ultimísimo infinito ilimitado»). Los budistas lo denominan «conocimiento perfecto» (*yuan ming*). Se cree que cualquiera que realmente conozca esa cavidad puede preparar el elixir dorado de la inmortalidad. Se dice que «cuando se alcanza el Uno, todos los problemas se resuelven».[6]

Los grandes sabios antiguos perfeccionaron el arte de la alquimia interna. Mediante sus prácticas secretas, el cuerpo físico se transforma en el cuerpo resucitado del cristianismo, el cuerpo más sagrado o supracelestial de los Sufi, el cuerpo de diamante del taoísmo, el cuerpo de luz o de arcoíris del budismo, el cuerpo bendecido de la *siddha* india o el cuerpo hermético inmortal. Léase mi libro *Ascension* para más información.

¿Es el DMT el néctar de la inmortalidad?

La investigación científica ha descubierto recientemente que la glándula pineal produce el alucinógeno químico DMT (dimetriltriptamina; *véase* página 65). El doctor Rick Strassman, autor de *DMT: The Spirit Molecule* (2000), describe el compuesto como «la primera sustancia psicodélica endógena». Terence McKenna, defensor de las drogas psicodélicas, afirmó que la DMT era «el alucinógeno más poderoso conocido por el hombre y la ciencia».[7]

Podemos maravillarnos de cómo los antiguos conocieron las propiedades de este compuesto (generado de manera natural por la glándula pineal, encontrada en una planta, derivada de sustancias o producida sintéticamente). En las antiguas prácticas meditativas, el *ajna chakra*, hallado en la glándula pineal, se relaciona con el aumento del *kundalini* y el desarrollo de la clarividencia. La DMT química, producida por la glándula pineal, podría ser la inductora de experiencias místicas o espirituales.

El organismo produce DMT en condiciones específicas como el nacimiento, el éxtasis sexual, el parto, el estrés físico extremo, experiencias cercanas a la muerte, la propia muerte y la meditación.[8] Dichos episodios emblemáticos[9] son descritos, a menudo, en términos que recuerdan los viajes psicodélicos de drogas como la DMT.

El médico y autor Clifford A. Pickover, del Centro de Investigación IBM Thomas J. Watson de Yorktown, Nueva York, fue elegido «compañero» por el Commitee for Skeptical Inquiry, y tiene más de 170 patentes en Estados Unidos. Afirma que «la DMT en la glándula pineal de los profetas bíblicos dio a Dios a la humanidad y permitió a humanos corrientes percibir universos paralelos».[10]

Pickover supone que los antiguos profetas estaban más en contacto con Dios, los ángeles, los milagros y las visiones porque sus glándulas pineales producían más DMT que las nuestras. Culpa a la electricidad de la reducción de la producción de DMT en la glándula pineal. (*Véase* la página 72 para más información).

Los defensores de la DMT sostienen que el arbusto ardiendo que vio Moisés fue, en realidad, una hierba chamánica, y que Moisés se empapó de ella fumando sus hojas. La teoría dice que el arbusto podría haber sido cualquiera de las siguientes hierbas sagradas de los antiguos: *Cannabis sativa*, acacia *sant*, la ruda asiria (*Pegunam harmala*), *asena* (*hoama* en persa y *essene* en egipcio), la *besa* gnóstica, la *Phallaris arundanacia* etrusca, el árbol sumerio de la vida o la acacia norteafricana.

La ruda asiria (*esphand*) era sagrada para Mahoma, los zoroástricos, las escuelas de alquimia y misterios de Petra y las escuelas de misterio de Egipto. Mahoma estaba embebido de la sagrada *esphand* antes de recibir el Corán. La hierba, asociada con los ángeles y la expulsión de espíritus malignos, era conocida como cura para la fiebre y la malaria.[11]

Los esenios deben su nombre a la planta de *asena*, que era usada por los chamanes beduinos para crear el «pan de luz eucarístico egipcio» cuando lo mezclaban con meteorito molido y acacia norteafricana. Se dice que este brebaje lo tomaron Leonardo da Vinci y Miguel Ángel para inspirarse.

La marmita del néctar de la inmortalidad

Cada doce años, puntuales como un reloj, decenas de millones de peregrinos y miles de hombres y mujeres santos de la India se encuentran en el extraordinario Maha Kumbh Mela («el gran festival de la marmita del néctar de la inmortalidad»). Se registró la sorprendente cantidad de entre 80 y 100 millones de asistentes en el Kumbh Mela de 2013 (el «mayor número de personas reunidas para un mismo propósito» según el Libro Guiness de los Récords).

El baño en la sagrada confluencia de tres ríos sagrados en Allahabad, India, es el acto central del festival. El Kumbh Mela acontece durante una alineación planetaria concreta que se cree que transmuta el Ganges en una corriente de néctar. Millones de personas se purifican con baños rituales que limpian las consecuencias kármicas de andanzas pretéritas.

El Kumbh Mela celebra la sagrada leyenda que narra la búsqueda del *Kumbh* (marmita) de amrita (el néctar de la inmortalidad), que se hallaba enterrado en las profundidades del océano primigenio. Los dioses conspiraron con los demonios para recuperar el néctar agitando el océano, cosa que les llevó mil años. Finalmente, Dhanvantari, el médico divino y fundador de la medicina Ayurvédica, emergió del mar primigenio cargando la codiciada marmita y el libro sagrado de Ayurveda.

Ambos, dioses y demonios, intentaron apropiarse de la marmita. Lucharon durante doce años. Los dioses consiguieron apoderarse de la ambrosía y se la bebieron, mientras los demonios estaban distraídos por la bellísima diosa Mohini.

He llevado, personalmente, a muchos grupos a los Kumbh Mela. Puedo asegurar que cuando uno se baña en ese lugar y momento sagrado, el río es como néctar, la experiencia ambrosiaca; el resultado es maravilloso y la transformación del cuerpo, la mente y el espíritu son impresionantes y permanentes. Para saber cómo puedes experimentar esta bendición, visita nuestra web www.kumbhmela.net (en inglés).

En el siguiente capítulo aprenderemos las prácticas yogui tradicionales que nos ayudarán a despertar el Tercer Ojo.

CUARTA PARTE

- •
- •
- •

Abrir el Tercer Ojo

CAPÍTULO 12

EL TERCER OJO DE LOS YOGUIS

Aquel que siempre se contempla en el loto oculto de Ajna,
que destruye de una vez todos los karmas de su vida pasada
sin oposición alguna. […] Todos los frutos resultantes
de la contemplación de los otros cinco lotos son
obtenidos mediante el conocimiento
de ese único loto de Ajna.

SHIVA SAMHITA

Los yoguis de la antigua India desarrollaron técnicas específicas que ayudan a las personas a abrir su Tercer Ojo. En este capítulo aprenderemos algunas prácticas de yoga sencillas, seguras y efectivas que no requieren ninguna habilidad o entrenamiento previo. A pesar de que se recomienda aprender estas técnicas en lecciones presenciales, se pueden seguir las instrucciones del libro con éxito. Aquí sólo se describen las prácticas para abrir el Tercer Ojo. Para aprender más acerca de métodos de yoga, léanse mis libros *Exploring Meditation*, *The Power of Auras* y *The Power of Chakras*.

IMPORTANTE: por favor, consulta con tu médico acerca de tu intención de hacer estos ejercicios antes de iniciar las técnicas descritas en este libro.

185

Conservar la energía pránica

¿Te has dado cuenta alguna vez de que tu respiración es irregular, rota y pesada cuando estás bajo condiciones de estrés, pero que es suave, regular y lenta cuando estás en paz? El control de la respiración es clave para abrir la puerta a tu Tercer Ojo.

Cuando inspiras, el *prana* entra en tu cuerpo y en los centros de energía sutil (chakras). Estos chakras almacenan y emiten energía del mismo modo que una pila. Cuanta más energía pránica absorbes, más vitalidad fluye por cada célula. Los métodos de respiración yogui (*pranayama*) recogen y conservan la energía pránica en tu plexo solar (el *chakra* del ombligo), tu pila pránica.

Cuando practicas *pranayama*, recoges y conservas la energía pránica, te conectas con el vasto poder de la respiración y su uso para autosanarte, sanar a los demás o incluso sanar al planeta entero. Cuanto más *prana* recibes, más vital te vuelves. La respiración yogui llena tu cuerpo de energía pránica, previene enfermedades y aumenta la fuerza de voluntad, la concentración, el autocontrol y el despertar espiritual.

La meditación profunda permite controlar automáticamente la respiración, que se torna lenta, regular y tranquila. A medida que la actividad mental se vuelve más sutil y tranquila, la actividad física se relaja y las funciones metabólicas se ralentizan. La energía se conserva, el corazón late lentamente. El ritmo de la respiración desciende. En un estado de *samadhi* (ecuanimidad de cuerpo y mente), tu respiración se vuelve tan suave que es imperceptible. Parece que estés aguantando la respiración, aunque no es así. Tu respiración está en suspenso: ni respiras ni dejas de respirar.

Alientos de sol y luna

El Hatha Yoga usa el *pranayama* para optimizar el *prana* de la respiración. La palabra sánscrita *hatha* significa «alientos de sol y luna» porque se refiere a dos grandes *nadis, ida* y *pingala*. Éstos van al cerebro junto con el *sushuma nadi*. El *ida* emana del lado izquierdo del *kanda mula* (bulbo raquídeo) en lo alto de la columna [vertebral] y acaba en el lado izquierdo del *ajna chakra* (Tercer Ojo). El *pingala* empieza en el lado derecho del bulbo raquídeo y acaba en el derecho del *ajna chakra*.

A pesar de que el *kundalini* está despierto de alguna forma, el *prana* normalmente sólo fluye entre el *ida* y el *pingala*. Sea como sea, el *pranayama* puede forzar al *prana* a salir de *ida* y *pingala*, abrir el *sushuma nadi*, fluir en él y viajar por la columna, hasta despertar el *kundalini*.

Ida, el *nadi* izquierdo, representa lo femenino, la luna y tu naturaleza subjetiva. Conectado con el flujo respiratorio a través de la fosa nasal izquierda, maneja el área parasimpática de tu sistema nervioso autónomo. El *nadi* derecho, *pingala*, conectado con el flujo respiratorio mediante la fosa nasal derecha, simboliza lo masculino, el sol y tu lado objetivo, y maneja el área simpática de tu sistema nervioso autónomo.

Para una salud óptima hay que equilibrar las energías gobernadas por el *ida* y el *pingala*. Demasiada objetividad, dinamismo o actividad física estresan el cuerpo más allá de sus límites. Demasiada subjetividad, pasividad, pensamiento y obsesión interna puede causar neurosis, depresión y hasta locura.

Es significativo que el *kundalini*, el unificador de las energías divergentes, suba por el *sushuma nadi*, el camino del medio, equilibrado entre *ida* y *pingala*, interior y exterior, absoluto y relativo, yin y yang, nirvana y samsara.

Los *nadis* de *ida* y *pingala* representan el tiempo y la dualidad, pero el *nadi sushuma* devora el tiempo y guía la unicidad a una eternidad atemporal.

Ida y *pingala* te enlazan con la vida material mientras que el *sushuma* es el camino a la libertad (*moksha*), la plena integración y el equilibrio. Mediante el *pranayama* y la meditación se consigue entrar en un estado de atemporalidad cuando *ida* y *pingala* se equilibran y el *prana* entra en *sushuma*.

Véanse mis libros *The Power of Auras* y *The Power of Chakras* para más información acerca de los *nadis* y el *kundalini*.

Uno debe controlar el sol (pingala) *y la luna* (ida) *porque son el día y la noche del tiempo; el secreto es que el* sushuma *(pasaje del* kundalini) *es el devorador de tiempo.*

HATHA YOGA PRADIPIKA[1]

Tres estilos de respiración

La respiración yogui es completa. ¿Qué quiere decir esto? Tu pecho y tu abdomen están separados por el diafragma. Cuando inhalas, tus costillas se mueven hacia fuera y el diafragma se contrae, moviéndose hacia abajo.

Este movimiento expande tus pulmones. Por eso, tu diafragma es la clave para absorber la máxima energía pránica durante la respiración. Prueba este experimento:

1. Siéntate con la espalda recta. Respira hondo una vez mientras mueves el diafragma hacia abajo. No levante el pecho o los hombros. Si lo estás haciendo bien, tu vientre se hinchará mientras inspiras.
2. Esta vez respira más hondo mientras expandes tu pecho, pero no dejes que tu diafragma se mueva o tu vientre se dilate.
3. Ahora intenta respirar sin mover ni el diafragma ni el pecho. Inspira por la nariz mientras levantas los hombros.

La primera forma de respirar, llamada «respiración profunda», «respiración baja», o «respiración diafragmática», aporta una cantidad de aire a los pulmones significativamente mayor. La segunda, la «respiración pectoral», aporta menos. La tercera, la «respiración alta», la peor, es la que suele darse cuando la gente respira bajo estrés.

Ahora, prueba ese otro experimento:

Siéntate con la espalda recta. Pon tu mano izquierda en tu vientre y la derecha en la parte superior de tu pecho. Respira profundamente tres veces. Nota si tu vientre se expande cuando inspiras (como debería) o se contrae (cosa que no debería hacer), y si tus hombros se elevan mientras respiras (cosa que no deberían hacer).

A pesar de que la respiración diafragmática es la mejor de las tres, aún no es una respiración completa. Durante la respiración baja, las partes baja y media de tus pulmones se expanden. En la respiración pectoral se expanden las partes media y superior de tus pulmones. En la respiración alta sólo se expande la parte superior de los pulmones. En la respiración yogui se expanden todas las partes de los pulmones.

La espiración corriente sólo libera una pequeña parte del aire de la parte superior de los pulmones. Pero la respiración yogui suelta la máxima cantidad de aire estancado de los pulmones, permitiendo que entre más *prana*.

Practicar la respiración yogui

Siéntate con la espalda recta. Pon la mano izquierda en el vientre y la derecha en la parte superior del pecho. Haz cinco respiraciones profundas. Cuando inspires expande primero el vientre, luego el pecho y, finalmente, la parte superior del pecho. Mientras espires, tu vientre y pecho se contraerán. No levantes los hombros en ningún momento.

Ahora repite el ejercicio contando los segundos mientras respiras. Cuenta tres segundos inspirando y seis espirando. Respira hondo cinco veces haciendo esto. Realiza este ejercicio durante una semana.

Durante la segunda semana de ejercicio, aumenta las respiraciones a diez, los segundos de inspiración a cuatro y los de espiración a ocho. Durante la tercera semana, haz quince respiraciones, inspirando durante cinco segundos y espirando en diez. En la cuarta semana, seis para inspirar y doce para espirar.

Con la ayuda de este ejercicio aprenderás a respirar correctamente, expandirás tu capacidad pulmonar y purificarás tus *nadis*. Una vez hayas practicado este ejercicio durante una semana, déjalo y empieza el siguiente: la respiración alternativa yogui.

Experiencia de respiración alternativa

¿Te has dado cuenta alguna vez de que una de tus fosas nasales está más abierta y la otra más bloqueada? Lo advertirás con más facilidad si duermes de lado, porque tu respiración se la llevará a cabo sobre todo una de las fosas mientras duermes. Una respiración limpia cambia automáticamente de una fosa nasal a otra cada 110 minutos, aproximadamente. Es un cambio regular.

Se cree que la respiración por la fosa derecha, relacionada con el *pingala nadi*, es caliente. Se la llama «aliento del sol» y genera el calor corporal, aumenta el metabolismo y acelera los órganos. Tu fosa nasal izquierda canaliza el llamado «aliento de la luna», considerado fresco, y conectado al *ida nadi*. Su energía refresca tu cuerpo, desacelera el metabolismo e inhibe tus órganos.

Si tu respiración fluye por una fosa nasal durante más de dos horas, es que tienes el cuerpo descompensado. Demasiado frío o calor. Si *ida* es quien es más activo, la actividad mental mengua e incrementa el letargo. Si, por el contrario, *pingala* es el más activo, aumenta la actividad nerviosa y aparecen alteraciones mentales.

La respiración alternativa yogui, *anuloma viloma pranayama*, equilibra las respiraciones de sol y luna. Respirando primero por una fosa y luego por la otra se crea un equilibrio en el metabolismo corporal y se purifican los *nadis*. Con esa purificación se despierta el Tercer Ojo.

Anuloma viloma pranayama

Siéntate con la espalda recta. Tápate la fosa nasal derecha con el pulgar derecho. Inhala silenciosamente por la fosa izquierda hasta completar una respiración yogui completa: seis segundos. Empieza esa inhalación expandiendo tu vientre, luego el pecho y finalmente su parte superior. Luego tapa tu agujero izquierdo con los dedos corazón y anular de la mano derecha. Exhala durante doce segundos, total y silenciosamente por la derecha, contrayendo el pecho y el vientre. Sin detenerte, tápate otra vez la fosa derecha con el pulgar y repite el proceso. Realiza esta operación entre quince y veinte veces.

Una vez domines los seis segundos de inhalación y los doce de exhalación puedes incrementar los tiempos a siete y catorce, y luego a ocho y dieciséis. Hazlo solo después de practicar durante varios meses.

Practicando este *pranayama* tu respiración se vuelve regular y profunda, tu salud mejora, tu cuerpo se siente más ligero y tus ojos brillan. Estos cambios indican que los *nadis* están purificando. Los beneficios que esta operación aporta a la salud incluyen una reducción del estrés, calma, menor frecuencia de latido cardiaco y menor presión sanguínea. Entre los beneficios espirituales se incluye la purificación y el despertar del Tercer Ojo.

Una vez domines la respiración alternativa *pranayama* podrás practicar una versión más avanzada al cabo de unos meses.

Realiza el mismo ejercicio de respiración pero incluye retener el aire. Inhala durante cuatro segundos, retén el aire durante ocho y exhala durante otros ocho. Al cabo de un mes incrementa el tiempo a cinco segundos para inhalar, diez de retención y diez de exhalar. Incrementa los tiempos gradualmente hasta alcanzar los ocho, dieciséis y veinticuatro segundos.

Jala neti

Si tus cavidades nasales, o senos, están obstruidas, el cambio natural de la respiración entre *ida* y *pingala* está alterado. *Jala* (agua) y *neti* (nariz) es un método yogui de limpieza de estos pasajes con agua salada. Este procedimiento de purificación debe realizarse antes de empezar a practicar el *pranayama* (respiración yogui).

Tienes un poderoso sistema interno de purificación de las condiciones del aire antes de que entre en los pulmones: las cavidades nasales. Si tu nariz está tapada o bloqueada, te ves obligado a respirar por la boca, y eso es peligroso, porque ni la boca ni la garganta poseen ningún sistema de filtrado. Es por eso que el *jala neti* es esencial.

Practicando el *jala neti* se eliminan las impurezas, se estimulan varios *nadis* y se limpia el cerebro y otros órganos. El *jala neti* también estimula tu *ajna chakra* (Tercer Ojo).

IMPORTANTE: consulta con tu médico antes de practicarlo.

Practicar el jala neti

Toma un *neti lota* (frasco diseñado para el *jala neti*) o una tetera pequeña con un pitorro que quepa cómodamente en tu nariz. Mezcla alrededor de unos 473 ml de agua hervida o destilada tibia con una cucharita de sal marina, o media de sal y media de bicarbonato sódico. Disuelve la solución totalmente. Llena con ella el frasco *neti* o la tetera.

Inclínate sobre un lavamanos y ladea la cabeza hacia la derecha. Introduce suavemente el pitorro en tu fosa izquierda, para que quepa justo. Sigue ladeando la cabeza y levantando el frasco *neti* hasta que la solución salina fluya por la fosa nasal izquierda, por los canales de la nariz y salga por la fosa derecha. Mientras haces esto abre la boca para poder respirar.

Si ladeas demasiado la cabeza, el agua entrará en la garganta en lugar de dirigirse hacia la otra fosa nasal. Si levantas demasiado el frasco el agua se derramará. Coloca bien la cabeza y el frasco hasta que el agua fluya correctamente.

Si el *jala neti* se hace correctamente, el agua no entrará ni en tu boca ni en la garganta. En caso de que sucediera, escúpela. Deja que la solución fluya por las fosas nasales durante diez o veinte segundos. Luego retira el frasco y suénate la nariz.

A continuación, repite el proceso con la otra fosa nasal. Ladea la cabeza hacia el otro lado e introduce el pitorro del frasco por la otra fosa. Después, sécate las fosas y suénate para expulsar toda la humedad.

Este proceso dura menos de cinco minutos, y con realizarlo una vez al día es suficiente, a menos que tengas un resfriado o una congestión nasal.

Método alternativo sin frasco neti

Haz la solución salina descrita anteriormente. Curva la palma de la mano y ponle un poco de la solución. Cierra la fosa derecha con tu pulgar derecho, acerca la nariz a la palma de la mano y aspira el líquido con la fosa abierta, para que ascienda a la nariz y pase por el conducto nasal. Escúpelo. Haz lo mismo con la otra fosa.

No pruebes ninguno de estos métodos sin sal en la solución o con agua demasiado fría o demasiado caliente. Con la temperatura adecuada y la correcta cantidad de sal, la incomodidad es mínima o nula. Si sufres hemorragias nasales crónicas, no practiques el *jala neti*.

El *jala neti* es excelente para prevenir o curar resfriados, la sinusitis, malestares en los ojos, nariz o garganta, tonsilitis, cataratas, asma, neumonía, bronquitis, tuberculosis e inflamación de los adenoides y las membranas mucosas. Puede curar cefaleas, insomnio, migraña, epilepsia, tensión, depresión y cansancio. Tiene efectos sutiles en varios *nadis* que terminan en los pasajes nasales, tales como el bulbo olfativo y los nervios asociados con los ojos y las orejas. Un beneficio añadido es que purifica, limpia y abre tu Tercer Ojo.

Yoga asanas

Asana, en sánscrito, significa «postura». Posturas físicas tradicionales que atraen mayor energía a tu cuerpo, mente y espíritu. Las *asanas* mostradas aquí están especialmente diseñadas para ayudarte a abrir tu *ajna chakra* (Tercer Ojo).

La forma de realizar estas posturas es ponerse en la posición descrita y mantener el cuerpo inmóvil en esa posición durante unos segundos. Hazlo lo mejor que te permita tu habilidad. Estírate sólo hasta donde le resulte cómodo a tus músculos, hasta que sientas

Posición del diamante inclinado hacia delante.

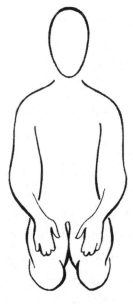

Posición del diamante.

cómo se estiran. Luego detente y mantén esa posición durante el tiempo adecuado. Respira por la nariz, lentamente, mientras aguantas la postura, a menos que se indique otra cosa. Nunca fuerces tu cuerpo o corres el riesgo de hacerte daño o lesionarte.

Además de los beneficios específicos de cada postura, todas ellas mejoran la circulación, la flexibilidad y el gesto; lubrican las articulaciones, incrementan la longevidad y la capacidad de alerta, masajean órganos internos, estimulan los *nadis*, fortalecen y estiran músculos, y potencian la salud y el bienestar.

IMPORTANTE: consulta con un médico antes de practicar las *asanas yoga*.

Vajrasana (posición del diamante)

Ponte de rodillas. Siéntate sobre tus talones con la columna recta, mirando al frente. Sostén la posición durante diez segundos mientras respiras lentamente. Di, en voz alta, la siguiente afirmación (o alguna similar): «La luz radiante y la energía ahora fluyen por mi ser».

Respira hondo una vez. Mientras exhalas, vete inclinando hacia delante hasta que la frente toque el suelo sin dejar de estar sentado sobre los talones. Estira tus brazos hacia delante con las palmas vueltas abajo. Aguanta la posición durante cinco segundos. Luego inhala y vuelve a la posición de espalda derecha.

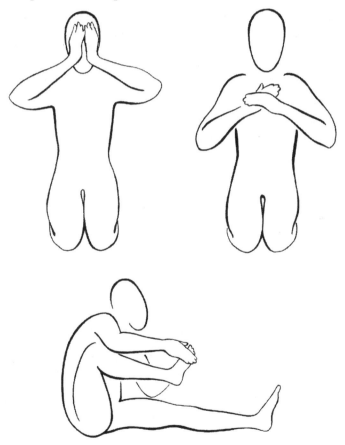

Tonificación corporal.

Siéntate en *vajrasana* (posición del diamante). Masajea todo tu cuerpo, paso a paso, presionando y soltando. Empieza por colocar las manos en lo alto de la cabeza, con las palmas hacia abajo. Presiona y suelta, moviendo las manos por tu frente, ojos, mejillas, parte delantera del cuello y pecho, como si desplazaras tu sangre hacia el corazón. Luego, empezando en la parte superior de la cabeza, presiona y suelta poco a poco. Mueve las manos atrás, detrás del cuello, alrededor de los hombros y de nuevo al corazón.

Tonificación corporal

Pon las manos en el bajo vientre. Presiona y suelta, y luego mueve las manos hacia arriba, presionando y soltando, hacia el corazón. Después, empieza detrás de tu cintura y ve subiendo. Presiona y suelta en la parte baja de la espalda, luego arriba, hacia los lados y muévete gradualmente hacia el corazón.

A continuación, presiona tu mano izquierda con la derecha, apretando y soltando. Muévela hacia el interior de los dedos, la palma, la muñeca, el antebrazo, la parte interna del codo, el brazo, la axila, la parte izquierda del pecho, y dirígete hacia el corazón. Luego presiona y suelta por el exterior de los dedos, el reverso de tu mano, la muñeca, el antebrazo, el codo, el brazo, la espalda y el pecho. Haz lo mismo en tu mano y brazo derechos, pero con la mano izquierda.

Ahora deja de flexionar tus piernas. Alcanza los dedos de tu pie izquierdo con las manos, la mano derecha debajo y la izquierda arriba. Aprieta tus dedos, presionando y soltando. Mueve las manos por el pie, el tobillo, la pierna, la rodilla, el muslo, el abdomen y la espalda. Presiona y suelta mientras te vas desplazando hacia el corazón. Haz lo mismo con los dedos del pie derecho y presiona y suelta poco a poco, moviéndote hacia el corazón.

Esta tonificación activa los meridianos de acupuntura, incrementa el flujo pránico a través de tus *nadis* e incrementa tu energía y fuerza vital.

Urdhvasarvanagasana *(el apoyo de los hombros)*

Estírate sobre la espalda con los brazos en los lados. Levanta las piernas lentamente hasta que los dedos de los pies apunten al techo. Luego dobla la columna hacia arriba poco a poco, vértebra a vértebra, mientras apoyas la columna con las manos, y los codos y los brazos reposan en el suelo, hasta que tu barbilla presiona contra tu pecho. La cabeza,

El arado.

El apoyo de los hombros.

el cuello y los hombros deben estar en contacto con la alfombrilla mientras realizas esta *asana*. Si no puedes levantar el tronco hasta este punto, levántalo todo lo que puedas. Aguanta diez segundos en esa posición mientras respiras lentamente. Desde esta posición dirígete a la siguiente *asana*: el arado.

IMPORTANTE: los afectados por una hernia y los hipotensos o hipertensos deben consultar con su médico antes de intentar estas posturas de inversión de la gravedad.

Halasana *(el arado)*

Mientras estás en la posición «el apoyo de los hombros», flexiona las caderas. Mantén las piernas rectas hasta que los dedos de los pies toquen el suelo detrás de tu cabeza. Presiona la barbilla con el pecho. Estira los brazos hacia abajo, con las palmas vueltas al suelo. Si no puedes tocar el suelo con los dedos de los pies no te preocupes. Ve tan abajo como puedas. Permanece en esta posición durante diez segundos. Luego, flexiona las rodillas y ve desdoblando la columna lentamente, vértebra a vértebra, del cuello al coxis, mientras aguantas la espalda con las manos, hasta que las nalgas toquen el suelo. Después estira las piernas y bájalas poco a poco. Haz esta *asana* suave y grácilmente, sin prisa. Sin sacudidas.

IMPORTANTE: las personas hipertensas o con problemas de corazón no deben hacer este ejercicio.

Siddhasana *(la posición perfecta o la posición del experto)*

Siéntate y estira las piernas hacia delante. Flexiona la pierna izquierda por la rodilla y coloca el talón izquierdo en el perineo, la parte suave entre el ano y el escroto o entre el ano y la vagina. Luego dobla la rodilla derecha y pon tu talón derecho contra el hueso púbico, justo encima de los genitales. Adecua tu cuerpo de modo que no sientas ninguna presión en los genitales. Pon los dedos de ambos pies entre los muslos y las pantorrillas. Mantén la columna derecha y coloca las manos en el regazo, con las palmas hacia arriba, la mano derecha sobre la izquierda.

La posición perfecta.

Cierra los ojos y di en voz alta: «YO SOY un ser perfecto con gran poder y energía» (o una frase similar). Mantén esta postura durante diez segundos y respira normal.

La *siddhasana* está considerada la principal de las 840.000 *asanas*, la mejor para la meditación, la concentración, la autorrealización, y la plegaria. Despierta el Tercer

198

La postura del loto.

Ojo, ayuda a alcanzar los *siddhis* (las perfecciones o poderes supranormales), promueve el *Brahmacharya* (celibato) y la disciplina mental. Eleva el *prana* a través de los *nadis* y despierta el *kundalini*.

Padmasana *(la postura del loto)*

Siéntate en una esterilla con las piernas estiradas hacia delante. Toma tu pie derecho y ponlo en tu muslo izquierdo, cerca de la cadera. Luego agarra tu pie izquierdo y ponlo en tu muslo derecho, cerca de la cadera, con los talones tocándose el uno al otro tan cerca del ombligo como sea posible. Mantén tu cabeza, cuello y tronco derechos.

Pon tus manos entre los talones, la derecha sobre la izquierda, con las palmas hacia arriba (para iluminar el cuerpo). O colócalas en las rodillas, con las palmas hacia arriba y las yemas de los dedos índice y pulgar tocándose, permitiendo que los otros dedos se relajen (para mantener el cuerpo en contacto con el suelo). Mantén ambas caderas y rodillas planas en el suelo. Si tienes dificultades con la postura del loto, prueba el «medio loto» poniendo el talón derecho contra el perineo y el pie izquierdo en el muslo derecho. Mantén esa postura durante diez segundos mientras respiras con normalidad.

La postura del loto inclinado adelante.

Yoga mudra (el loto inclinado hacia delante)

Siéntate en la postura del loto (o del medio loto). Inhala profundamente y exhala mientras vas flexionando el cuerpo hacia delante hasta que tu frente toque el suelo. Asegúrate de doblar la cadera y no la cintura. Estira tus brazos hacia delante con las palmas de las manos hacia abajo. Mantén esa postura durante cinco segundos. Luego empieza a levantar la espalda lentamente hasta volver a la postura del loto.

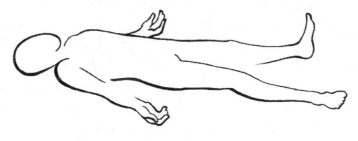

El cadáver.

Savasana (el cadáver)

Estírate boca arriba en la esterilla, con las palmas de las manos hacia arriba, las piernas relajadas, los dedos de los pies hacia afuera y los ojos cerrados. Di en voz alta «YO SOY divina paz y armonía» (o alguna frase similar). Respira lenta y acompasadamente. Siente el cuerpo. Fija tu atención allí donde sientas estrés o tensión. Poco a poco, tus músculos se relajarán y se volverán suaves y flexibles. Tu mente se asentará. Tu espíritu se tranquilizará y estará contento. Mantén esta postura durante al menos cinco minutos.

Ejercicios para el cuerpo sutil

Estos ejercicios pertenecen a la categoría *Yogui Suksma Vyayama*, es decir, «el yoga de los movimientos mínimos». Pueden ser practicados por personas de todas las edades y condiciones. A pesar de ser simples y no requerir ningún esfuerzo, estas prácticas producen grandes beneficios para la salud. Los ejercicios descritos a continuación son sólo unos pocos de los ejercicios para el cuerpo sutil que hay en mi libro *Exploring Meditation*, y han sido seleccionados porque ayudan a cultivar el Tercer Ojo.

A menos que se indique lo contrario, esos ejercicios se hacen de pie, erguidos, con la boca cerrada, los brazos a los lados, las manos abiertas hacia los muslos y los dedos juntos. Se respira siempre por la nariz a menos que se diga otra cosa.

Medha-Sakti-Vikasaka *(desarrollar el intelecto)*

Cierra los ojos. Baja la barbilla hasta el espacio entre clavículas. Esa posición, llamada *jalandhara banda* (cierre de barbilla), crea un empuje ascendente en los *nadi* y los chakras del *sushuma*. Presta atención a la depresión en la nuca. Mantén la boca cerrada y respira con fuerza como un fuelle unas diez veces. (*Véase* la página 134 para aprender a respirar como un fuelle).

Buddhi Tatha Dhrti-Sakti-Vikasaka *(desarrollar la mente y la fuerza de voluntad)*

Mantén los ojos abiertos y ladea la cabeza tan atrás como puedas. Céntrate en la coronilla. Respira por la nariz, vigorosamente, como un fuelle, por lo menos diez veces.

Smarana-Sakti-Vikasaka *(desarrollar la memoria)*

Con los ojos bien abiertos y la cabeza erguida, fija la vista en un punto a un metro de distancia de los dedos de los pies. Presta atención al punto de acupuntura *baihui* (también conocido como *brahmarandhra*), y respira hondo como un fuelle por lo menos diez veces. Eso invierte la fatiga mental, elimina el cansancio nervioso y mejora la memoria.

Visualizaciones para acompañar el *pranayama*

Mientras practicas las fases de inspiración y retención del *pranayama*, centra tu atención en el *muladhara chakra* en la base de la columna. Durante la exhalación, céntrate en el *bhrimadhya* en el centro de la frente.

Después de practicar esas técnicas, recita la siguiente frase:

«YO ESTOY lleno de la paz y la gracia de Dios. YO SOY un ser radiante de belleza, poder y gloria. YO SOY el filántropo de Dios, el mensajero de Dios, y el embajador de Dios en la Tierra. Mi poder está ahora al servicio de Dios. No es mi voluntad, sino la Suya la que se hará. Gracias, Dios, y QUE ASÍ SEA».

En el siguiente capítulo aprenderemos a usar el poder de la palabra a través de la plegaria, para que te ayuden a despertar tu Tercer Ojo.

CAPÍTULO 13

AFIRMACIONES DEL TERCER OJO

Admito la dificultad de creer que en cada
hombre hay un Ojo del alma que [...]
es mucho más apreciable que diez mil
ojos corporales, ya que sólo a través
de éste se ve la verdad.

PLATÓN

Una manera poderosa de abrir el Tercer Ojo es a través de un método simple conocido como «plegaria asertiva». En 1986 aprendí esta sorprendente técnica con la que cualquiera puede rezar con éxito y empezar a tener resultados. Ese método, demostrado, práctico y altamente efectivo, ha sido probado y verificado por millones de personas de todos los orígenes y religiones, que han experimentado resultados muy positivos.

El método de la plegaria asertiva es un proceso de «tratamiento» (sanación y transformación) de la mente hasta que se da cuenta de la verdad de la bondad eterna de Dios detrás de las apariencias de falsas limitaciones. Si cambias la mentalidad, puedes cambiar lo que obtengas de tus acciones, de aquellas que empezaste con tu antigua forma de pensar. Poniendo en tu mente las bases para que Dios trabaje es como sucede la transformación. Cuando aceptas con toda tu fe que alcanzarás el objetivo es cuando el poder de las intenciones se pone de tu lado para que lo consigas.

A pesar de que la plegaria y la asertividad han adquirido popularidad, hay mucha gente que no sabe cómo rezar bien. Pero este capítulo hace que resulte fácil. Las oraciones están ya escritas, en un modo fácil de usar, y dan resultado.

Estudia mis libros *Miracle Prayer* e *Instant Healing* para más información sobre cómo estructurar y usar la plegaria asertiva. Para más material de apoyo a la plegaria, podéis consultar www.divinerevelation.org.

Instrucciones para una plegaria asertiva

En este capítulo usarás oraciones especialmente pensadas para ayudarte a abrir el Tercer Ojo. Son plegarias universales, y pueden usarlas creyentes de todas las religiones y creencias. Puedes cambiar las palabras para que encajen mejor en tus afinidades espirituales. Por ejemplo, si prefieres nombrar al creador como Deidad en vez de como Dios, siéntete libre de hacerlo. Si prefieres el nombre de Hashem en lugar del de Cristo, cámbialo. Si deseas orar a Krishna, Buda o Alá, hazlo. Pon el nombre del dios o deidad en la que creas.

Esas plegarias y oraciones deben ser recitadas con una voz firme y clara. Hablar en un tono normal hace que la potencia de los rezos sea mayor. Si quieres que tu deseo se cumpla, antes puedes repetir la plegaria varias veces al día. Simplemente repite la oración hasta que compruebes los resultados. Todas las plegarias funcionan. Pueden producir un resultado instantáneo o una sanación repentina que te empuje más hacia tu deseada meta. Reza y nunca, nunca, te des por vencido.

Cada vez que reces alguna de las plegarias de este capítulo, hazlo como si tu yo superior hablara a través de ti. ¿Qué quiere decir esto?

Tu yo superior tiene un poder y una autoridad ilimitados. Es la mística presencia del «YO SOY», tu divinidad interna (Dios en ti). En la India, esa divina presencia se llama *atman*. Si hablas con esa autoridad, tus palabras tendrán un potente poder revelador. Imagina, por tanto, que, en tu mente, tu yo superior está recitando esa plegaria, que lo hace tu divina naturaleza interior. Cuando pronuncies las palabras «YO SOY», hazlo con voz de mando, con autoridad. Sé consciente de que tu divinidad interior está al mando, manifestando ese deseo.

Oraciones para la protección

La protección divina es fundamental en todo trabajo espiritual. Para empezar a abrir el Tercer Ojo y desarrollar tu energía espiritual, primero afirma que estás protegido con la presencia de Dios en ti.

Oraciones de autoprotección

Tu *ajna chakra* (Tercer Ojo) es el «centro de mando». Y despertar el Tercer Ojo va asociado con descubrir tu yo real. En ese momento, la oración de la autoprotección puede ayudarte a descubrir quién eres de verdad y coronarte comandante de tu propio destino.

Esa oración puede transformar tu vida en un instante. Si la usas a diario, te hará adquirir un empoderamiento increíble y mucha confianza. Esa oración encierra tu campo de energía a los niveles bajos de la mente y te abre al mundo espiritual.

Con esa oración puedes curar la hipersensibilidad a la «estática ambiental» (las vibraciones y pensamientos negativos dentro de la atmósfera mental). Si tienes tendencia a absorber las vibraciones cual esponja absorbiendo agua, si enseguida te contagias de la negatividad de la gente de tu alrededor, o si las vibraciones bajas de los ambientes cargados te debilitan, esta oración puede hacerte revivir y devolverte la energía.

Úsala siempre que te sientas débil, asustado, impotente, intimidado o descentrado. Se recomienda emplearla antes de salir de casa, de meditar o de acostarse. Empléala siempre que necesites protección, empoderamiento y confianza; en momentos como cuando debas atravesar una multitud, tener una reunión con una respetada figura, antes y después de reunirte con clientes y antes de exámenes, entrevistas, audiciones o encuentros. Cuando te encuentres agotado por la gente o las circunstancias, invadido o sin energía, utiliza esta plegaria sin importar si estás o no meditando.

> YO TENGO el control.
> YO SOY uno con Dios.
> YO SOY la única autoridad en mi vida.
> YO ESTOY protegido por la divinidad de la luz de mi ser.
> Cierro mi aura y mi cuerpo de luz
> a los más bajos niveles astrales de la mente
> y me abro al mundo espiritual.
> Gracias, Dios, y QUE ASÍ SEA.

La plegaria de la armadura divina

Cuando estás lleno y envuelto en la fuerza del amor de Dios, ni nada ni nadie pueden invadir o entrometerse en tu campo de energía. Una armadura divina de invencibilidad te protege en todo momento y lugar. Si permites que Dios sea tu divino protector, te conviertes en invulnerable a las malas energías mediante la mejor de las opciones.

> *Abro mi corazón al brillo divino de la luz del amor de Dios.*
> *La radiante luz de Dios se cuela en mi ser.*
> *La Gracia de Dios me llena y envuelve mi campo de energía*
> *con gran belleza, gran luz y gran integridad.*
> *ESTOY en una burbuja divina*
> *de bondadosa, iridiscente, reluciente y radiante luz.*
> *Esa burbuja divina es dorada, una esfera multicolor*
> *de blanca, violeta, rosa, azul, verde, plateada luz,*

que llena, penetra y envuelve mi campo de energía.
Esa bella, invencible esfera de luz
me sana, me protege, me sella.
Conozco todos los agujeros, pinchazos y dolores,
que me han apagado la energía, ahora los sé curados
con el fuego blanco y purificador del Espíritu Santo
y la bondadosa luz dorada del amor de Dios.
Gracias, Dios, y QUE ASÍ SEA.

Oraciones para la luz interior

Tu cuerpo sutil puede transformarse en dos energías básicas: luz y soni-do. Tu Tercer Ojo es el centro de la luz en tu cuerpo y el mantra semilla de este chakra, *OM*, es la semilla de todos los sonidos del universo. Las siguientes plegarias aumentan tu luz y modifican positivamente tu campo a través del sonido. Úsalas para sanar, limpiar, borrar, despertar y elevar tu campo de energía a una octava vibratoria superior, conecta-da con el Espíritu.

Rayo de Luz

Puedes invocar el despertar espiritual y alzar el *kundalini* de energía visualizando la luz de Dios dentro de ti. El rayo de luz de Dios es una de las formas con las que Él se expresa mediante tu ser.

Un bello rayo de luz divina se ha establecido
en pleno centro de mi cuerpo.
Este rayo de luz se extiende de mi cabeza
a mis pies
justo debajo del centro de mi cuerpo.
Ese rayo de luz de inconmensurable belleza y gloria
irradia puro amor y luz de Dios.
ESTOY centrado, equilibrado y protegido

por ese rayo de luz y ESTOY en paz.
Gracias, Dios, y QUE ASÍ SEA.

Invocación a la Luz Divina

Invocar la luz de Dios es bueno para experimentar el despertar de tu Tercer Ojo. Mientras vas pronunciando la oración debes imaginar la luz de Dios llenándote y envolviéndote con su divino poder y gloria.

YO SOY la luz divina.
YO SOY la luz de Dios.
La luz de Dios me llena y me envuelve.
La luz de Dios entra en mí y me inunda de paz.
La luz de Dios infunde mi ser de radiación.
La luz de Dios me eleva con su poder y su gloria.
ESTOY glorificado por la luz de Dios,
que vibra en mí y a mi alrededor.
Gracias, Dios, y QUE ASÍ SEA.

Limpiar el chakra del Tercer Ojo

Las oraciones pueden ser una forma poderosa de curar tu Tercer Ojo y su asiento, la glándula pineal. Esas plegarias pueden ayudarte a descongestionarla, liberarla de bloqueos de energía y de limitaciones emocionales.

Desbloquear tu Tercer Ojo

Esta oración te ayudará a abrir tu Tercer Ojo y liberar lo que lo esté bloqueando.

Invoco la santa presencia de Dios
para que levante mis dudas y abra plenamente mi Tercer Ojo.
Todo cuanto cubre o sella mi Tercer Ojo,

sea conocido o desconocido, consciente o inconsciente,
está ahora siendo elevado, sanado, soltado, liberado.
Mi Tercer Ojo está ahora completamente desbloqueado, suelto, y
completamente abierto.
Mi Tercer Ojo brilla con toda su gloria
e inunda mi ser de irradiante luz.
Mi Tercer Ojo brilla ahora con incandescencia
y me bendice a mí y a todos cuantos me rodean.
Gracias, Dios, y QUE ASÍ SEA.

Limpia tu Tercer Ojo

Esta oración purifica, cura y abre tu Tercer Ojo. Cuando este ojo interno se cubre de creencias limitadas puede atrofiarse y calcificarse. La luz que entraría en el Tercer Ojo se apaga y el ojo se ciega. Esta oración devuelve la visión a un Tercer Ojo ciego.

Oro yo ahora al Espíritu Santo y al poder de Dios
para sanar, curar y liberar mi Tercer Ojo de toda calcificación
sea espiritual, emocional, mental o física.
Toda rigidez será disuelta y mi glándula pineal liberada
por la luz del Espíritu Santo y la presencia de Dios.
Me relajo y me suelto, yo,
de todas las creencias negativas, los malos hábitos y las condiciones
que han hecho mella en mi Tercer Ojo.
Ahora permito que mi Tercer Ojo se eleve, sane y libere
de toda la escoria y molestias que ya no me sirven.
Oro yo ahora al Espíritu Santo y al poder de Dios
para que llenen mi Tercer Ojo de luz, la luz de Dios.
Mi Tercer Ojo se abre ahora a esta luz,
y se llena de alegría, belleza y esplendor.
Todas de Dios. Me elevo, sano y me bendice
el poder de Dios y su amor.
Gracias, Dios, y QUE ASÍ SEA.

Sanar tu ajna chakra

Esta oración te ayuda a liberar los bloqueos del ego que afectan al chakra de tu Tercer Ojo.

La Gracia y Sabiduría de Dios
me llenan y vibran en mí.
YO SOY el ojo que todo lo ve, la sabiduría del todo.
YO SOY el saber que es Dios.
La amorosa presencia de Dios llena mi ser de luz.
ME SIENTO libre de cadenas que me atan al ego.
Dejo atrás la necesidad de sentirme superior, singular o mal entendido.
Suelto mis poderes físicos y mi superioridad espiritual.
Me deshago de todos los lastres de la mente.
Desato todas las ataduras del intelecto.
Disuelvo las creencias y los hábitos que me han encadenado.
Me rindo a la Gracia de Dios.
Y SOY el instrumento de la Luz de Dios.
Que la voluntad de Dios sea hecha, ahora y siempre.
Gracias, Dios, y QUE ASÍ SEA.

Despertar tu Tercer Ojo

Las plegarias pueden ser un modo poderoso de despertar y abrir tu Tercer Ojo. Te ayudarán a cultivar la energía del Tercer Ojo.

La plegaria del sanador dorado

El sanador dorado es el elixir de la vida inmortal, generado en la glándula pineal, casa del Tercer Ojo. Si evocas esa sustancia te elevas hacia la luz de Dios.

ESTOY amorosamente envuelto, lleno y elevado
con la dorada sustancia del conocimiento de Dios.

ESTOY lleno del Amor de Dios, de la Luz de Dios y de Su Verdad.
Dios llena mi aura y mi cuerpo de luz
con su sustancia dorada y sanadora,
que encierra mis cuerpos físico y sutil
a los niveles astrales de las puertas de la mente
y me lleva en sintonía con el Saber de Dios.
Esa dorada sustancia sanadora me sana y me eleva
despierta mi consciencia al Divino Conocimiento en mí
y dentro de toda la creación.
ESTOY sanado y en plena sintonía
con Dios, dentro de mí, con todo lo creado.
Amadamente despierto a una consciencia mayor
Divina presencia en mí, que me rodea ahora.
Gracias, Dios, y QUE ASÍ SEA.

Estimular la producción de soma

Esta plegaria puede ayudarte a estimular la producción de soma (néctar de la inmortalidad) en tu Tercer Ojo y tu glándula pineal.

Fluye, soma, en dulces y estimulantes ríos.
Fluye, soma, elixir de los dioses, sustento de la humanidad.
Fluye, soma, en ríos de dulce miel desde la luna.
Fluye, soma, en un torrente de abundante néctar.
Fluye, soma, en luz líquida; fluye a través de mi cuerpo.
Fluye, soma, y convierte mi cuerpo en templo de Dios.
Fluye, soma, en perfecta corriente de pureza e integridad.
Fluye, soma, y abre las compuertas que te permiten derramarte en
mi ser.
Fluye, soma, y lléname de radiante luz y gloria.
Fluye, soma, y envuélveme en la inmortal esencia de Dios.
Me rindo a Dios y ESTOY en paz.
Gracias, Dios, y QUE ASÍ SEA.

Absorción en el nirvana

El *kundalini* es absorbido en una absoluta felicidad de conocimiento en el subcentro del chakra del nirvana en el Tercer Ojo. Esta plegaria fija esta experiencia de divina unión y definitiva fusión con Dios. Cierra los ojos e imagina que un sutil, pero poderoso *kundalini*, va subiendo por tu columna, perforando cada chakra y absorbiendo todos sus elementos. Finalmente visualiza el *kundalini* llegando al chakra del nirvana, en la parte superior del cráneo. Luego reza esta oración bien alto.

> *SOY absorbido en el poder inmenso del kundalini,*
> *me rindo a la voluntad de Dios.*
> *Mi ser se expande para tocar el infinito*
> *mi falso ego desaparece en la integridad.*
> *ESTOY lleno de la felicidad del nirvana.*
> *Me doy cuenta de mi verdadera naturaleza,*
> *y ESTOY en paz.*
> *Gracias, Dios, y QUE ASÍ SEA.*

Invocación del Tercer Ojo

En esta poderosa invocación apelas a los seres divinos de la luz y recibes ayuda para abrir tu Tercer Ojo y experimentar el despertar espiritual. Invocando a los seres divinos, se produce un poderoso y profundo efecto.

> *Yo me libero y dejo que Dios llene mi Tercer Ojo*
> *con el resplandor de la luz de Dios.*
> *Llamo a todos los seres de luz divinos*
> *que vienen en nombre de Dios*
> *a llenar mi Tercer Ojo con bendiciones radiantes.*
> *Evoco la presencia del Espíritu Santo,*
> *el Espíritu de verdad e integridad,*
> *que resplandezca tu bello y brillante fuego blanco*

para llenar y purificar mi Tercer Ojo con ese fuego blanco.
Yo te invoco, san Germán,
llena mi Tercer Ojo con tu incombustible llama violeta.
Que limpie, cure y purifique mi Tercer Ojo,
y eleve esa vibración hacia las más altas vibraciones espirituales
para que pueda gozarla ahora.
Te invoco a Jesús, Cristo
llena mi Tercer Ojo con tu deslumbrante luz dorada
de la consciencia de Cristo.
Y prende esa centelleante luz dorada
en cada átomo de mi cuerpo
y mi cuerpo sutil en todos los niveles:
espiritual, mental, emocional, físico y material.
Os invoco Kawn Yin y Virgen María,
encended en mí esa bella y chispeante luz rosa
que infunda e inunde mi Tercer Ojo
con divina luminosidad, ternura, gentileza,
paz, amor, compasión, fortaleza y sabiduría.
Te invoco, señor Buda,
que la luz de la sabiduría vibre en mi Tercer Ojo,
para alcanzar la iluminación espiritual
y la libertad en la rueda de samsara.
Invoco a Mahamuni Babaji, el sabio inmortal,
resplandeciente ahora de gloria,
su resplandeciente luz clara de la iluminación
para elevar, sanar, limpiar y transformar mi Tercer Ojo.
Babaji, te pido ahora que penetres e impregnes mi Tercer Ojo
con la luz pura, clara de la iluminación,
abriéndome para darme cuenta de la verdad suprema, permitiendo
que mis ojos espirituales vean la realidad última
y levantando mi vibración al más alto estado de conciencia
que pueda disfrutar cómodamente en este momento.
Llamo a todos los seres divinos de luz

que vienen en el nombre de Dios,
me levanten ahora en una nueva conciencia,
donde ahora veo la verdad, conozco la verdad y vivo la verdad.
Gracias, Dios, y QUE ASÍ SEA.

Tratamiento para la mente espiritual

Los tratamientos con plegarias usan un proceso de nueve pasos que te ayuda a convencerte de la verdad que hay detrás de las falsas experiencias. Es un método muy efectivo para cambiar tu vida a través de un cambio de estado mental.

Tratamiento para abrir tu Tercer Ojo

Éste es un tratamiento para mí (nombre completo), para la perfecta curación, el despertar, y la apertura de mi Tercer Ojo, o mejor, ahora. Ahora sé y reconozco que hay un poder y una presencia en el trabajo en el universo y en mi vida (Dios el bueno, omnipotente). Dios es la fuente de mi bien, la luz de mi vida, la verdad de mi ser. Dios es el único guía divino, la inteligencia divina, la perfección del ser. Dios es la perfección en todas partes, ahora. Dios es la perfección aquí, ahora. Dios es la luz divina dentro de mí, la fuente de toda sabiduría, la intuición y la percepción suprasensorial. Dios es el ojo que todo lo ve de la verdad y la sabiduría divina.

YO ESTOY ahora fusionado conmigo y con Dios, en una totalidad sin fisuras perfecta. Dios y yo somos uno. Somos uno en el Espíritu. El consejero de la casa en la que es Dios está dentro de mí. Dios es el faro de mi vida, el Mostrador del Camino, la única verdadera guía a lo largo de mi trayectoria. Luz divina de Dios, la sabiduría, la intuición y la percepción sensorial están muy dentro de mí, en el centro mismo de mi ser. YO SOY el ojo que todo lo ve de la verdad y la sabiduría divinas.

Por tanto, reivindico para mí (nombre completo), que mi Tercer Ojo despierte ahora y se abra de la manera más amplia de la que puede disfrutar cómodamente en este momento.

Ahora veo, conozco y acepto que mi Tercer Ojo está abierto. Libero, disuelvo, aflojo, y dejo de lado todos los bloqueos que han mantenido a mi Tercer Ojo cerrado. Suelto todos los temores a ver la verdad. Disuelvo todas las creencias que debo apagar los poderes supranaturales porque la gente puede pensar que no soy «normal». Libero cualquier idea de que no merezco abrir mi Tercer Ojo. Disuelvo todos los sentimientos de indignidad. Suelto todo apego al ego, toda inferioridad y superioridad.

Ahora doy la bienvenida en mi mente, corazón y espíritu a nuevas creencias que ahora me sirven. Ahora acepto pensamientos que mi Tercer Ojo está ahora limpiado, sanado y purificado. Acepto que estoy dispuesto a ver y conocer la verdad. Ahora celebro mis dones espirituales y la percepción suprasensorial. Merezco experimentar lo que realmente soy. Soy digno de abrir mi Tercer Ojo. Ahora acepto la verdad sobre mí mismo como un ser divino de luz.

Ahora acepto plenamente en la conciencia que mi Tercer Ojo despierta ahora y se abre la manera más amplia para que pueda disfrutar cómodamente en este momento. Ahora libero esta oración en la ley espiritual, sabiendo que se manifiesta en este momento, bajo la gracia de Dios, de manera perfecta. Gracias, Dios, y QUE ASÍ SEA.

Para centenares de plegarias y oraciones más, consulta, por favor mis libros *Miracle Prayer* e *Instant Healing*. En el siguiente capítulo aprenderemos cómo romper las barreras que han bloqueado tu Tercer Ojo y tus dones de intuición.

CAPÍTULO 14

MEDITACIÓN DEL TERCER OJO

Quiero conocer las enseñanzas de Dios.
Lo demás sólo son detalles.

ALBERT EINSTEIN

En la sesión conocida como «Divine Revelation® Breakthrough», te guían a una profunda meditación y recibes contacto directo con el Espíritu que habita en ti. Durante dicha sesión, tienen lugar experiencias destacadas. Tiene lugar una profunda regeneración en el ámbito de la salud. El nivel vibratorio de tu mente y de tu cuerpo asciende a un nivel energético más elevado. Energía, amor, poder y luz inundan tu ser. La inspiración fluye.

La mayoría de la gente que practica la Divine Revelation Breakthrough desea desarrollar su intuición. Quiere abrir el Tercer Ojo y potenciar su clarividencia innata, la clariaudiencia y la clariesencia. Algunos buscan comunicarse con su Yo superior o con su ángel de la guarda o con un maestro ancestral, dependiendo de sus propias creencias. Suelen sorprenderse de lo sencillo que resulta obtener esa bendición.

La comunicación con el Espíritu tiene lugar de tres formas básicas: 1. Recibiendo visiones divinas interiores; 2. Oyendo mensajes divinos interiores; 3.- Recibiendo sentimientos divinos interiores. Por ejemplo, puedes ver un ángel, un ser de luz o un resplandor muy brillante. Puedes escuchar palabras de alivio o sabias con tu oído interior. Puedes recibir sensaciones extáticas o una incitación interior. Todas ellas son formas que tiene el Espíritu de comunicarse con el yo humano.

Puedes aprender cómo leer esas experiencias interiores y cómo escuchar la divina voz. También puedes aprender a hablar en voz alta mientras estás recibiendo mensajes del interior. A eso se le llama mensajes «speaking-through» del Espíritu.

Los mensajes reconfortantes se acompañan de sentimientos felices, de paz, serenidad y unidad extática. Los estudiantes se sorprenden de lo inspirador y liberador que resulta este contacto. Quedan estupefactos por la profundidad de sus pensamientos e inspiraciones cuando armonizan con el Espíritu.

En 1963, cuando mi mentor, el Dr. Peter Victor Meyer, empezó a hacer sesiones de Breakthrough, una densa nube de polvo astral rodeaba la Tierra, llena de negación y pesimismo. Dada la negatividad de los tiempos que corren, son precisas unas 18 semanas de clases para que los estudiantes estén preparados para su propia incursión.

En la actualidad, gran parte de esa negatividad ha desaparecido gracias a que cada vez hay más gente que medita, reza, cura y limpia la atmósfera que rodea la Tierra. En la actualidad, estudiantes con bagajes muy distintos pueden recibir su incursión en unos pocos minutos.

Personalmente, no tenía habilidades especiales en el ámbito de la intuición, la clarividencia ni la clariaudiencia hasta que aprendí la Divina Revelación, y, además, tuve que seguir aprendiendo a conseguir cierta eficacia. Los bueno es que si yo pude aprender, tú también puedes hacerlo.

Objetivos de la sesión incursión

La sesión de incursión de Divina Revelación incluye una experiencia meditativa en la cual se consiguen los siguientes objetivos básicos:

1. Contacto divino interior

El primer objetivo de una sesión de incursión es experimentar directamente la amorosa presencia divina (una sensación de permanecer en casa dentro del corazón de Dios). Cuando conocí por primera vez la meditación Divina Revelación, encontré un enorme confort y serenidad, y supe que nunca más me sentiría sola.

Cuando entras en contacto con el Divino Espíritu, recibes sensaciones propias del éxtasis y bendiciones como: amor incondicional, tranquilidad, serenidad, comodidad, protección, seguridad, confianza, alegría, felicidad, éxtasis, destellos de luz divina, olas de amor divino, fuerza interior, poder, energía, satisfacción, plenitud, gracia, gloria, unicidad e integridad.

Los sentimientos más importantes son la unicidad y la integridad. Dichos sentimientos ayudan a ver con claridad que estamos en el regazo del amor divino.

2. Nombre vibratorio interior

El segundo objetivo es recibir y verificar un «nombre vibratorio» interior, que plasma un aspecto de tu Yo superior o el maestro divino que llevas dentro. Los nombres interiores son sonidos o vibraciones de aspectos divinos diversos. Pueden ser deidades, antepasados, ángeles, arcángeles u otros seres divinos. Estos nombres son importantes señales de contacto con el verdadero Espíritu y con tu propia mente o con entidades del mundo astral. Una vez se identifican los verdaderos nombres espirituales, sabrás con quién estás contactando y de quién recibes mensajes.

3. Señal vibratoria interior

El tercer objetivo es recibir y verificar una «señal» vibratoria interior que se corresponda con cada nombre interior. Las señales son sensaciones muy sutiles, visiones, sonidos, cuerpos en movimiento, fragancias o sabores. Si recibes una señal correspondiente a cada nombre interior, luego podrás identificar cada nombre gracias a su señal. Cada señal es como una identidad distintiva que te ayuda a reconocer cada ser divino particular que se presente.

¿Alguna vez te has sentido tocado por el Espíritu? Quizás hayas visitado un museo de arte y te ha parecido que una pintura en particular te cautivaba el alma. Quizás en un concierto hayas sentido que un tema musical te conmovía. O puede que estuvieras ayudando a alguien que lo necesitaba de verdad o haciendo voluntariado en algún sitio. A lo mejor fue en una preciosa puesta de sol, viendo una película inspiradora o en misa. En el momento culminante de una de esas experiencias, sea cual fuere, con tremenda emoción, sentiste que se te puso la piel de gallina; puede que fuera un hormigueo o un subidón de energía. ¡Se te ponen los pelos de punta! Una sensación como ésa es una típica señal vibratoria divina. Cada señal puede aparecer de una de las seis siguientes maneras:

Visión: clarividencia

Puede que veas una luz de un color especial en un lugar específico, tanto con tu visión interior como con el cuerpo o en un centro de energía. La luz puede ser también blanca, dorada, violeta o de algún otro bonito color. Aunque también podría tratarse de la visión de un símbolo, como una rosa, un árbol, una flor, una forma geométrica, la estrella de David, una cruz, un amanecer, una montaña, un lugar sagrado u otra visión agradable. En ocasiones se puede ver la cara o la figura de un dios, de un santo o de un ángel. Hay gente que cree reconocer a Jesús, Buda, Krishna o algún otro ser divino.

Sonido: clariaudiencia

Se pueden oír sonidos muy agradables en la mente. Puede que oigas una melodía, campanas, cascabeles, arpas, flautas celestiales, violines u otro instrumento, sinfonías celestiales, música de las esferas, coros angelicales, lluvia cayendo, el crepitar de las hojas, un curso de agua, el viento, las olas del mal, el sonido del universo, el *OM* u otro sonido.

Tacto: clarigusto

Las señales gustativas son sabores sutiles que aparecen en la boca o la garganta. Es como si acabaras de comer algo delicioso, aunque no hayas ingerido nada. A eso se le llama *clarigusto*. Puedes notar un sabor dulce en la boca. Puede ser algo familiar como coco, plátano, zanahoria, albaricoque, naranja, melocotón, pera, frambuesa, piña, mandarina, uva, almendras, agua de rosas, leche o cualquier sabor que te parezca delicioso como la ambrosía. Pero también puede ser un sabor absolutamente desconocido, que jamás hayas percibido antes, por muy delicioso que sea.

Olfato: clariesencia

Las señales olfativas son fragancias celestiales que «hueles» con tus sentidos interiores. A eso se le llama *clariesencia*. Como si olieras un perfume agradable y buscaras la persona que lo lleva, pero no hubiera nadie cerca. Pero, efectivamente, tu olfato interior percibe un aroma. Puedes oler una agradable fragancia a rosas, a jazmín, a lilas, a gardenias, a lavanda, a madreselva, a pino o a eucalipto, a sándalo, a naranja, a limón, a vainilla, a canela, a nuez moscada o a cualquier otra fragancia deliciosa. Aunque puede que huelas un olor agradable que no se pueda reconocer.

Tacto: clarisensibilidad

Una señal kinestésica es una sutil sensación percibida por el cuerpo. A esa habilidad se la denomina *clarisensibilidad*. Puedes notar una placentera sensación en una parte concreta del cuerpo o sentirla por todo el cuerpo entero. Quizás como una agradable energía que te recorre todo el organismo. A veces se siente calor y, en ocasiones, una suave brisa fresca. Una extremidad, como un brazo, una pierna o un dedo, parece tener pulsaciones. Otras veces es como una suave corriente eléctrica que recorre la columna. Esa energía parece recorrer todo el cuerpo. En ocasiones es una sensación de protección a tu alrededor. Pero hay veces en que se siente que te están tocando, literalmente. En otras ocasiones es como si tu cuerpo fuera a cambiar de forma o de tamaño. Parece que se encoja o se estire, que vaya a desaparecer. Incluso se puede perder la sensación de tener un cuerpo. Los límites del cuerpo pueden desaparecer. Se te pueden saltar las lágrimas de alegría. Hay quien tiene, sencillamente, extrañas sensaciones físicas, tales como adquirir una forma espiral o una forma geométrica. Pero también puedes tener una sensación completamente diferente a las que se han descrito.

Movimiento corporal: psicokinesia
Cuando tienes una señal de movimiento físico, una parte del cuerpo (o su totalidad) se mueve o tiembla de algún modo. No es nada grave y no tiene por qué asustar. Es una señal de la presencia divina. Quizás se sacuda tu cabeza o se meza ligeramente. Puede que notes que la cabeza forma círculos o que se inclina en una dirección concreta. También se nota cómo se mueven las pestañas con rapidez. Los ojos pueden girarse hacia atrás en sus cuencas. Un brazo que se levanta un poco o que se mueve. Otras veces parece como si bailases. En ocasiones se puede sonreír o adoptar otra expresión facial. Algunos músculos parecen moverse por su cuenta. El cuerpo entero puede sacudirse, tener escalofríos o pequeños temblores.

4. Mensajes «hablados»
El cuarto objetivo de la sesión incursión es recibir y verificar los mensajes del Espíritu y pronunciar el mensaje de manera audible. Dicho mensaje puede ser una visión, un pensamiento o una sensación, que expresarás como si te lo estuviesen diciendo en tu interior.

Cómo se puede tener una incursión

Este libro puede ofrecer algunos pasos para ayudarte a tener tu propia incursión. Dado que todo el proceso de Divina Revelación se basa en el principio «pedid y se os concederá», tu incursión puede tener lugar, simplemente, pidiendo vivir la experiencia.

Permanece tranquilo y cómodo, haz una meditación profunda y, luego, pídele al Espíritu si es posible que tengas tu experiencia incursión. Empieza tu meditación rezando. Después, conforme vayas profundizando, irás pasando por diversos niveles de consciencia, paso a paso. Primero percibirás el entorno. Luego, empieza a prestar atención a tu cuerpo, a tu mente consciente y al subconsciente. Cuando estés listo, atraviesa la barrera (ese velo que te separa de la presencia divina). Tras ello, experimenta el Espíritu que hay en ti en forma de Yo superior.

Esta experiencia no consiste en un trance ni en el abandono del cuerpo. Es una meditación muy profunda en la que permaneces perfectamente despierto y alerta. Dirigirse a la puerta que te lleva a tu Yo superior puede ser muy inspirador o muy corriente. Tienes que sentir que has entrado en una meditación profundísima o no. Todo eso dependerá de tu carácter y de tus vidas pasadas.

Cuando estés en plena meditación, puedes invocar aspectos de Dios y de los maestros interiores, como el Espíritu Santo, Jesús, Yahvé, Krishna, Buda, Babaji, etc., para que te ayuden a recibir señales y mensajes del Espíritu. Si recibes una señal vibratoria, pregúntale su nombre. Y si, por el contrario, recibes el nombre, pídele una señal. Cuando tengas señal y nombre, piensa en el mensaje «Pide y se te concederá».

Lo más importante es dejarse llevar y dejar que el proceso tenga lugar a su aire. Si luchas contra el proceso o intentas forzarlo, la experiencia puede alargarse mucho. Debes proceder sin resistencias utilizando las oraciones sanadoras que aparecen en mi libro *Divine Revelation, How to Hear the voice of God* e *Instant Healing*. Esas oraciones ayudan a dejarse llevar y experimentar el proceso con facilidad. También puedes hacer profundas respiraciones o profundizar en tu corazón cada vez que te atasques en el proceso.

Puede que se te ocurra pensar: «Sé que no voy a ser capaz de relajarme. Esto va a ser muy difícil para mí. Me estoy pasando. Nunca tendré ese tipo de experiencias tan espirituales. Estoy haciendo el tonto sentado aquí sin moverme porque no pasa nada de nada».

Si tienes dudas, respóndete a la siguiente pregunta: *Incluso cuando tienes dudas en mente ¿eres capaz de pensar?* Cualquiera que sea capaz de pensar puede recibir mensajes divinos. Si eres capaz de pensar, puedes recibir un pensamiento del Espíritu. Es tan simple como fácil.

Es muy natural tener dudas sobre algo que nunca antes has hecho, pero ten por seguro que puedes tener tu experiencia de incursión. Sólo necesitas ganas de aprender. A unas personas les resulta más fácil que a otras, pero jamás he conocido a nadie que, teniendo ganas, no haya podido tener su experiencia de incursión.

Durante la incursión, la gente tiene sensaciones de felicidad, de alegría, de paz interior, de relajación profunda, de plenitud, de integración, de fuerza interior, se autoridad sobre sí misma y de autoconfianza. Por lo general es una experiencia emocional parecida a llegar a la casa de Dios y ser recibido con los brazos abiertos.

Puede que recibas un mensaje de amor incondicional y de aceptación especial para ti. El mensaje puede ser una experiencia visual que cuente una historia. Luego puedes expresar la visión con palabras, en voz alta. O puede que te llegue en forma de pensamientos o mediante palabras que puedes repetir conforme te van llegando.

Todo el que ha tenido la Divina Revelación ha tenido éxito recibiendo los cuatro objetivos de la sesión de incursión. Para más ayuda, usa la meditación que se especifica en la página 219 de este libro. Y te recomiendo que leas y estudies mis libros *Divine Revelation* y *How to Hear the Voice of God*. Sugiero también que te suscribas al mailing www.drsusan.org, donde te informaremos sobre nuestras clases. Puedes contactar con alguno de los profesores cualificados en www.divinerevelation.org/Teachers.html. Puedes conseguir una versión descargable de Divine Revelation Breakthrough Meditation en Mp3, o comprarlo en www.spiritualityproducts.com/secure/Order.html. Esta meditación también está disponible adjunta al libro *How to Hear the Voice of God*, que puedes comprar en www.amazon.com.

Desarrollar ESP

La mejor manera de desarrollar ESP es practicar con regularidad. Como cualquier otra habilidad, puedes dominarlas con dedicación. Aquí presentamos algunos ejercicios para ayudarte a desarrollar confianza en tus propias capacidades para abrirte al Espíritu y recibir mensajes claros de tu voz interior. Todo ello debe llevarse a cabo en un estado de meditación. Asegúrate de ir haciendo respiraciones profundas para permanecer conectado con el Espíritu mientras estás realizando estas prácticas. Antes de practicar, estudia los diez test del discernimiento espiritual, en el capítulo 16, presentados con más detalle en mis libros *Divine Revelation, How to Hear the voice of God*.

Mediante el hambre

Durante la meditación, cuando recibes un mensaje divino intuitivo, debes expresarlo verbalmente. Pero ¿cómo vas a saber lo que hay que decir? Si estás teniendo una visión, descríbela. Por ejemplo: «Veo cómo se abre un huevo, del que sale un pollito». Si estás teniendo una sensación, descríbela: «Paz», «Amor», «Mi cuerpo está desapareciendo», o lo que sea que estés sintiendo. Si estás oyendo palabras, repítelas tal cual, sin arreglarlas ni quererlas dotar de sentido. Al principio sólo oirás una palabra. Repítela en voz alta. Luego, dos palabras, y al final puedes escuchar una oración entera. Ésta es una poderosa forma de desarrollar tus habilidades ESP y la conciencia elevada.

Mediante la canción

Puedes pedirle al Espíritu que te cante. Quizás pienses que no eres capaz de cantar porque no se te da bien, pero deja que cante el Espíritu a través de tu garganta y verás cómo te sorprendes. Toma aire, abre la boca y deja que salgan los tonos. Al principio sólo saldrá una nota cada vez. Confía, porque ya irá saliendo una melodía.

Mediante la danza

Deja que el Espíritu baile con tu cuerpo. Pon una música que te guste. Levántate y deja que tu cuerpo sea un instrumento del Espíritu. Nadie te ve, así que déjate llevar. Baila como desees. No importa lo que bailes, deja que ocurra mientras estás conectado con el Espíritu.

Mediante la escultura

Deja que el Espíritu escriba con tus manos. Puedes usar lápiz y papel o un ordenador. Entra en contacto con el Espíritu y escribe desde tu alma. Verás que se pueden escribir hermosas expresiones poéticas típicas de genios de las letras de manos de gente completamente normal.

Mediante la pintura, el dibujo o la escultura

Tengas o no tengas esa habilidad artística, toma un papel y empieza a dibujar o pintar guiado por el Espíritu. O toma arcilla y comienza a modelar. Deja que tu Yo superior sea el artista. Deja tu mente en blanco para eliminar ideas preconcebidas sobre lo que es arte. Permanece conectado con el artista divino que llevas dentro.

Mediante la música

Si sabes tocar un instrumento, deja que tu músico interior toque a través de ti. Si no tocas ninguno, usa un tambor, un xilofón o cualquier otro instrumento de percusión. La música divina improvisada llega cuando prestas tus manos al Espíritu. La música de inspiración divina eleva tus vibraciones y serena el alma.

Psicokinesia espiritual

Psico significa «mente» y *kinesia,* «movimiento». La Psicokinesia es la habilidad para mover objetos con el poder de la mente y del espíritu.

Aprende a usar un péndulo, una ouija, varillas zahoríes, varillas L, corcho, etc., para recibir mensajes. Las instrucciones están en mi libro *The Power of Auras*. Cuando hayas aprendido lo básico, podrás dejar que el Espíritu responda a tus preguntas por este medio. Asegúrate de estudiar los diez test del capítulo 16 y úsalos con precaución.

Mirar al espejo

Por la noche, cuando se apaguen las luces, siéntate en una silla a unos 2 metros de un espejo. Cierra los ojos y realiza unas cuantas respiraciones profundas mientras prestas atención a cada parte de tu cuerpo, separada y progresivamente, desde la planta de los pies hasta la coronilla.

Luego abre los ojos poco a poco y mírate la frente con detenimiento. Deja que tus ojos se relajen como si mirases un dibujo con objetos 3D. Relaja más los ojos y mira más allá de tu propia imagen, como si quisieras ver algo que está más allá de tu imagen. Conforme te vayas concentrando, verás que el espejo va cambiando, o casi desaparece o se va volviendo negro. El caso es que, poco a poco, irán apareciendo otras caras, como si otras caras se fueran moviendo alrededor de tu imagen. Puede que veas luces o auras. Practica este ejercicio durante de 5 a 10 minutos. Puede ayudarte a desarrollar tus capacidades clarividentes.

Psicometría

Pide un objeto que haya estado en contacto con otra persona, como un reloj, por ejemplo. Cógelo con tu mano no dominante e intenta entrar en estado meditativo. Pídele a tu Yo superior que te mande impresiones, sensaciones, imágenes o mensajes sobre la persona a la que pertenece el objeto. Eso te ayudará tanto con la clarividencia, como con la clariaudiencia y la clariesencia.

Por qué seguir la guía interior

Puede que pienses que está muy bien tener un guía interior y dejar que el Espíritu te lleve. El único inconveniente de hacerle preguntas al

Espíritu es que tendrás una respuesta. Y si no te gusta o no quieres escuchar dicha respuesta, entonces tendrás un problema. Seguir la guía interior significa escuchar la voz del espíritu y seguir los consejos que te da.

Es fácil comunicarse con el Espíritu. Sabemos lo que tenemos que hacer porque se lo preguntamos. Sus mensajes, además, son claros. Lo verás en el capítulo 16 y en mis libros *Divine Revelation* y *How to Hear the Voice of God*. Lo más difícil es confiar en lo que te ha llegado y seguir realmente sus indicaciones.

Es todo un reto porque tu Yo superior quiere que evoluciones lo más rápido posible. Para que ello ocurra, debes salir de tu zona de confort y rasgar el velo. Si realmente estás deseoso de conseguirlo, tu yo superior te ayudará.

Seguir tu guía interior es como saltar desde un acantilado. Tienes que aprender a volar muy rápido. Puede ser la mayor aventura de tu vida o la más difícil de todas. Pero con confianza en el Espíritu y un poco de actitud, tu vida puede gozar de un enorme poder, energía, magnificencia y gloria. Sólo necesitas un poco de fe para seguir a tu guía interior, con el Espíritu como consejero.

En el siguiente capítulo, aprenderemos a abrir el Tercer Ojo mediante la meditación y sabremos cómo recibir la experiencia de incursión.

CAPÍTULO 15

LA EXPERIENCIA DE INCURSIÓN

La contemplación de la belleza con el ojo del alma
no ilumina imágenes bellas, sino realidades
(porque no procede de una imagen, sino de una realidad)
e ilumina y nutre la virtud para poder llegar a ser
amigo de los dioses e inmortal,
si es que el hombre mortal puede serlo.

PLATÓN

Practicar la meditación es la forma más eficaz para abrir el Tercer Ojo y para, por otra parte, transformar tu vida de manera potente y positiva. En este capítulo aprenderemos que la meditación limpia, cura, despierta y abre el Tercer Ojo. Son meditaciones profundas y guiadas, que se practican siguiendo las instrucciones que presentamos a continuación.

Lee en voz alta lo que sigue sobre la meditación, lentamente y con mucha tranquilidad, mientras grabas tu voz en un Mp3 u otro dispositivo. Puedes hacer un CD o un Mp3 en el ordenador, o en un dispositivo pequeño que lleves contigo o en el aparato que prefieras. De este modo, tu propia voz te irá guiando en la meditación.

Puedes meditar sentado en una silla, tumbado, en la cama o en cualquier lugar que te parezca cómodo. Las instrucciones más importantes para la meditación son las siguientes:

1. Estar cómodo.
2. No tener tensiones ni hacer ningún esfuerzo.
3. Dejarse llevar y seguir las instrucciones que indicamos.

Otros detalles sobre la meditación se pueden encontrar en mis libros *Exploring Meditation, How to Hear the Voice of God* y *Divine Revelation*.

Visualización del pilar de luz

La visualización te ayudará a crear una potente esfera de protección divina. Mucha gente se imagina una esfera, una burbuja o una columna de luz que la rodea y protege. Vamos a mostrar una forma de visualizar la protección divina, incrementar la energía y sentirse ligero y renovado:

Cierra los ojos e imagina una hermosa esfera de protectora luz divina, del color que prefieras (blanca, dorada, violeta, rosa o como quieras) sobre tu cabeza. Luego visualiza un rayo luminoso que cae encima de ti, justo por la línea que atraviesa tu cuerpo, desde el centro del cráneo hasta las plantas de los pies. Visualiza dicho rayo vibrando, irradiando y expandiendo tus centros de energía, hasta llenar por completo tu campo de energía.

Esa hermosa luz llena tu campo energético con amor, invencibilidad y plenitud. Siente esa luz divina vibrando e irradiando a tu alrededor. Dicha luz va más allá de la belleza de tu campo energético para crear un pilar de luz divina que te hace fuerte, poderoso, energético. Di en voz alta «YO estoy divinamente protegido por la luz de mi ser».

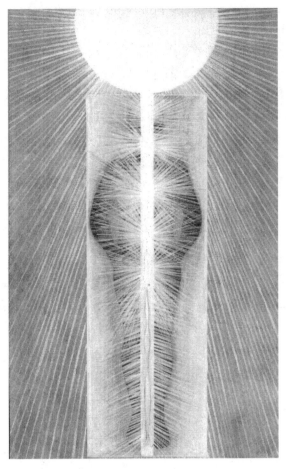

Visualización del pilar de luz.

Meditación Qigong del Tercer Ojo

Túmbate boca arriba cómodamente, con la cabeza sobre una almohada. Estira los brazos a lo largo de tu cuerpo con las palmas de las manos hacia arriba. Las piernas deben estar en una postura natural, con los pies separados a la altura de los hombros. Deja que tus pies se relajen.

Cierra los ojos mientras sigues mirando el área de tu Tercer Ojo. Cierra la boca de manera que los dientes queden dentro de la boca, pero que ésta no tenga presión. Pon la lengua en el paladar con la punta tocando los dientes superiores. Respira lenta y profundamente, hinchando tu vientre.

Luego, cuando inspires, imagina el genuino *chi* que sale de los cielos y penetra en tu Tercer Ojo hasta el centro de tu cráneo. Luego visualiza el *chi* irradiando desde tu cráneo hacia fuera, a través del Tercer Ojo, hasta llegar a una gran distancia (hasta los confines del universo, por ejemplo). Respira unas veinte veces. Después empieza a respirar de manera natural mientras visualizas un cielo sereno dominado por la belleza.

Cuando practiques esta meditación, tu cuerpo tenderá a moverse o a agitarse de algún modo. Se debe a que estarás recibiendo información del universo. A veces también pueden aparecer imágenes maravillosas en ese cielo visualizado. Si ocurre, no te alarmes. Es completamente natural. Esta meditación puede ayudarte a abrir el Tercer Ojo. Tranquilizarás tu mente, relajarás tu cuerpo y te quitarás de encima la fatiga.[1]

Meditación Trataka

La meditación Trataka o Tratakum es una práctica india que consiste en mirar un objeto. Es una forma tradicional de incrementar la capacidad de concentración y abrir el Tercer Ojo. Cuando miramos un objeto con los ojos abiertos, se llama Trataka. Cuando cierras los ojos y sigues viendo el objeto con la mente, es Saguna Dhyana (meditación con forma). Cuando vas más allá de la forma, el objeto desaparece de la mente y entras en Nirguna Dhyana (meditación abstracta). Con esta práctica puedes alcanzar *siddhis* y poderes espirituales.

Empieza mirando un objeto durante 2 o 3 minutos. Luego ve incrementando el tiempo gradualmente. Sé paciente, porque controlar el Trataka requiere una práctica sostenida. Si eres capaz de mantener la mente clavada en el objeto que miras, ya comenzarás a tener éxito.

Pero si tu mente empieza a vagabundear, sigue practicando hasta que seas capaz de permanecer atento al objeto observado.

Si te parece imposible fijar la mirada y la mente en un objeto durante el tiempo suficiente, con los ojos abiertos, y tras varios intentos, cierra los ojos y concéntrate en el punto que hay entre tus dos cejas. No fatigues tus ojos inútilmente intentando practicar Trataka. Si te sientes cansado, cierra los ojos y visualiza el objeto con la mente.

El Trataka mejora la visión, la capacidad de concentración, la fuerza de voluntad y la firmeza mental, la clarividencia, la capacidad para leer la mente, la salud espiritual y, además, te ayuda a desarrollar poderes psíquicos. Ayuda a vencer el déficit de atención, la tendencia a la distracción y los problemas mentales. Estimula los lóbulos frontales del cerebro y abre el Tercer Ojo.

Mirar una vela

Uno de los objetos más empleados en la meditación Trataka es la vela. Las velas de cera de abeja natural no son tóxicas y duran mucho más que las de parafina. Mejor aún, puedes elaborar una con algodón natural y aceite, encendiendo la mecha.

Cómo practicarlo

Vístete cómodamente, que no te apriete ninguna prenda. Siéntate de manera confortable en un lugar tranquilo y silencioso, con una temperatura agradable. Coloca una vela a unos 2 metros de ti, con la llama a la altura de tus ojos.

Haz tres respiraciones profundas con el abdomen. Después respira de la manera habitual. Inspira y espira por la nariz. Concéntrate en la llama y fíjate en la corona de luz que se forma alrededor de la llama durante un minuto. Si te viene algún pensamiento a la mente, no te resistas a él, intenta apartarlo o acógelo directamente. Tan sólo imagina que se quema en la llama.

Fíjate en el área que hay justo debajo del extremo más caliente de la llama, donde se ve una zona oscura, donde coexisten luz y oscuridad. Concéntrate en esa zona durante otro minuto más, intentando, en la medida de lo posible, no parpadear.

Mira la llama y su luz sin pretender tener alucinaciones ni ver nada en ella. Imagina que la llama entra en ti a través de los ojos, iluminando tu ser interior.

En algún momento los ojos pueden comenzar a llorar. Ciérralos y sigue mirando la llama en tu mente, con el Tercer Ojo, y mírala el mayor tiempo posible. Al principio verás que sólo es la impronta de la imagen real, pero luego se irá convirtiendo en una imagen inmaterial, propia del Tercer Ojo.

Cuando la imagen se borre, mantén los ojos cerrados, frota las palmas de las manos como si quisieras entrar en calor y luego ponlas sobre tus ojos, sin tocártelos. Respira lenta y profundamente unos segundos.

Mirada al horizonte

Practica la meditación Trataka fijando la mirada en un punto del horizonte (dentro o fuera de casa) y abre tus ojos todo lo posible. Respira larga y profundamente mientras te concentras en la respiración y el *prana* que fluye a tus ojos. Continúa mirando sin parpadear durante 2 minutos. Realiza una profunda respiración, cierra los ojos y concéntrate en el flujo de *prana* durante 30 segundos más. Este ejercicio incrementa el *prana* en los ojos y en el Tercer Ojo.

Mirada a las estrellas

Túmbate en el exterior durante la noche y mira alguna estrella brillante o la luna, si está llena. Respira profundamente con el abdomen y continúa mirando a ese punto, intentando no parpadear, durante 2 minutos. Vuelve a respirar profundamente, cierra los ojos y concéntrate en el flujo de *prana* durante 30 segundos más.

Abre los ojos y continúa mirando a la estrella o la luna. Poco tiempo después, empezarás a ver colores distintos o un solo color. A veces, las estrellas circundantes desaparecerán de tu vista. Quizás veas dos o tres lunas o bien la luna desapareciendo por completo.

Mirada al Ser Divino

Figuras de santos o de divinidades pueden usarse también como objetos para la meditación Trataka. Si miras a una santidad o una deidad, puedes embeberte de sus sagradas cualidades. Recomiendo que practiques con diferentes imágenes para poder absorber distintas virtudes. Utiliza una imagen de divinidad cuyos ojos tengan luz. Una imagen con una mirada neutral y directa puede curarte y conectarte con tu Yo superior. Si practicas esta meditación, conseguirás una consciencia elevada a través de la gracia del santo o de la deidad.

Cómo practicar

En una habitación con una temperatura agradable, coloca una fotografía de un santo o de un dios a unos dos metros de ti, al nivel de tus ojos. Pon una o dos velas frente a la imagen para que la veas con claridad.

Siéntate cómodamente, abre los ojos, pero si forzarlos, y mira a los ojos a la divinidad que tienes delante. Mira intentando no parpadear en la medida de lo posible. Mantén el cuerpo y la mente relajados, de manera que tu respiración se ralentice y se vuelva más refinada. Mientras miras a los ojos de la divinidad, fíjate en la luz y el *prana* que emana de ella. Imagina que viajas mentalmente a través de la imagen hacia su fuente de luz.

Mira la imagen durante 2 minutos mientras te concentras en la luz de los ojos. Cada vez que te lagrimeen los ojos, ciérralos y visualiza los ojos divinos con tu Tercer Ojo.

Aquí presentamos otras meditaciones Trataka que puedes practicar:

Punto negro: coloca un punto negro en una pared de color o pinta una marca en un papel, colgándola luego en la pared.

OM: coloca la letra sánscrita *OM* (#) en un papel y cuélgala en la pared.

Cielo: cerca del amanecer o del ocaso, túmbate en el exterior y escoge un punto del cielo para mirar. Mira fijamente. Con la práctica de esta meditación conseguirás recibir mucha inspiración.

Punto entre cejas (Bru Madhya): fija la mirada en el espacio que hay entre las cejas.

Nariz o dedos: fíjate en la punta de tu nariz o en los dedos de los pies cuando vayas caminando, en lugar de fijarte en cosas y ruidos externos.

Ajna chakra: con los ojos cerrados, mira en el centro de tu cabeza, en el área de la glándula pineal.

Sol: si tienes la ayuda de un maestro de yoga, mira el sol al alba y al ocaso. No intentes hacer esto sin la guía de un experto, porque podrías dañar seriamente tus ojos.

Meditación profunda para abrir el Tercer Ojo

La práctica de la Divina Revelación ® es una poderosa forma de abrir el Tercer Ojo y desarrollar la clarividencia, la clariaudiencia y la clariesencia. En el capítulo 14 aprendimos lo necesario sobre la Divina Revelación. En este, podrás practicar un tipo de meditación que te llevará a una experiencia de incursión.

Una de las formas de conseguir tu incursión es hacer un taller o sesión con un maestro cualificado. Sea como fuere, podrás identificar tus nombres interiores y señales, y recibir mensajes interiores con una simple meditación: simplemente te sientas, cierras los ojos, haces unas cuantas respiraciones profundas, te pones cómodo y sereno y, una vez concentrado, entonces PREGUNTA.

PREGUNTAR es la clave. De hecho, toda la metodología de la Divina Revelación está basada en un principio único: «Pregunta y te será respondido».² Si preguntas recibirás señales. Preguntando recibirás el nombre interior, la curación, la bendición, la respuesta a tus preguntas. ¡Tú PREGUNTA!

Lo que sigue son instrucciones de meditación para que te ayuden a recibir los nombres divinos interiores, señales y mensajes. Antes de intentarlo, estudia el resto de este libro y aprende a usar los diez test de discernimiento espiritual del capítulo 16 y de los capítulos 8 y 9 de mi libro *How to Hear the Voice of God*, así como los capítulos 12 y 13 de mi libro *Divine Revelation*.

1. Empieza con una oración
Habla en voz alta con una oración como ésta, por ejemplo:

> Reconozco que hay un poder y una presencia en el Universo, Dios de bondad, omnipotente en sí mismo. Yo soy uno con dicho poder y en presencia de ese Dios. Reclamo mi perfecta señal divina y mi mensaje para que lleguen a mí ahora, en el momento oportuno. Pido a (nombre de la divinidad invocada) que me mande una señal y un mensaje divino. Libero ahora los bloqueos aparentes que me han impedido recibir mi señal divina y perfecta. Me deshago de todas las ideas que me separaban de Dios y dejo de pensar que Dios está fuera de mi alcance. Acepto y doy la bienvenida con los brazos abiertos a ese contacto perfecto y divino con Dios. Gracias. Así sea.

En el espacio subrayado de arriba, escribe el nombre de una divinidad que te guste, con la que te sientas cómodo. El «nombre interior» es algo que se explica en la página 220 de este libro.

2. Respira profundamente
Respira lenta y profundamente. Llena todo tu cuerpo con tu propia respiración. Respirar lenta y profundamente es esencial para conseguir

una señal o un mensaje. Inspira y espira con suavidad hasta que te sientas relajado, concentrado y equilibrado.

Con cada respiración profunda, imagina, a medida que vayas expulsando el aire, que vas penetrando en tu cabeza y en tu corazón. Respira varias veces hasta que te sientas muy relajado. Después, recupera la respiración normal.

3. Relaja tu cuerpo

Di en voz alta «Ahora abandono mi entorno externo y entro en los más profundo de mi nivel físico». Permanece atento a tu cuerpo. Identifica las tensiones, si las hubiera, el dolor o cualquier otra sensación; presta atención hasta que todas las sensaciones desaparezcan. Si lo prefieres, imagina que vas relajando cada parte de tu cuerpo por separado, empezando por los dedos de los pies y acabando en la coronilla. Respira profundamente más veces. Penetra en tu cabeza y en tu corazón más profundamente cada vez que espires y ve profundizando.

4. Relaja tu mente consciente

Di en voz alta «Ahora me relajo y seré consciente de mi mente consciente». Centra la atención en tu mente. Imagina que tu mente está serena y en paz, como un estanque tranquilo sin ondas, o como la llama de una vela que no tiembla. Haz más respiraciones profundas. Penetra en tu cabeza y en tu corazón y déjate llevar con cada respiración.

5. Relaja tu mente subconsciente

Di en voz alta «Ahora relajo el nivel de mi mente subconsciente». Empieza a prestar atención a tu mente subconsciente. Entra en un estado de relajación profunda, al tiempo que conectas con los niveles más profundos de tu mente, ése que está por debajo de los pensamientos y las emociones. Realiza unas cuantas respiraciones más y relájate más para entrar en un nivel más profundo. Penetra en tu cabeza y en tu corazón cada vez que espires, hasta que conectes con el Espíritu.

6. Conecta con el Espíritu

Ríndete a la amorosa presencia divina, sea cual sea tu forma de creer en algún tipo de divinidad o fuerza superior, en un estado de unidad y plenitud, profundamente relajado, expandido, pletórico de perfecta paz. Si no estás en ese estado, continúa respirando consciente y profundamente o utiliza las oraciones apropiadas presentes en el capítulo 7 de *How to Hear the Voice of God* y en el capítulo 10 de *Divine Revelation*.

7. Pide tu señal

Di en voz alta «Invoco a (nombre de la divinidad) para que me mande su divina señal ahora. Con más potencia, con más potencia, con más potencia».

8. Déjate llevar y déjate en manos de Dios

Realiza otra respiración profunda. No hagas nada, haz menos que nada. No busques que pase nada, no busques la señal si no llega. Mantén una actitud neutral en un estado de no ser. Eso significa dejarse llevar y ponerse en manos de Dios para que sea él quien haga lo que tenga que hacer. Éste es el programa de «no hacer nada». Abandónate completamente. No hagas absolutamente nada.

9. Reconoce y verifica tu señal

Podrás ver, oír, degustar, oler o sentir alguna cosa, o ser un cuerpo en movimiento. Tu señal llegará de alguna de estas formas. Si no te llega una señal clara, vuelve al paso 2 y repite el procedimiento.

Una vez hayas reconocido la señal con claridad, entonces di algo en voz alta, como, por ejemplo: «(nombre de la divinidad) si la señal que he identificado como (describe la señal) es tu señal, ruego me la mandes con mayor potencia ahora». Percibirás la señal más fuerte cuando se lo pidas a Dios. Pero si disminuye o desaparece, vuelve al paso 2 y repite el procedimiento.

10. Pide tu mensaje

Di en voz alta algo como: «(nombre de la divinidad) por favor, dime (tu pregunta) ahora». Haz preguntas y entabla conversación con tu Yo superior. Es necesario PREGUNTAR. Si no lo haces nadie te contestará.

11. Déjate llevar y déjate en manos de Dios

Realiza otra respiración profunda. No hagas nada en absoluto. No intentes forzar la llegada del mensaje. Mantén una actitud neutral y abandónate por completo. Debes estar receptivo. Tal vez pienses que sólo estás haciendo preguntas pero, en cierto sentido, se debe a que tienes a la divinidad dentro de ti y tu Yo superior contestará las preguntas. Confía porque tendrás respuesta segura.

12. Da las gracias y regresa

Lentamente, ve saliendo de la meditación. Respira hondo y expulsa el aire por la boca, como si quisieras apagar una vela. Di algo como:

Doy gracias a Dios por esta meditación y por todo lo que he recibido (sopla la vela).

Ahora salgo del nivel del Espíritu hacia el nivel subconsciente, sabiendo que mi subconsciente ha sido aliviado con esta meditación (sopla la vela).

Ahora regreso al nivel de mi mente consciente sabiendo que mi mente es una sola con Dios (sopla la vela).

Ahora regreso al nivel de mi cuerpo físico sabiendo que mi cuerpo está en perfecto estado (sopla la vela).

Ahora regreso al nivel de mi entorno, llevándome todas las bendiciones que he recibido durante esta meditación.

Ahora sopla cuatro velas imaginarias más y recupera tu equilibrio interior y exterior. Después, di en voz alta:

ESTOY alerta, ESTOY despierto. ESTOY interior y exteriormente equilibrado. ESTOY divinamente protegido por la luz de mi ser. Gracias, Dios, y ASÍ SEA.

13. ¿Dificultades?

Si tienes dificultades con este procedimiento, entonces puedes:

- Usar la meditación de incursión de Divina Revelación, que puedes descargar en formato Mp3 en www.spiritualityproducts.com/secure/Order.html para ayudarte a recibir señales y mensajes.
- Leer el resto de este libro y estudiar los diez test del discernimiento espiritual, del capítulo 16. Lee mis libros *Divine Revelation* y *How to Hear the Voice of God*. Estudia y aprende, y usa los diez test de este libro.
- Lee *Divine Revelation* y usa el procedimiento de meditación del capítulo 8 y las oraciones sanadoras del capítulo 10.
- Contacta con un maestro cualificado en Divina Revelación y verifica tus nombres y señales interiores. Para obtener una lista de maestros cualificados, entra en www.divinerevelation.org/Teachers.html.

En el siguiente capítulo, aprenderás los diez test de discernimiento espiritual, esenciales para tener una intuición y una guía interior claras.

CAPÍTULO 16

NAVEGAR CON SEGURIDAD
POR LOS REINOS INTERIORES

Hay una sabiduría propia de la cabeza…
Hay una sabiduría propia del corazón.

CHARLES DICKENS, *Tiempos difíciles*

Abrir el Tercer Ojo ¿es una práctica segura? ¿Cómo se puede saber que la señal o el mensaje que se recibe son algo real y no un producto de la imaginación? ¿Se puede identificar quién o qué te está proporcionando esas experiencias sutiles o esa guía interior?

En la actualidad está de moda el tema del desarrollo psíquico. Hay mucha gente que se llama vidente, médium, sanador o cualquier otra cosa semejante. Algunas personas están abiertas a planos interiores, contactan con guías, ángeles y otros mensajeros. Pero abrirse indiscriminadamente al mundo interior es tan peligroso como invitar a desconocidos a casa.

¿Le abrirías la puerta a un extraño? Pues eso es, exactamente, lo que hacen algunos jugando con el ocultismo sin discernimiento. Si nunca se te ocurriría abrirle la puerta a un vagabundo, ¿por qué abres las puertas interiores sin saber con quién estás contactando?

Llegar a ser espiritualmente pillín

Eres una persona lista cuando estás en tu casa y en tu entorno. Sabes cómo tienes que moverte por las calles y por el metro. Va siendo hora de que aprendas a ser listo en la práctica de una espiritualidad sana cuando visitas los reinos interiores. Tienes que conocer el territorio siguiendo el mapa de carreteras hacia tu vida interior. Consigue un auténtico discernimiento espiritual.

Hay gente que dice «Yo capto mensajes intuitivos y oigo voces interiores cada día. No sé quién me habla pero hago lo que me dicen». ¿Es eso inteligente? No hay que ser un genio de la ciencia para comprender que seguir las indicaciones de no se sabe quién, oyendo voces en la cabeza, no sólo es confuso, sino también muy peligroso.

Todo lo que necesitas es profundizar en ti mismo. Si quieres confiar en el poder divino y en el Espíritu para que te guíen, no debes seguir las indicaciones de los extraños. Ésa es la gran diferencia entre la auténtica voz del Espíritu y cualquier otra cosa que haya en tu mente. Puedes aprender a ver la diferencia.

Este capítulo te ayudará a distinguir las voces interiores e identificar la fuente de tus mensajes intuitivos. Te facilitamos diez formas para averiguar si tu intuición es genuina y si procede de una fuente divina.

Los mensajes pueden venir de

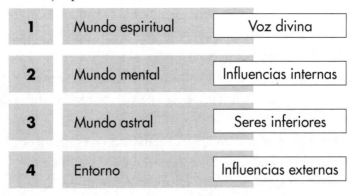

1	Mundo espiritual	Voz divina
2	Mundo mental	Influencias internas
3	Mundo astral	Seres inferiores
4	Entorno	Influencias externas

Los cuatro reinos.

Tus mensajes interiores proceden de uno de los cuatro planos básicos de existencia:

Plano divino

Éste es el primero y auténtico reino divino. En este nivel, el Espíritu te habla directamente. Puedes contactar con varios aspectos de tu Yo superior u oír la voz de ángeles, arcángeles, profetas, santos, divinidades y otros seres de luz. Tus seres queridos ya desaparecidos pueden introducirse en esta luz y comunicarse contigo desde su plano espiritual.

Plano mental

El segundo plano es el mundo mental, donde se almacenan todas las experiencias pasadas. Aquí puedes conectar con tu subconsciente y con el inconsciente colectivo: memorias, sistemas de creencias, costumbres, condicionamientos y lavado cerebral de los padres, la Iglesia, la escuela, los compañeros, la sociedad, los medios de comunicación y un largo etcétera. Puedes encontrarte con todos estos depósitos mentales y confundirlos con el Espíritu. ¡Puedes creer que estás escuchando la auténtica voz divina o recibiendo revelaciones divinas cuando, en realidad, eres tú quien se habla a sí mismo!

Plano astral

El plano astral contiene espíritus atados a la tierra y entidades astrales, es decir, gente que ha muerto, pero, por razones diversas, no se dirigen hacia la luz. Son entidades descarnadas que no están en el plano espiritual que les correspondería y que ya no tienen cuerpo. Algunas de ellas vagan por la tierra intentando comunicarse con los vivos. En ocasiones son espíritus estafadores que pretenden ser «elevados» y te proporcionan nombres rimbombantes. En este caso también puedes entrar en contacto con ellos y confundirlos con la divinidad.

Entorno

El cuarto plano es el entorno. Puedes encontrarte con los pensamientos de la gente que te rodea, leer sus mentes o captar los pensamientos generales que van flotando por el ambiente. Puedes ver la historia de la humanidad, del planeta, que está almacenada en la densa nube mental que cubre la Tierra. Por eso puedes creer, falsamente, que se trata del Espíritu que te habla cuando lo que estás haciendo es leer la atmósfera mental que te rodea.

Si tu Tercer Ojo está abierto, no significa, de manera necesaria, que estés de continuo en contacto con un elevado nivel de consciencia. Puedes utilizar los sentidos sutiles para ver, oír y sentir el contacto con cualquier plano de existencia. Considerando que puedes recibir mensajes de muchos planos distintos, ¿no sería prudente ser espiritualmente pillín y aprender a practicar una espiritualidad sana y segura?

No es oro todo lo que reluce

El principal motivo por el que puedes tener problemas, a la hora de identificar qué o quién está contactando contigo para enviarte un mensaje interior, es que no estás entrenado para reconocer la voz divina.

La mayoría de religiones no son capaces de ayudar a la gente a tener este tipo de experiencias ni a distinguir lo real de lo irreal, aunque quieran hacerlo. Muchos líderes religiosos no saben hacerlo ni ellos mismos. Entonces, ¿cómo van a enseñar nada a nadie?

Incluso en la comunidad metafísica, la enseñanza del discernimiento es rara. Sin embargo, mucha gente aprende a abrirse a otros planos sin que nadie les haya enseñado a discernir en qué nivel están o qué o quién se está comunicando con ellos.

Ha llegado el momento de aprender a practicar una espiritualidad segura. Propongo diez maneras de distinguir entre la verdadera voz del Espíritu y «otras voces» en tu mente. Estos diez test te ayudarán a recibir mensajes. Con estas preguntas, no puedes equivocarte. Por favor, estudia estos test con más detalle en mis libros *Divine Revelation* y *How to Hear the Voice of God*.

TEST DE DISCERNIMIENTO ESPIRITUAL

TEST 1	Test de la experiencia
TEST 2	Test del conocimiento interior
TEST 3	Test del desafío
TEST 4	Test del nombre
TEST 5	Test de la señal
TEST 6	Test del permiso
TEST 7	Test de la consciencia
TEST 8	Test de la calidad de la voz
TEST 9	Test de la calidad del mensaje
TEST 10	Test del resultado

Los diez test.

Test 1: test de la experimentación

«*¿Cómo te sientes?*»

Cuando entras en contacto con el auténtico plano espiritual te sientes feliz, alegre, protegido, seguro, satisfecho, contento y amado. Nadie podría intimidarte ni asustarte ni ponerse ansioso, ni plantearte conflictos ni dudas. Así se percibe el Espíritu. La experiencia de unicidad y plenitud es lo más importante de los diez test porque no puede falsearse por parte de ninguna entidad astral.

En ocasiones, la gente recibe una intuición divina, pero, inmediatamente después, se perciben emociones feas como reacción. La sensación puede ser de haber conectado realmente con el Espíritu pero luego tiene miedo, confusión, dudas u otras sensaciones negativas que la llevarán a saber que no está teniendo una auténtica experiencia divina.

Test 2: test del conocimiento interior

«¿Sé que esto es verdad?»

Sabrás que lo sabes más allá de toda duda. Sencillamente *lo sabrás.* Cuando el Espíritu te habla, experimentas una certidumbre y una convicción aplastantes. Lo sabrás sin saber cómo lo sabes.

¿Alguna vez has tenido remordimientos del tipo «Debería haber hecho tal cosa ¿por qué no hice caso de mi corazonada?»? Es tu sabiduría interior la que te hace preguntarte eso. Pero cuidado, porque las sensaciones interiores no tienen nada que ver con las «ilusiones», que es lo que ocurre cuando se desea mucho una cosa y te acabas convenciendo de que está pasando.

Test 3: test del desafío

«¿Vienes en nombre de Dios?»

Si un extraño llama a tu puerta, primero le preguntas quién es y qué quiere. Lo mismo pasa cuando se recibe un mensaje interior, primero hay que preguntarle al mensajero: «¿Vienes en nombre de Dios?» o «¿Vienes en nombre de Cristo?». Si no lo ves claro y no estás del todo seguro, es que te está hablando una entidad astral. Envíala, entonces, hacia la luz, usando la oración de curación astral que se muestra más adelante. Luego vuelve a preguntar «¿Vienes en nombre de Dios?» y sigue así hasta que la respuesta sea un sí inequívoco.

Invariablemente, los estudiantes preguntan qué ocurre si la entidad del plano astral nos miente y nos engaña. Puedo decir, desde mi experiencia, que las entidades astrales mienten de manera sistemática, pero, a esta pregunta concreta, formulada como he dicho, nunca me han mentido. Lo que suelen hacer, por ejemplo, es rehuir la cuestión. En este caso, utiliza inmediatamente la oración de curación astral.

Algunos maestros sugieren que debe preguntarse algo como: «¿Vienes de la luz?». Yo no lo recomiendo porque esa pregunta tiene trampa. ¿A qué luz nos estamos refiriendo? ¿A una bombilla de 40 w, a un fluorescente, a las llamas del infierno, a un led?

Ésta es la oración de curación astral que debe recitarse en voz alta, con fuerza y convicción, cuando no tengas claro el sí a tu pregunta.

Tú, que estás sanado y perdonado de todo mal, te elevas en el amor. Ahora estás unido a la verdad de tu ser. El amor divino y la luz infinita te rodean y te invaden. Las vibraciones de la Tierra ya no te atan. Invoco al Espíritu Santo para que te lleve al lugar de perfección. Estás bendito, perdonado, entregado al amor, a la luz y a la plenitud del Espíritu Universal. Estás bendito, perdonado y entregado al amor, a la luz y a la plenitud del Espíritu Universal. Te elevas en la luz divina. Te elevas en la luz divina. Te elevas en la luz divina. Ve en paz y amor.

Examina mis libros *Divine Revelation* y *How to Hear the Voice of God*, así como *The Power of Auras* para más información sobre las entidades astrales y la curación astral.

Test 4: test del nombre
«¿Cuál es tu nombre?»

Cuando un extraño llama a tu puerta le preguntas quién es antes de abrirle. Cada ser de luz tiene un nombre y se lo podemos preguntar. Incluso Dios tiene un nombre. Para nosotros, el nombre de Dios es DIOS. Cada aspecto de tu Yo superior y cada deidad, cada maestro, cada ser angelical tienen nombre. Pero tienes que tener cuidado con los espíritus burlones que te dan nombres rimbombantes para impresionarte y que les hagas caso. Tampoco te sorprenda si una entidad se niega a darte su nombre. En ese caso no lo dudes: mándala a la luz mediante la oración de curación astral.

Test 5: test de la señal
«Dame una señal»
La señal es la forma que tienes de entrar en contacto con un aspecto particular del Espíritu. Cada nombre interior tiene una señal única, concreta, que se asocia a él. Por ejemplo, la virgen María podría llegar a ti mediante una señal consistente en una luz rosa en el corazón, pero a otra persona le llegará una sensación de calor en las manos. Una tercera persona reconocerá a María con el sonido de un arpa. Pero cada uno de vosotros, cada vez que entréis en contacto con María, obtendréis la misma señal que en las veces anteriores. Del mismo modo, cada ser de luz que contacte contigo tendrá siempre su señal única y personal, su manera específica de contactar contigo será siempre la misma para ti. Cuando estés recibiendo una intuición divina clara, la señal debe estar presente. Cuando la señal desaparece indica que el mensaje también se ha acabado. Léase más sobre las señales en las páginas 219 a 222.

Test 6: test del permiso
«¿Me das permiso para preguntar?»
Antes de preguntar algo en particular a tu Yo superior, empieza preguntando:

1. ¿Tengo suficiente sabiduría como para hacer esta pregunta?
Puede que no te den permiso en los siguientes casos: 1. que estés buscando fortuna; 2. que estés preguntando frivolidades; 3. que la pregunta sea inadecuada; 4. que no estés preparado para la respuesta; 5. si la forma de proponer la cuestión no permite al Yo superior contestar. En mi libro Divine Revelation hay un capítulo entero dedicado a la forma de plantear las preguntas.

2. ¿Tengo suficiente capacidad para recibir una respuesta clara y comprensible?

Es casi imposible entender una respuesta sobre mecánica cuántica, incluida su fórmula, si no se es físico, o cómo resolver una complicada ecuación si no se es matemático. En estos casos, no te darán permiso, sobre todo si tus habilidades intuitivas no están muy desarrolladas.

3. ¿Me das permiso para hacer esta pregunta?

Si te metes en los asuntos de otra persona o preguntas por algo que no te importa, es comprensible que no te den permiso para preguntar.

Test 7: test de la consciencia

«¿Estoy alerta?»

Tienes que estar despierto, consciente y alerta cuando entras en contacto con el ser divino. No puedes abandonar tu cuerpo y esperar que «algo tome el control». No tendrás lapsus de memoria. La única forma de recibir mensajes divinos estando inconsciente es cuando estamos dormidos y soñamos.

Abandonar el cuerpo y ceder el control a otro, como un mentalista o un médium, es una práctica muy peligrosa. Puede fracturar el equilibrio cuerpo-mente, causar enfermedades mentales e incluso la muerte prematura. Los médiums tratan de impresionar a la gente diciendo: «No recuerdo lo que ha pasado mientras cedía mi cuerpo». Pero ¿qué es lo realmente impresionante? ¿Abandonar el propio cuerpo para que un desconocido entre y dejar que abuse si quiere?

Test 8: test de calidad de la voz

«¿Suena esa voz natural?»

La voz que oyes con tu oído interior debe sonar como cualquier otro pensamiento en tu cabeza. Si dices algo en voz alta, sonará normal y natural. No hablas con un acento extraño ni con una voz rara, y tampoco harás gestos feos ni teatralizarás. El verdadero Espíritu habla normal, con tu voz, tu lenguaje y tu acento.

Hay diversas razones posibles para que aparezcan entidades que hablan con acentos raros. Puede que sean entidades astrales del plano más bajo; éstas suelen montar mucha parafernalia. Pero también puede ser una construcción de nuestra propia mente cuando desconfiamos de nuestra capacidad para recibir mensajes. Claro que también puede que alguien tenga la rara habilidad de dejar que un fantasma se meta en su cuerpo y hable con el acento que tenía en vida.

Supongamos que llegan entidades con acentos raros. ¿Qué es lo que nos llama la atención de ese acento? ¿Necesita Dios hablar raro? ¿O Dios habla con cariño, con suavidad, poéticamente y de manera sencilla, como Jesús hablaba con las palabras simples que recibía del Espíritu?

Test 9: test de la calidad del mensaje
«¿Es un mensaje de verdad?»

Un verdadero mensaje del Espíritu resulta de ayuda, de aliento, de sanación; es relevante, práctico, simple, dulce, inspirador y no juzga a nadie. La voz divina no es coercitiva ni intimida con frases del tipo «¡Si no vas a misa irás al infierno!» o «Tal religión es la única vía hacia Dios». Nunca juzga con expresiones como «¡Serás castigado por tus pecados!» o «¡Estás sujeto al karma!».

El Espíritu divino no va repitiendo profecías escritas en piedra. Nunca te pedirá que te dañes a ti mismo ni a nadie. Sus mensajes no dan miedo, no producen ansiedad ni depresión, no provocan ningún sentimiento negativo. Nunca pone condiciones ni pide nada a cambio, ni sentencia cosas como «Sólo leyendo la Biblia irás al cielo». Premio y castigo no son concepto de la verdad divina.

Las entidades astrales pueden intentar impresionarte con mensajes complicados y grandilocuentes. Algunos pueden pensar que no entienden el mensaje porque es «demasiado elevado». Mucho cuidado con las cosas ininteligibles, con mensajes que contengan frases como «El séptimo rayo de la quinta jerarquía, en el noveno sector de la comisión cósmica, pertenece al comando ashtar».

El Espíritu te animará a que tomes tus propias decisiones y a que seas responsable de tu vida. No te adulará. Por desgracia, los humanos tenemos el punto débil de la susceptibilidad a la adulación. Por eso, las entidades del bajo astral consiguen controlar a la gente, y por eso muchos falsos gurús mantienen a sus discípulos bajo control. No te fíes de mensajes como «Eres uno de los escogidos», «Tienes una alta misión que llevar a cabo» o «Eres especial e incomprendido».

Test 10: test del resultado

«¿Me siento lleno de energía?»

Inmediatamente después de recibir un verdadero mensaje de una voz divina, te sentirás pleno, feliz, relajado, confiado, lleno de energía y muy motivado. Si te sientes sin fuerzas, vacío, triste, apagado, cansado o mustio, entonces tu mensaje procedía del plano astral. Éste es uno de los test más importantes porque las entidades astrales no pueden proporcionarte energía, sino quitártela, dado que no están en un plano divino.

Cuidado con tu mente subconsciente, que puede dar un salto tras haber recibido un mensaje divino y puede negar la experiencia entera. Eso sólo indicaría que has perdido el contacto con tu interior divino. Nunca niegues tu experiencia espiritual.

Si eres un psíquico, un sanador o algo por el estilo, te sentirás mucho más lleno de energía que en los días corrientes. Si te sientes agotado es porque estás utilizando la energía de tu ego en lugar de la energía espiritual para sanar o ayudar a los demás.

Déjate llevar y permite que el Espíritu trabaje por ti.

Cómo usar los diez test

Asegúrate de que tu mensaje haya pasado los diez test. Uno sólo no es suficiente. Si pasa los diez estarás seguro de que el mensaje provenía de la voz divina y no de otras fuentes. En realidad sólo se tardan ocho segundos en hacer los test. Sí, has leído bien. OCHO SEGUNDOS. Solamente dura el tiempo de hacer las preguntas: «¿Vienes en nombre de Dios?», «¿Cuál es tu nombre?», «Dame una señal» y «¿Tengo permiso para preguntar esto?». Los test se solucionan de manera automática.

En el siguiente capítulo podrás leer experiencias relatadas por otras personas que lograron abrir su Tercer Ojo.

QUINTA PARTE

:
·

La dicha
del Tercer Ojo

CAPÍTULO 17

EXPERIENCIAS DEL TERCER OJO

No es lo que miras lo que importa, sino lo que ves.

HENRY DAVID THOREAU

Este capítulo está dedicado a aquellos que con amabilidad me han escrito explicándome sus experiencias del Tercer Ojo. Algunas de las más motivadoras las he transcrito aquí.

La experiencia de la luz blanca

Melissa Drake Johnson, una diseñadora de joyas de Fayetteville, en Arkansas, describe su experiencia:

Me fui a la cama aquella noche. Estaba físicamente agotada y me sentía dolorida. Creo que la frecuencia de la energía funciona, así que empecé a llamar a la energía del arcángel Rafael para que me sanara la incomodidad y relajara la tensión de mi cuerpo. Estaba funcionando bastante bien, por lo que se me ocurrió llamar a la frecuencia sanadora de Cristo, y así lo hice.

Lo siguiente que sé es que dentro de mi cabeza algo despegó como en una pista de aeropuerto. Esa masiva presencia repentina de luz blanca en mi cabeza me cegó totalmente. Mi cuerpo se estremeció durante un minuto, más o menos.

Un sueño premonitorio

Michael Dimura, de Middlesex, Nueva Jersey, autor de *Between Heaven and Hell*, explica:

Desde muy pequeño estuve interesado en los fenómenos físicos y paranormales. Algunas veces percibía cosas antes de que ocurrieran, pero las descartaba como si fueran coincidencias. Hasta una noche de verano de 1994.

Empezaba un sueño en el que yo conducía por la noche en lo que parecía un túnel. No había nada delante de mí, sólo la más negra oscuridad. De repente vi dos luces que se acercaban a mí a gran velocidad. No tenía hacia dónde escapar y se iban acercando. Me desperté repentinamente justo antes de que los dos vehículos chocaran. Pensé que era una coincidencia, hasta dos noches más tarde.

Había dejado a mi novia en su casa y regresaba a mi domicilio alrededor de la medianoche. Giré por una callejuela que usaba de atajo entre las dos calles principales del pueblo, un atajo que había usado centenares de veces. De repente vi unas luces que se me acercaban y que parecían que estaban en mi mismo lado de la carretera. Recordé mi sueño. Miré alrededor y vi la retahíla de árboles altos a los lados. Hacían que la carretera pareciera realmente un túnel, igual que en el sueño.

Sujeté con fuerza el volante y giré con rapidez por una de las dos únicas calles que cruzaban con esa callejuela y salí de la inevitable colisión. Miré atrás y vi cómo pasaba el vehículo. Efectivamente, iba por el lado equivocado de la carretera. Conduje el resto de camino hasta casa bastante afectado por lo sucedido.

Desde aquella noche, siempre presto mucha atención a cualquier sueño o mala vibración que tenga, sea cual sea la situación.

La premonición de una tragedia nacional

Daryl Hajek, de Los Angeles, en California, autor de *Blood Blossom*, comenta:

Soy un hombre de 50 años y sordo. Soy clarividente desde la infancia, aunque no practico mis habilidades de forma consciente. De hecho, me ocurre de manera espontánea. Una experiencia particular fue la visión que tuve el 9 de septiembre de 2001, dos días antes de los ataques terroristas del 11 de septiembre.

Estaba tumbado en mi cama y cuando me dormí vi en el ojo de mi mente un avión golpeando repetidamente un edificio alto. La visión se repitió como unas diez veces antes de que me despertara. Me senté en el borde de la cama, asustado y sin aliento. Me llevó una hora poder volver a dormir.

Dos días mas tarde, el 11, mi madre vino a mi habitación llorando. Le pregunté si se había muerto el perro (teníamos un perrito de 15 años que había estado enfermo). Me dijo que no y me hizo señas para que me dirigiera al comedor. Señaló a la televisión y vi un edificio del que salía humo y otro al lado que estaba explotando.

En un primer momento no pude comprender qué estaba viendo. Pensé que el aire acondicionado había creado un cortocircuito y había explotado. Ella me explicó que dos aviones se habían estrellado contra los edificios. Tuve escalofríos y recordé la visión de dos noches antes. Me encontré fatal y casi vomito.

Entonces me invadió el pánico. No era una película, era la realidad.

La experiencia me dejó tocado durante meses. Me llevó mucho tiempo aprender a manejar una visión de ese calibre.

Visiones de los difuntos

Bryan Mattimore, un autor y consultor de marketing innovador de Stamford, en Connecticut, afirma:

Mi padre murió de cáncer cuando yo tenía 21 años. Poco después de su muerte, tuve varias experiencias espirituales profundas interiores con él, todas muy lúcidas (extremadamente reales, claras, más reales, en cierto sentido, que estar despierto y consciente en este plano físico).

En las primeras experiencias, yo estaba con él en un plano interno e intentaba convencerlo de que estaba muerto. Él estaba un poco desorientado con su transición a su nueva condición, y no podía entender por qué la gente en el plano físico no podía oír o hablar con él.

Al principio, cuando me desperté de estas experiencias, me sentía mal por decirle que estaba muerto, porque, por supuesto, en un plano interno no lo estaba. Pero luego me di cuenta de que estaba simplemente tratando de ayudarle a hacer la transición a su nueva vida. En la última experiencia que tuve con él, varios meses después de su muerte, ya se había establecido en un mundo interior y vivía en una casa pequeña, hermosa, en un lago azul de aguas cristalinas. Nos dimos un abrazo antes de irme.

Estas experiencias con él, por supuesto, hicieron que su paso fuera mucho más fácil de aceptar. Sí, me dolió, pero era maravilloso saber que estaba bien. Tuve una experiencia similar con mi amado setter Inglés, Clyde, quien, después de haber dejado este mundo, fue acompañado por un maestro interior hasta su próxima vida.

El desarrollo del Tercer Ojo

La Dra. Joy S. Pedersen, presidente de Express Success de Lakeland, en Florida, afirma:

El arcángel Miguel se me apareció pidiéndome que escribiera su libro, *Wisdom of the Guardian*, y que me uniera a él en una práctica de sanación. Yo le pregunté cuántos capítulos debía tener y él dijo que 22. Acepté. Empecé mi práctica usando un antiguo método de sanación espiritual llamado Ho'oponopono. Este método me ayudó a desbloquear los dones que tenía.

Durante las sesiones con mis clientes, empecé a notar que podía ver las causas ocultas de sus retos. Aprendí que podía conectarme y hablar con su alma. Ancestros, parientes, los ángeles y los maestros ascendidos comenzaron a comunicar sus mensajes a mis clientes a través de mí. Descubrí que podía ver la historia hasta el principio de los tiempos. Mis dones desplegados... o cómo yo me di cuenta de ellos gracias a los acontecimientos inspirados que me ayudaron a descubrirlos.

Diferentes hechos motivaron que fuera descubriendo dones específicos. Yo creía en la reencarnación y me invitaron a que experimentara mi propio pasado a través de un terapeuta de vidas pasadas. Después de la tercera sesión me di cuenta de que los recuerdos de vidas pasadas parecían estar ahí, debajo de la superficie. Ese descubrimiento abrió la puerta para que yo pudiera recordar de vidas pasadas en cualquier momento y sin un terapeuta. Años después, durante una sesión con un cliente, me di cuenta de que también podía ver sus vidas pasadas.

Creí que la experiencia de desvelar mis dones intuitivos y los sentidos supranormales vino a mí con el tiempo. Ahora la combino con la gratitud de poder servir a los demás.

Prácticas espirituales para despertar el Tercer Ojo

Acharya Sri Khadi Madama, autora, oradora y visionaria, de Toms River, en Nueva Jersey, describió su experiencia de la apertura del Tercer Ojo del siguiente modo:

En 1967, a los 19 años, tuve la gran suerte de conocer a mi maestra de yoga, Muriel Schneider, del linaje de la santa de la India, H. H. Sri Swami Sivananda Saraswati. Con ella mantenía charlas que acababan a primera hora de la mañana. Me senté fascinada a sus pies. Una de las primeras historias que escuché giraba en torno a «abrir el Tercer Ojo», del libro *El tercer ojo,* de T. Lobsang Rampa. Su historia, que ilustra la apertura del portal conectado con el chakra *ajna,* describió un pequeño trozo de madera que está siendo impulsado hacia un punto en la frente para forzar la apertura de esta puerta oculta.

Sin embargo, en realidad, la única manera de abrir este punto es mediante la alineación de una vida a la frecuencia más alta por la cual este chakra responde. Después de la intriga inicial de la historia, y aliviada de saber que no me iban a clavar nada en la frente, nos pusimos manos a la obra en la práctica de la apertura de este portal. Se logró mediante la construcción de una gran integridad, una vida moral y espiritual, y la práctica regular de Tratakum, el arte de controlar el movimiento de los ojos para mantener la concentración, trabajando al unísono con el encendido de la energía del nervio óptico y el aumento de la capacidad de mantener la propia visión interior con el fin de localizar el lugar oculto donde existe la puerta de la luz.

Me enseñaron que debía tener buen carácter para que mi frecuencia pudiera abrir la puerta cuando la visión se encontrara en el lugar exacto. Utilizaba una vela blanca para este fin con instrucciones muy específicas sobre cómo practicar Tratakum. Vi que el proceso funcionaba con la práctica constante, ya que con ella se desarrolla la clarividencia y la visión lejana. Nunca he tenido una mala experiencia debido a este sexto sentido. Yo creo que todos lo tenemos si aprendemos a cultivarlo de forma adecuada. Todos podemos desarrollar esta habilidad y contribuir al bien de la humanidad.

El desarrollo del Tercer Ojo, o *ajna chakra*, requiere no sólo la mirada fija en la llama de una vela, sino también un estilo de vida de consciencia, humildad y pureza que entre en sintonía con la apertura del portal. De lo contrario, uno está, simplemente, mirando una vela, como si estuviera de pie delante de una puerta y nunca llamara para comprobar si hay alguien en casa.

Al principio, esto era mero entrenamiento del ojo, pero luego empecé a ver con precisión las imágenes de personas u objetos a distancia. Aprendí, a través de la experimentación con una estudiante que vivía muy lejos, que podía «ver» su entorno, aunque nunca la hubiera visitado ni hubiera visto fotografías de su casa. La información fue muy específica y precisa como: «Tienes una caja de cartón detrás del sofá, con las solapas plegadas entre sí», le dije. «No, no la tengo», respondió. Pero lo comprobó y allí estaba. He hecho esto con éxito más de una docena de veces.

Accediendo al córtex central, girando mi visión interna hacia arriba en el punto *ajna*, soy capaz de recuperar datos intuitivos mientras trabajo con pacientes. De hecho, he recibido la mayor parte de los datos de mi libro *From Lost Horizon to Finding Shangri-La* a través de este método. Es algo que me llevó años desarrollar. Creo que todo el mundo tiene este talento latente, que puede ser desarrollado si se quiere.

En la página 232 de este libro es posible saber cómo practicar la meditación Tratakum.

La voz de Dios evita el peligro

Lee Dawson me escribió una descripción de la siguiente experiencia:

Estaba en una expedición de escalada. El encargado de mi cuerda hizo algo que no debería haber hecho. Sin decírmelo me llevó a una ruta mucho más difícil para mi nivel de habilidad. Me encontré a dos tercios del principio del camino en una pared de roca pura, sin forma de seguir adelante o de volver a bajar. Pensé que aquello era el final y que me iba a morir.

De repente, sentí una presencia tranquilizadora. Desde algún lugar, una «voz» me dio instrucciones sobre qué tenía que hacer. Me pareció que adquiría habilidades y energía que sé que no tenía antes. Cuando estaba llegando a la cima, el encargado de la cuerda me dijo: «¡Sabía que lo podías hacer!». Aun así le regañé por llevarme por aquella ruta.

He encontrado una serie de cursos sobre el cuerpo de luz. Desde que hago estos cursos, he tenido la sensación de que canalizaba la información, ya sea de mi propio yo superior divino o de alguna otra fuente de nivel superior. Las revelaciones y visiones que he tenido no podían proceder de mi propia mente ordinaria. Estaba siendo testigo de sincronías y conexiones que iban mucho más allá de mi capacidad consciente ordinaria de comprender.

Además, he desarrollado una extraña habilidad para percibir las energías de una manera que nunca había podido hacer antes. Estos sentidos de nuevo desarrollo no se parecen en nada a los cinco sentidos físicos conocidos. La energía que se percibe es difícil de describir con palabras. Es vagamente similar a la sensación de estar en una montaña rusa, pero sin la verdadera sensación de movimiento físico.

También hay una sensación fuerte que fluye hacia dentro y alrededor del cuerpo. Estas energías giran y giran a medida que fluyen, similares a las propiedades visuales de plasma del sol, moviendo las líneas del campo magnético del sol en arcos y giros.

El encuentro con seres angelicales

Mollie Jensen, escritora y cauce intuitivo de San Rafael, en California, declaró:

Todo comenzó con una luz, al igual que una estrella, que descendía hacia mí y se centraba frente a mi Tercer Ojo, justo junto al centro de mis ojos. Esta luz, a continuación, adquirió la forma de lo que yo describiría como un ser angelical (en cierto sentido, una forma humana, aunque más el contorno de una forma humana, y llena de luz).

Este ser me ofreció un símbolo que parecía una estrella de varias puntas y me dijo que era mía si quería crear una conexión más clara con otros seres dimensionales. Por supuesto respondí con un «¡sí, por favor!». El ser entonces se aproximó a mis ojos y me insertó este símbolo. Me dijo que podía usarlo como una especie de transmisor que podría ayudarme a obtener guía de seres superiores.

Recuerdo que me sentí muy bien durante la experiencia, a pesar de lo que ocurrió durante sólo unos pocos minutos. Luego, el ser ascendió, dejando el símbolo en el área de mi Tercer Ojo, y aunque parecía que se marchó, nunca me he sentido como si realmente lo hubiera hecho.

Creo firmemente que mi interacción con este ser es lo que estableció la ruta hacia mi trabajo como cauce. Valoro la experiencia como muy valiosa, ya que me ha ayudado a tomar importantes decisiones vitales con mayor claridad. Esa experiencia, perfeccionando mis habilidades, se convirtió en un caucel intuitivo que trabaja con esta guía divina para ayudar a mis clientes. También los ayudo a que puedan abrir cauces intuitivos para sí mismos.

Ahora puedo llamar a ese ser cada vez que necesito ayudar a los demás o a mí misma. Por supuesto, a veces mi humanidad todavía me impide oírlos, aunque cuando realmente escucho, siempre está ahí. Sé que esto es posible y normal para todos, y es sólo una parte de lo que se supone que deberíamos hacer.

Apertura del Tercer Ojo a través de la desintoxicación

La autora Angela Mia White escribió:

Mi experiencia de mi despertar del Tercer Ojo ha sido todo un viaje. Como estaba tratando de curarme y sobrevivir a una enfermedad debilitante que no tenía nombre y no estaba diagnosticada, encontré algunos vídeos de YouTube sobre los chakras y el despertar del Tercer Ojo. Con el deseo de abrir mi Tercer Ojo, fui guiada a los vídeos que explican que nuestra glándula pineal, donde se halla nuestro Tercer Ojo, se calcifica con fluoruro. Esto detiene la apertura del Tercer Ojo y, por tanto, crea un bloqueo de la creatividad y el despertar del alma.

He desintoxicado mi cuerpo durante más de un año tomando sólo frutas, zumo fresco, verduras y hierbas. Mientras lo hacía, pude conocer mucho más de lo que jamás había conocido antes de manera consciente. La primera persona que conocí fue Carol Tuttle. Ella me explicó que podía hacer unas cuantas respiraciones profundas y visualizar el color índigo como una bola de energía enfrente de mi Tercer Ojo, para luego pasar suavemente la pelota índigo a mi frente y hacerla rebotar. También podía visualizar mi Tercer Ojo parpadeando como si se estuviera despertando por la mañana (visualicé su Tercer Ojo abriéndose físicamente).

Esto dio lugar a la apertura de mis chakras, a hablar con los ángeles, la Virgen María, Jesús, y a tener conversaciones con Dios. Después de este despertar, me dijeron que escribiera un libro llamado *From Sick to Bliss to Conversations With God*. Me dieron el título, y me comentaron que iba a ser publicado y pagado por los ángeles. Hasta el momento todo se ha cumplido. Este libro es para el planeta. Fue escrito para el despertar de las masas.

Apertura a la comunicación animal

Denise Mange, de Nueva York, describió sus experiencias del Tercer Ojo del siguiente modo:

San Francisco me hablaba siempre. Principalmente porque él hablaba con los animales, algo que siempre había deseado que pudiera hacer. Pasé mi infancia estudiando cualquier criatura viviente que se cruzara en mi camino. Durante los días festivos, en los campos de la casa de mi familia en las montañas, muchas tardes, me hablaban las orugas, los escarabajos, las mariposas, las ranas, los polluelos, los caballos y, con suerte, algún perro de vez en cuando. Intuitivamente, sabía que había un mensaje para mí en todo lo que podía ver con atención y con quien compartía un pensamiento o dos, en cada una de las pequeñas almas increíbles que tanto veneraba.

A pesar de estas experiencias y deseos de la infancia, con cierto temor y escepticismo me inscribí en un curso de comunicación animal en el verano de 2014, a los 33 años. De niña había sido un tanto intuitiva y empática, pero algunos encuentros no muy gratos hicieron que bloqueara esos dones durante mis años de adolescencia y a los veinte años.

El curso fue tanto un regreso a casa como un despertar a lo que sucede después de años de bloqueo de mi Tercer Ojo. Lo que antes había sentido como muy natural, entonces se me escapaba. Mi intuición y la sensibilidad empática estaban oxidadas. Lo que pensé que sería una sintonía simple en una emisora de radio previamente programada resultó ser el viaje más valioso hacia aquella niña, que, a través de la unidad de todo y la paradoja del tiempo, todavía estaba en ese campo, con esos mismos animales, teniendo ese mismo deseo de una conexión centrada en el corazón.

Practiqué con diligencia la conexión telepática con los animales tal y como decían las instrucciones. Mi primera experiencia en la comunicación animal fue con la señorita Nellie, que más tarde me dijo que le gustaba ese título. Nellie era un bulldog inglés que entró en mi vida a través de su tutor, Richard, un yogui amable que se convirtió en mi mayor ayuda en el proceso de reapertura de mi conexión conmigo misma, mi Tercer Ojo, y, en última instancia, a la inmensidad, la unidad, y la grandeza del universo.

Durante una meditación, la señorita Nellie me mostró una imagen de sí misma en una cama, con Richard acostado junto a ella, frente a la ventana. La señorita Nellie también me mostró a Richard bajando las escaleras de su casa hacia el mismo ordenador desde donde respondería a mi correo electrónico, diciéndome el significado que subyacía tras lo que vio el ojo de mi mente.

La señorita Nellie me mostró a un gato atigrado de color naranja. Más tarde, Richard me aclaró que consideraba que este gato en particular era uno de sus ángeles y una gran razón por la que adoptó la señorita Nellie. Me vinieron muchas imágenes a mi mente. Y aunque parecía extrañamente trivial, provocaron tanto amor y gratitud que se convirtieron en puntos que se conectaron para tejer una historia mucho más amplia.

A medida que continuaban abriéndose las posibilidades que me ofrecía mi Tercer Ojo, fui experimentando la muerte por primera vez. Vi cómo el espíritu de mi querido perro abandonaba su cuerpo como una esfera de luz. Como Paco dio su último aliento en brazos de mi madre en el otro extremo del país, su alma apareció y brilló en una esfera incandescente brillante justo frente a mí, y luego flotó hasta la esquina de la habitación, y partió al gran campo en el cielo.

Entonces, mientras perdía a mi abuelo unos meses más tarde, me sentí reconfortada por la presencia de lo que después supe que era el ángel de la Muerte, que apareció como un ser hermoso con un manto, un casco de la luz, con un libro que estaba escribiendo con una pluma grande. Cuando le pregunté a esta impresionante figura su nombre, oí «Asrael».

En la era de Google, pude saber quién era Asrael con sólo una rápida búsqueda, y la maravilla del don que he recibido gracias a su visita (la comodidad de saber estaría guiando a mi abuelo al otro lado, donde se uniría a Paco, y, finalmente, a mí cuando llegara el momento).

Cuando accedo al estado theta del cerebro, soy capaz de llamar al ser superior de un animal para la conexión y recibir la comunicación a través de imágenes, olores, palabras y un profundo conocimiento de lo que hay que dejar claro.

Todo el mundo tiene un Tercer ojo. Sólo está esperando nuestra voluntad de activarlo, haciéndonos partícipes de una incomparable belleza, la gracia, el amor, la compasión, la alegría, la ligereza y la unidad.

El amor incondicional de Dios

De Orea Sa'Hana me escribió acerca de su experiencia:

Hace unos 20 años experimenté el amor incondicional de Dios durante unos 45 minutos. Fue como si de repente se me cayera la venda de los ojos y pudiera ver. Sollocé la mayor parte del tiempo. No hay palabras para describir la integridad y la extravagancia (una nueva palabra que mis guías han empezado a usar recientemente) de ese amor. Los padres más cariñosos en el planeta palidecen en comparación con ello.

Nosotros, los humanos, a quienes nos gusta poner las cosas por escrito, describirlas, seguiremos tratando de describir lo indescriptible. Por mi parte, es porque, como le dije a Dios durante esa experiencia, «¡Tengo que contárselo, ayúdame a saber qué decir!». Eso fue todo cuanto mi alma pidió, poder difundir la noticia del amor de Dios.

Al mismo tiempo, creo que debemos tener cuidado de no pasar demasiado tiempo y energía intelectualizando sobre ello cuando podríamos ser... amor.

En el siguiente capítulo, vamos a descubrir el verdadero valor de la apertura del Tercer Ojo, y cómo se relaciona con nuestra evolución espiritual.

CAPÍTULO 18

Pleno despertar del Tercer Ojo

Somos de la misma sustancia que los sueños,
Y nuestra breve vida culmina en un dormir.

WILLIAM SHAKESPEARE[1]

El objetivo de este libro no es sólo desarrollar la percepción suprasensorial. Aunque despertar tu intuición, la recepción de mensajes divinos, la percepción de experiencias sutiles y la experiencia de dimensiones distintas del mundo físico son todos objetivos loables, estos logros palidecen en comparación con el verdadero tesoro que está bloqueado en el centro de tu ser.

Tu Tercer Ojo no es sólo una manera de ver los reinos invisibles. Es un ojo por el cual se puede percibir la verdad. Por tanto, en este capítulo vamos a explorar la meta final de la ilustración espiritual, la vida humana en la realización de su verdadero Yo.

La palabra «ilustración» se utiliza en muchos contextos. Significa un mayor conocimiento y la apertura a nuevas ideas que antes eran desconocidas. Pero el verdadero significado de ilustración es mucho mayor. Es un estado de conocimiento superior y la conciencia plena. Aquellos que realmente alcanzan la ilustración viven en una dimensión completamente diferente de otras personas. Ellos ven el mundo de manera distinta, y saben lo que realmente son.

Así que te puedes preguntar: «¿Quién soy yo en realidad?». La respuesta es que no eres este cuerpo, esta mente, estas emociones o cualquiera de tus posesiones. Tú no eres tu historia, tu educación o el dinero en tu cuenta. Eres algo mucho más que estas pequeñas cosas. Eres un ser multidimensional de luz radiante, exquisito, ilimitado y magnífico.

Y puede que te preguntes: «¿Qué es este mundo?». La respuesta es: «Es tu creación. Lo fabricas a través de tu propia imaginación». ¿A que parece fantástico? Sí, lo es. Y es la verdad última. No soy la primera persona en concebir esta idea. No es mi invención. Si lees las antiguas escrituras de muchas culturas verás que muchos seres sabios de la antigüedad conocían y enseñaban esta verdad.

Vasishtha, un gran vidente de la antigua India, declaró: «La esclavitud no es otra cosa que la noción de un objeto. Las nociones de mí y del mundo no son más que sombras, no es la verdad. Tales nociones solas crean objetos; estos objetos no son ni verdaderos ni falsos. Por tanto, hay que abandonar las nociones del yo y establecerse en la verdad».[2]

Vasishtha también afirmó: «Cuando en una mente pura surgen conceptos y nociones se fragua la apariencia del mundo. Pero cuando la mente abandona la relación sujeto-objeto que tiene con el mundo, es absorbida en el infinito».

Shiva es citado diciendo: «Sólo la mente es la que hace que experimentemos el mundo como si fuera real; pero no se puede considerar realmente una causa, ya que no puede haber una mente que no sea pura conciencia. Por tanto, si se tiene en cuenta que lo que la propia mente percibe es irreal, entonces está claro que el mundo percibido también lo es».

Vasistha describió este mundo material como un «largo sueño»: «A causa de la ignorancia, este largo sueño de apariencia mundana parece que es real; así lo hace el ser individual desde que nace. Pero cuando se da cuenta de la verdad, se ve que todo esto está en uno mismo».

Edgar Allan Poe reflexionó: «Todo lo que vemos o aparentamos es solamente un sueño dentro de un sueño». Iris Murdoch declaró: «Vivimos en un mundo de fantasía, un mundo de ilusión. La gran tarea en la vida es encontrar la realidad», y Albert Einstein opinó: «La realidad es simplemente una ilusión, aunque una muy persistente».

El mito de la caverna

En la obra más conocida de Platón, *La República*, Libro VII, el filósofo ilustra cómo el alma asciende desde la oscuridad de la ignorancia, donde está cerrado el Tercer Ojo, a la luz de la verdadera ilustración, donde el Tercer Ojo se abre por completo. En su libro se establece un diálogo entre el filósofo Sócrates (su maestro) y Glauco (su hermano mayor, también filósofo).

A través de una alegoría, Sócrates pretende mostrar a Glauco en qué medida nuestra naturaleza es iluminada o no. La alegoría habla de prisioneros detenidos en una cueva subterránea por cuya entrada penetra la luz. Pero los prisioneros están encadenados, de modo que no pueden ni girar la cabeza. Sólo pueden ver lo que hay delante de ellos, la pared de la cueva. A su espalda hay un muro que llega un poco más arriba de sus cabezas. Por encima y por detrás de ellos hay una zona elevada y una llama. Hay hombres caminando al otro lado de la pared, llevando vasos y estatuas de animales. Todo lo que los prisioneros pueden ver son sombras proyectadas en la pared a la que miran, sombras de sí mismos y de los hombres que caminan de un lado a otro, llevando las imágenes de los animales. Escuchan a los hombres que hablan entre sí y las voces de otros presos. De este modo, las sombras proyectadas en la pared se asemejan a un espectáculo de marionetas.

Sócrates describe, además, qué pasaría si los prisioneros fueran liberados de sus cadenas. A medida que se volvieran hacia la luz, sufrirían dolores agudos y el resplandor los angustiaría. Identificarían las sombras que estaban acostumbrados a ver como reales y el mundo físico como falso, incluso si se les dijera que sus antiguas percepciones en la cueva eran una ilusión.

Si fueran arrastrados para que salieran de la cueva y pudieran ver el sol, se deslumbrarían y necesitarían mucho tiempo para acostumbrarse a la luz. El cielo de la noche y las estrellas les resultaría más cómodo que el sol abrasador durante el día. Sin embargo, un día verían todo lo que existe en el mundo físico y se darían cuenta de que las sombras de la caverna eran ilusorias.

No importa lo que los presos creyeran mientras estaban en la cueva, y no importa qué habilidades u honores hubieran adquirido durante su vida en la cueva; los liberados nunca querrían regresar a la esclavitud de la cueva.

Si los que han visto el sol regresaran a la cueva, les resultaría difícil ver, y les llevaría mucho tiempo acostumbrarse a ver claramente en la cueva. Los otros prisioneros ridiculizarían su ceguera y considerarían su propia situación como superior a los que han visto la luz. Incluso podrían matar a cualquier transgresor que intentara llevar al resto a la luz.

Sócrates afirma que en esta alegoría, la caverna es el mundo de la vista, el fuego es el sol, y el viaje de la cueva es la ascensión del alma hacia la conciencia superior, hacia la verdadera luz del despertar espiritual. El desconcierto de los ojos (y del ojo de la mente) existe en ambos casos, tanto si uno se abre a la luz como si decide regresar a la oscuridad. Por tanto, nunca debemos ridiculizar a una persona cuyos ojos se están acostumbrando a la luz o la oscuridad.

Sócrates explica, además, que el poder y la capacidad de aprendizaje es inherente al alma y no vienen concedidos por los profesores durante la educación. Y al igual que el ojo no puede pasar de la oscuridad a la luz sin la totalidad del cuerpo, el intelecto sólo puede ascender desde el mundo del ser hasta convertirse en ser de virtud si viaja también con el alma.

Les corresponde a los gobernantes del estado que no permanezcan en los lugares celestiales de luz, sino que se conviertan en benefactores del estado, que desciendan a la cueva y liberen a los que están en la oscuridad. Sócrates advierte contra la ambición política y la virtud y la sabiduría como las verdaderas bendiciones en la vida. Y concluye: «El proceso, he dicho, no es dar la vuelta a una ostra, sino completar la evolución del alma, que pasa de un día que es un poco mejor que la noche al verdadero día del ser, es decir, el ascenso desde abajo, lo que afirmamos que es la verdadera filosofía».[3]

El mundo como una ilusión

A pesar de que esta realidad física parece ser real, es como las sombras en las paredes de la caverna de Platón. Nosotros, los seres humanos, somos prisioneros de nuestra propia cueva de la falsa percepción. Hasta que no abramos nuestro Tercer Ojo y veamos la luz cegadora del verdadero Sol espiritual, que es la gloria de Dios, permaneceremos encadenados en la oscuridad de la ignorancia.

Advaita («no-dualidad») *Vedanta* (literalmente «el fin del Veda» o «conocimiento supremo») fue difundida por Adi Shankara (509-477 a. C). Fue quizás el más grande santo sobre la Tierra. En sus escritos y comentarios, habla de la realidad eterna del Yo, que está lejos de la perspectiva ignorante de los prisioneros encadenados de los que habla el mito de la caverna de Platón.

Las escrituras de *Vedanta* y los *Upanishads* son los orígenes de *Advaita*. En esta filosofía, nuestra percepción del mundo y nuestro concepto del yo son erróneos. La forma en que vemos, ya sea la oscuridad de la cueva o la brillantez del mundo fuera de ella, es la diferencia entre la ignorancia y la ilustración.

Cito a continuación algunos dichos de Adi Shankara, de su obra titulada *Aparokshanubhuti* («experiencia directa» o «autorrealización»). Estos profundos aforismos hablan por sí mismos. Están citados por el número de verso.[4]

2.   *Aquí se expone [el medio de alcanzar] el* Aparokshanubhu-
     ti *(autorrealización) para la llegar a la liberación final.
     Sólo los puros de corazón deben meditar, constantemente y
     con todo esfuerzo, sobre la verdad aquí mostrada.*

5.   *El vidente [el Yo] es, en sí mismo, el único permanente. Lo
     que se ve se opone a ella, es algo transitorio. Tal convicción
     es lo que en realidad se conoce como discernimiento.*

11. *El conocimiento no se produce por ningún otro medio que
     no sea la investigación* [vichara], *al igual que un objeto no
     se percibe en ninguna parte sin la ayuda de la luz.*

12. *¿Quién soy yo? ¿Cómo se creó este mundo? ¿Quién es su crea-
     dor? ¿De qué material está hecho el mundo? Ésta es la forma
     de esta investigación.*

13. *Yo no soy ni el cuerpo, una combinación de los cinco ele-
     mentos de la materia, ni un agregado de los sentidos; soy
     algo diferente a ellos. Ésta es la forma de esta investiga-
     ción.*

21. *El Yo es eterno, ya que es la existencia en sí; el cuerpo es
     transitorio, ya que es la no existencia en esencia; ¡y sin em-
     bargo la gente ve estos dos como uno! ¿A qué más se puede
     llamar ignorancia sino a esto?*

53. *Cuando la dualidad aparece a través de la ignorancia, la
     una ve a la otra, pero cuando todo se identifica con el Yo, el
     uno no percibe al otro ni en lo más mínimo.*

54. *En ese estado, cuando uno se da cuenta de cómo se identifi-
     ca con el Yo, no surge ni el engaño ni la tristeza, pues son
     consecuencia de la ausencia de la dualidad.*

70. *Del mismo modo que una cuerda puede ser vista como una
     serpiente y una perla madre como una pieza de plata, el Yo
     decide ser cuerpo en una persona ignorante.*

84. *Al igual que cuando se mueven las nubes la luna parece que
     esté en movimiento, también lo hace una persona cuando, a
     causa de la ignorancia, ve al Yo como el cuerpo.*

87. *A pesar de que la ignorancia incita en el Yo la desilusión del cuerpo, cuando éste se autorrealiza, desaparece en el Yo Supremo.*

94. *Las escrituras de Vedanta declaran que la ignorancia es la verdadera causa material del mundo fenoménico, igual que la tierra lo es para un tarro. Destruyendo esa ignorancia, ¿donde puede subsistir el universo?*

95. *Del mismo modo que una persona, en la confusión, percibe la serpiente en vez de la cuerda, también una persona ignorante ve sólo el mundo de los fenómenos sin conocer la realidad.*

96. *Conociendo la naturaleza real de la cuerda se destruye la aparición de la serpiente. Cuando se conoce el sustrato, el mundo de los fenómenos desaparece por completo.*

141. *El sabio siempre debe pensar con mucho cuidado en lo invisible, lo visible y todo lo demás, como su propio Yo, que es la conciencia misma.*

142. *Después de haber reducido lo visible a lo invisible, el sabio debe pensar en el universo como un todo con la realidad. Sólo así permanecerá en la felicidad eterna con la mente llena de consciencia y bendición.*

Adi Shankara y muchos otros grandes santos, desde los antiguos videntes Veda Vyasa y Vasishtha, y Advaita Ramana Maharishi, del siglo XIX, a la mística del siglo XXI Byron Katie, todos han ensalzado la autoindagación como un camino real hacia la autorrealización y la ilustración espiritual. «¿Quién soy yo?» es la pregunta a la que todos deben saber responder. La respuesta es que el verdadero Yo, tu Yo superior, es «ni esto ni lo otro» (*neti neti*, según Shankara), ni cualquier otra cosa en el mundo material.

Tu verdadero Yo es imperecedero, inmutable, eterno, sin nombre, sin forma, sin principio, sin fin, sin límites, e inmanifiesto. Es más allá del nombre, la forma y los fenómenos. Es infinito y absoluto. Es uno y sólo uno. De acuerdo con los *Upanishads*, es «aquel que no tiene».[5] En otras palabras, no hay un número dos. No hay dualidad. Sólo hay uno. Y esa unicidad, esa totalidad está dentro de mí, dentro de ti y dentro de todas las cosas. Todos somos uno. Las antiguas escrituras, los *Upanishads*, declaran los *Mahavakyas* (literalmente, «grandes afirmaciones» u «oraciones supremas»). Aquí están algunos, que resumen la realidad suprema:

«Yo soy eso» (*Aham Brahmasmi*).[6]
«Tú eres eso» (*Tat Tvam Asi*).[7]
«Todo esto es eso» (*Sarvam Khalvidam brahma*).[8]
«Eso por sí solo es» (*Tad eva brahma tvam*).[9]

El jardín del Edén

La alegoría del jardín del Edén en la tradición judeo-cristiana de la Biblia trata de la caída de la humanidad de un estado de ilustración de la unidad a la ignorancia de la dualidad.[10]

No se trata de una lección de historia, y tampoco de un evento que ocurrió hace miles de años. Es una alegoría sobre la condición humana, aquí y ahora, en cada momento.

Adán, el primer hombre, que representa a toda la humanidad, vive en el jardín del Edén, el paraíso de la vida inmortal, la perfecta unión con Dios, y la ilustración espiritual. En este jardín, Dios proporciona a Adán árboles frutales y plantas hermosas para comer.

Hay dos árboles especiales en el centro del jardín. Uno de ellos es el árbol de la vida, que concede la inmortalidad y la vida eterna. Simboliza la unidad, la integridad y la ilustración espiritual. Su energía *kundalini* fluye hacia arriba y abre todos los chakras, incluido el Tercer Ojo.

El otro árbol es el del conocimiento del bien y del mal. ¿Qué significa «el conocimiento del bien y del mal»? Éstas son las dos polaridades de la dualidad, como el blanco y el negro, el bien y el mal, la recompensa y el castigo, la paz y la guerra. El pensamiento dualista es la causa del aislamiento y la separación de Dios. Es la ignorancia. Su energía *kundalini* fluye hacia abajo y bloquea el Tercer Ojo y otros chakras.

Dios dice a Adán que puede comer del fruto de cualquier árbol del huerto, excepto de uno: del árbol del bien y el mal. Dios advierte a Adán que si come de ese árbol, «ciertamente morirás». Ya no estará unido a Dios ni será inmortal. Comer de ese árbol supone participar en el pensamiento dual.

Dios crea a Eva, la primera mujer, de la costilla de Adán, y van «desnudos» y «no se avergüenzan.» Van «desnudos» porque no tienen pretensión alguna. Conocen y expresan lo que realmente son, sin vergüenza, y sin la falsa máscara del ego. Sus terceros ojos, completamente abiertos, ven la verdad sobre su identidad real. Adán y Eva viven en la plenitud, la inocencia, el amor y la alegría, sin engaño, codicia o necesidad. Son seres inmortales divinos, uno con Dios, en paz consigo mismos y en armonía con la naturaleza.

La unidad absoluta se llama *Paramashiva* (absoluta). Cuando se creó a Eva de Adán, la dualidad nació de la unidad. Adán y Eva representan dos aspectos de lo absoluto: lo masculino, o aspecto de *Shiva* (*chit*:[11] la conciencia), y lo femenino, o aspecto *Shakti* (*ananda*: la felicidad). Estas polaridades masculinas y femeninas son conocidas como yin y yang en el confucianismo. Adán y Eva viven en el Paraíso, porque el yin y el yang están en equilibrio y en paz.

Pero Eva una serpiente tienta a Eva para que coma el fruto del árbol prohibido. La serpiente logra convencerla de que no va a morir. Así que se come el fruto y lo comparte con Adán. A continuación, los «ojos de ambos se abrieron y se dieron cuenta de que iban desnudos». Su Tercer Ojo se cierra, y sus dos ojos físicos, que representan la dualidad, se abren. Ahora sienten vergüenza, por lo que deben vestirse con hojas de higuera para cubrir su verdadero ser. Esta prenda representa el ego, el falso sentido de identidad.

Antes de comer el fruto, Adán y Eva no ven la dualidad. Su conciencia expandida ve gracias a sus terceros ojos. Ellos lo perciben todo y todos como una unidad con ellos mismos. Están completamente iluminados, y por tanto, no establecen diferencias entre ellos y Dios. Ellos viven en la totalidad.

Ahora, después de comer el fruto, caen en la *avidya* (ignorancia) y la limitación. Experimentan el ego como una entidad separada, y se identifican falsamente con ese ego. Desobedecer a Dios y comer el fruto abre los ojos de Adán y Eva a la vergüenza y destruye su inocencia. Esto se conoce como la «caída del hombre» o «caer de la gracia».

La serpiente es «el más sutil de todos los animales del campo que el Señor Dios había creado». Esta serpiente representa el *kundalini*, una forma de energía *prana* (la energía de vida-fuerza que respira la vida en el cosmos). Es el elemento más sutil de la naturaleza. El *kundalini* puede o bien elevarse a través de *sushumna nadi*, que eleva la conciencia y es el camino hacia la vida eterna, o bien descender, lo que disminuye la conciencia y conduce a la muerte. Cuando la mente se identifica con el ego, *kundalini* fluye hacia abajo. Desciende al nivel de *chakra muladhara*, el chakra más bajo en el sistema de siete chakras. Y permanece allí, enroscado y dormido.

Cuando Adán y Eva comen la manzana del árbol que representa la dualidad, surge la creencia del bien contra el mal. Esta creencia es errónea, un engaño de la falsa identificación con la dualidad (*pragya aparadh* en sánscrito), «el error del intelecto». Ellos ya no ven la verdad. En su lugar, se confunden a sí mismos para ser limitados, aislados y separados de Dios. Se identifican como el ego, en lugar de como el verdadero Yo.

Cuando Adán y Eva comen del fruto prohibido de la dualidad, nace el ego. El aislamiento de Dios ha nacido. Nacen el sufrimiento y la vergüenza. También la fachada. Ellos buscan hojas de higuera para cubrir sus intimidades. Al comer de este árbol, saben que «algún día morirás». La falsa identificación con el ego es el pensamiento dualista que separa a los humanos de su verdadera naturaleza de inmortal pureza, prístina. Así nace la muerte.

El derecho de nacimiento de Adán y Eva (la humanidad) consiste en vivir la vida eterna en el Paraíso: un estado de unidad con Dios, sin vergüenza, culpa, u otras creencias negativas, hábitos y condiciones. Ésta es la vida eterna, sin falsas creencias. En este estado están plenamente despiertos a su verdadera naturaleza y son espiritualmente sanos.

Debido a que Adán y Eva hicieron mal uso de su libre albedrío y eligieron la dualidad en lugar de la unidad, Dios los expulsó del Paraíso y la vida inmortal del Edén. Dios los expulsó porque no pueden «comer del árbol de la vida y vivir para siempre» en su estado de ignorancia. En la puerta del Paraíso hay querubines y una espada llameante para que no puedan volver a entrar. La vida inmortal se cierra a cualquiera que come del árbol del bien y del mal (que son aquellos condenados a identificarse erróneamente con el ego y a juzgarse a sí mismos y a los demás).

Sólo permaneciendo en el estado de paraíso eterno (unidad con Dios) se puede tener el privilegio de la inmortalidad. La puerta al jardín es la barrera o fachada (la falsa creencia en la separación del Yo de Dios) que separa la mente del espíritu. Al experimentar la unidad con Dios, puedes ser admitido de nuevo en el jardín y la vida eterna es tuya:

Al que venciere, le daré a comer del árbol de la vida,
que está en medio del Paraíso de Dios.

APOCALIPSIS 2:7

La iluminación espiritual

Este libro no versa sólo sobre la apertura de tu Tercer Ojo o el desarrollo de las habilidades psíquicas. Es una guía y camino hacia la realidad última, que se realiza al final de un largo camino de evolución en el que has viajado a través de muchas vidas. A medida que se va despertando tu Tercer Ojo, tu visión espiritual se va desarrollando, y con ella, es muy probable que alcances la plena realización en la conciencia de Dios.

Cuando descubres tu verdadera identidad, cuando te das cuenta de quién eres en realidad (en oposición a quién piensas que eres), entonces ya no estás atado a interminables series de nacimiento y muerte. Tus semillas kármicas son quemadas y alcanzan la *moksha* (literalmente «libertad»), que es la verdadera realización del Yo y la realidad última. Ya no eres parte de la locura que ha creado este mundo ilusorio. Ahora eres libre.

¿Cuáles son las implicaciones de la búsqueda de tu verdadero Yo? Ya no necesitas reencarnarte. Eso significa que eres libre de vivir en el reino celestial como un cuerpo divino de luz, o puedes optar por fusionarte plenamente con el Brahman absoluto, y de esta manera alcanzar el pináculo supremo de la evolución espiritual. A medida que te unes plenamente con el infinito, tu identificación con la mente, el ego y el intelecto van desapareciendo, y te identificas sólo como la conciencia pura absoluta, infinita y perfecta.

En ese estado eres divinidad infinita y sin límites. Estás completo y entero. Contento y en paz. Estás lleno. Finalmente liberado. Estás por completo fusionado y eres uno con «el que todo lo es». Eres Brahman. Eres el absoluto. Eres esa unidad. Y al fin estás en casa.

Bibliografía

Libros

ARANYA, S. H.: *Yoga Philosophy of Patanjali.* Calcutta, India, University of Calcutta, 1963.

AYALASOMAYAJULAM, S.: *Veerabrahmendra, The Precursor of Kalki.* Goa, India, CinnamonTeal Print and Publishing, 2010.

BECK, M.: *A Companion to Plutarch.* Hoboken, N.J., Wiley-Blackwell, 2014.

CLEGG, R. I.: *Encyclopedia of Freemasonry.* Volumen 1, Chicago, The Masonic History Company, 1929.

GARDINER, A. H.: *Egyptian Grammar, Being An Introduction to the Study of Hieroglyphs.* Oxford, U.K., Oxford University Press, 1927.

HARINANDA, S.: *Yoga and the Portal: Swami Harinanda's Guide to Real Yoga,* Jay Dee Marketing, 1996.

IYENGAR, B. K. S.: *Luz sobre el yoga: La Guía clasica del yoga, por el maestro más renombrado del mundo,* Kairós, págs. 439-440.

KOUKKARI, W. L. y SOTHERN, R. B.: *Introducing Biological Rhythms: A Primer on the Temporal Organization of Life, with Implications for Health, Society, Reproduction, and the Natural Environment,* Nueva York, Springer Publishing Company, 2006.

KRISHNA, G.: *Kundalini, The Evolutionary Energy in Man.* Boston, Shambhala Press, 1967.

MAHESH YOGI, M.: *Bhagavad Gita, a New Translation and Commentary with Sanskrit Text.* International SRM Publications, 1967.

National Research Council: *Fluoride in Drinking Water: A Scientific Review of EPA's Standards.* Washington, DC, The National Academies Press, 2006.

OSTRANDER, S. y SCHROEDER, L.: *Psychic Discoveries behind the Iron Curtain.* Nueva York, Bantam Books, 1970.

RAMPA, T. L.: *The Third Eye.* Londres, Transworld Publishers Ltd, 1956.

REITER, R. J. y ROBINSON, J.: *Melatonin: Your Body's Natural Wonder Drug.* Nueva York, Bantam Books, 1995.

SHUMSKY, S.: *Ascension.* Franklin Lakes, N.J., New Page Books, 2010.

—: *Divine Revelation.* Nueva York, Fireside, 1996.

—: *Exploring Meditation.* Franklin Lakes, N.J., New Page Books, 2002.

—: *How to Hear the Voice of God.* Franklin Lakes, N.J., New Page Books, 2008.

—: *Instant Healing.* Pompton Plains, N.J., New Page Books, 2013.

—: *Miracle Prayer.* Franklin Lakes, N.J., New Page Books, 2006.

—: *The Power of Chakras.* Pompton Plains, N.J., New Page Books, 2013.

—: *The Power of Auras,* Pompton Plains, N.J., New Page Books, 2013.

STRASSMAN, R. J.: *DMT: The Spirit Molecule. A Doctor's Revolutionary Research into the Biology of Near-Death and Mystical Experiences.* Rochester, Vt., Park Street Press, 2000.

SUBRAMANIAN, V. K.: *Saundaryalahari of Shankaracarya.* Delhi, India, Motilal Banarsidass Publishers, 1998.

SVATMARAMA, P. S.: *Hatha Yoga Pradipika.* Allahabad, India, Sudhindra Nath Vasu, the Panini office, Bhuvaneswari Asrama, 1914.

TAYLOR, J. H.: *Journey Through the Afterlife: Ancient Egyptian Book of the Dead.* Cambridge, Mass., Harvard University Press, 2013.

YOGANANDA, P.: *The Second Coming of the Christ: The Resurrection of the Christ Within You.* Volumen 1, Los Ángeles, Self-Realization Fellowship, 2004.

YUDELOVE, E. S.: *100 Days to Better Health, Good Sex and Long Life, A guide to Taoist Yoga & Chi Kung.* Woodbury, Minn., Llewellyn Publications, 2002.

Artículos y citas de investigaciones científicas

BARKER, S. A.; BORJIGIN, J.; LOMNICKA, I; y STRASSMAN, R.: «LC/MS/MS analysis of the endogenous dimethyltryptamine hallucinogens, their precursors, and major metabolites in rat pineal gland microdialysate», en *Biomed. Chromatogr.* 2013; 27: 1690-1700. doi: 10.1002/bmc.2981.

CHIEN-HUI LOOU; CHANG-WEI HSIEH; JYH-HORNG CHEN; CHANG-WEI HSIEH; SI-CHEN LEE y CHI-HONG WANG: «Correlation between Pineal Activation and Religious Meditation Observed by Functional Magnetic Resonance Imaging», 24 de junio de 2014. *www.theragem.nl/KristalLichtTherapie/Resources/pineal_gland.pdf/*

COX, R.: «The Mind's Eye», en *USC Health & Medicine.* Winter 1995. En Craft, Cheryl M. (ed.), *EyesightResearch.org.*

COZZI N. V.; MAVLYUTOV T. A.; THOMPSON M. A. y RUOHO A. E.: «Indolethylamine N-methyltransferase expression in primate nervous tissue», en *Society for Neuroscience Abstracts* 2011; 37: 840.19.

EVANS, J. A.; ELLIOTT, J. A. y GORMAN, M. R.: «Individual differences in circadian waveform of Siberian hamsters under multiple lighting conditions», en *J Biol Rhythms.* Oct 2012; 27(5): 410-419.

FRANK, D. W.; EVANS, J. A. y GORMAN, M. R.: «Time-Dependent Effects of Dim Light at Night on Re-Entrainment and Masking of Hamster Activity Rhythms», en *J Biol Rhythms,* abril de 2010; 25(2): 103-112.

GUCCHAIT, R., «Biogenesis of 5-methoxy-N,N-dimethyl-tryptamine in human pineal gland», en *J. Neurochem,* 1976; 26: 187-190.

«Itai Kloog: Harvard School of Public Health», en *PubFacts Scientific Publication Data*, 11 de Julio de 2014. *http://www.pubfacts.com/author/Itai+Kloog/*

KESARI, K. K.; KUMAR, S. y BEHARI, J.: «Biomarkers inducing changes due to microwave exposure effect on rat brain», en General Assembly and Scientific Symposium: URSI, 2011.

KISER K.: «Father Time», en *Minnesota Medicine,* 2005; 88(11): 26.

KLEIN, D. C.: «The 2004 Aschoff/Pittendrigh Lecture: Theory of the Origin of the Pineal Gland-A Tale of Conflict and Resolution», en *J Biol Rhythms* 2004; 19: 264.

—: «Evolution of the vertebrate pineal gland: the AANAT hypothesis», en *Chronobiol. Int.* 2006; 23(1-2): 5-20.

KLOOG, I.; PORTNOV, B. A.; RENNERT, H. S. y HAIM, A.: «Does the Modern Urbanized Sleeping Habitat Pose a Breast Cancer Risk?», en *Chronobiology International,* 2011; 28(1): 76-80.

LAZAR, S. W.; KERR, C. E.; WASSERMAN, R. H.; GRAY, J. R.; GREVE, D. N.; TREADWAY, M. T.; McGARVEY, M.; QUINN, B. T.; DUSEK, J. A.; BENSON, H.; RAUCH, S. L.; MOORE, C. I. y FISCHL, B., «Meditation experience is associated with increased cortical thickness», en *Neuroreport.* Nov. 28, 2005; 16(17): 1893-1897.

LEWY, A. J.: «The dim light melatonin onset, melatonin assays and biological rhythm research in humans», *Biol. Signals Recept.* 1999; en-abr; 8 (1-2): 79-83.

LUKE, J.: «Fluoride Deposition in the Aged Human Pineal Gland», en *Caries Res* 2991; 35: 125-128.

MAHLBERG, R.; WALTHER, S.; KALUS, P.; BOHNER, G.; HAEDEL, S.; REISCHIES, F. M.; KÜHL, K. P.; HELLWEG, R. y KUNZ, D.: «Pineal calcification in Alzheimer's disease: an in vivo study using computed tomography», en *Neurobiol. Aging.* 2008 feb; 29(2): 203-9.

McGILLION, F.: «The Pineal Gland And The Ancient Art Of Iatromathematica», *Journal of Scientific Exploration,* 2002; 16(1): 19-38.

MILLER, J. A.: «Eye to (third) eye; scientists are taking advantage of unexpected similarities between the eye's retina and the brain's pineal gland», *Science News,* nov. 9, 1985. En Thefreelibrary.com.

MOORE, R. Y.; EICHLER, V. B.: «Loss of a circadian adrenal corticosterone rhythm following suprachiasmatic lesions in the rat. Brain Research», julio 1972; 42 (1): 201-206.

ONGKANA, N.; ZHAO, X. Z.; TOHNO, S.; AZUMA, C.; MORIWAKE, Y.; MINAMI, T.y TOHNO, Y.: «High accumulation of calcium and phosphorus in the pineal bodies with aging», en *Biol. Trace Elem. Res.* 2007 nov.; 119(2): 120-7.

PEARCE, J.: «Aaron Lerner, Skin Expert Who Led Melatonin Discovery, Dies at 86», en *The New York Times*, feb. 17, 2007.

POWELL, J.; LEWIS, P. A.; ROBERTS, N.; GARCÍA-FIÑANA, M. y DUNBAR, R.: «Orbital prefrontal cortex volume predicts social network size: an imaging study of individual differences in humans», 1 febrero de 2012. The Royal Society Publishing. 3 noviembre 2014. *http:// rspb.royalsocietypublishing.org/content/early/ 2012/01/27/rspb.2011. 2574/*

RONEY-DOUGAL, S. y Vogl, G.: «Some Speculations on the effect of Geomagnetism on the Pineal Gland 1», 2012, Psi Research Centre. 26 June 2014. *www.psi-researchcentre.co.uk/article_10. html/*

SALISBURY, D.: «Circadian clock linked to obesity, diabetes and heart attacks», 21 febrero 2013, Vanderbilt University, 12 November 2014. *http://news.vanderbilt.edu/2013/02/circadian-clock-obesity/*

«Science Confirms Third Eye Chakra» 2012, Merovee, 7 November 2014. *http://merovee.wordpress.com/2012/02/01/science-confirms-third-eye-chakra/*

«Scientists discover a new function of the dopamine in the pineal gland, involved in sleep regulation», 2012, Universitat de Barcelona, 8 noviembre 2014. *http://www.ub.edu/web/ub/en/menu_eines/ noticies/2012/06/060.html/*

SHI, S.; ANSARI, T. S.; McGUINNESS, O. P.; WASSERMAN, D. H. y JOHNSON, C. H.: «Circadian Disruption Leads to Insulin Resistance and Obesity», en *Current Biology*, marzo 4, 2013; 23(5), 372-381.

SILVER, R. y SCHWARTZ, W. J.: «The Suprachiasmatic Nucleus is a Functionally Heterogeneous Timekeeping Organ», en *Methods Enzymol.* 2005; 393: 451-465.

STEPHAN, F. K. y ZUCKER, I.: «Circadian Rhythms in Drinking Behavior and Locomotor Activity of Rats Are Eliminated by Hypothalamic Lesions», en *Proc Natl Acad Sci U S A.,* jun 1972; 69(6): 1583-1586.

Torrey, E. F.; Miller, J.; Rawlings, R. y Yolken, R. H.: «Seasonality of births in schizophrenia and bipolar disorder: a review of the literature», en *Schizophr Res.* 1997, nov 7; 28(1): 1-38.

Weeks, B. S.: «Scientific Electromagnetic Field "EMF" Studies», 28 de mayo 2008. WeeksMD. 16 julio 2014. *http://weeksmd.com/2008/05/references-about-the-science-of-emf-danger/*

Wiechmann, A. F.: «Melatonin: parallels in pineal glad and retina», *Exp. Eye Res,* jun 1986; 42(6): 507-27.

Wilson, B. W.; Wright, C. W.; Morris, J. E.; Buschbom, R. L.; Brown, D. P.; Miller, D. L.; Sornmers-Flannigan, R. y Anderson, L. E.: «Evidence for an Effect of ELF Electromagnetic Fields on Human Pineal Gland Function», en *Journal of Pineal Research.* 1990; 9: 259-269.

Fuentes de Internet

Aleff, H. P.: «The system of Horus Eye fractions», en Recoveredscience.com. 24 de julio de 2014. *www.recoveredscience.com/const102horuseye.html/*

Araki, M.: «The Evolution of the Third Eye», febrero de 2007. Nikon. 4 de junio de 2014. *www.nikon.com/about/feelnikon/light/chap05/sec02.html/*

Babbit, F. C.: «Plutarch, De Iside et Osiride», 25 de junio de 2014. *http://data.perseus.org/citations/urn:cts:greekLit:tlg0007.tlg089.perseus-eng1:51/*

«Banisteriopsis caapi (BLACK) Peru», 2007, Shamanic Extracts. 13 de noviembre de 2014. *www.shamanic-extracts.com/xcart/shamanic-products/banisteriopsis-caapi-black-peru.html/*

Barrett, D. B.: «An Introduction to Metatonin, the Pineal Gland Secretion that Helps Us Access Higher Understanding», 2002. Metatonin Research. 3 de octubre de 2014. *http://metatoninresearch.org/*

Bisio, T.: «Daoist Meditation Lesson Eight Theory: Golden Fluid & The Micro-Cosmic Orbit», 24 de abril de 2013, New York Internal Arts. 15 de noviembre de 2014. *www.internalartsinternational.com/free/daoist-meditation-lesson-eight-theory-golden-fluid-the-micro-cosmic-orbit/*

Boyd, R.: «The Scientific Basis for the Spiritual Concept of the Third Eye», 2011. Energetics Institute, 8 de julio de 2014. *www.energeticsinstitute.com.au/page/third_eye.html/*

«Brow Chakra Meditation to connect with your "third eye"», 10 de Julio de 2014, Watkins, 10 de septiembre de 2014. *www.watkinspublishing.com/brow-chakra-meditation-third-eye/*

Charles, D.: «Do Electromagnetic Fields Affect the Pineal Gland?», 20 de noviembre de 2012, Waking Times. 15 de julio de 2014. *www.wakingtimes.com/2012/11/20/effects-of-electromagnetic-fields-on-the-pineal-gland/*

Cherry, N.: «EMR Reduces Melatonin in Animals and People», 26 de julio 2000, EMF Guru. 25 de julio de 2014. *www.feb.se/EMFguru/Research/emf-emr/EMR-Reduces-Melatonin.html/*

«Chronobiology», en Polimedica, 23 de junio de 2014. *www.polimedica.org/?p=1652/*

Connett, P.: «50 Reasons to Oppose Fluoridation», 2012. Flouride Action Network. 5 de noviembre de 2014. *www.fluoridation.com/fluorideindrinkingwater.html/*

Dunn, J.: «Horus, the God of Kings in Ancient Egypt», 2012. Tour Egypt. 15 de Julio de 2014. *www.touregypt.net/featurestories/horus.html/*

«Eye of Horus», Ancient Egypt: The Mythology. 19 de junio de 2014. *www.egyptianmyths.net/udjat.html/*

«Eye of Horus, Eye of Ra», 2009, Symboldictionary.net, a Visual Glossary. 20 de Julio de 2014. *http://symboldictionary.net/?p=519/*

Flynn, D.: «October 8», Watcher, 24 de Julio de 2014. *www.mt.net/~watcher/OCT8.html/*

289

FREED, J.: «The Mesopotamian Winged Genius», 23 de febrero de 2013, Near Eastern Archaeology, 3 de junio de 2014. *http://near-chaeology.blogspot.com/2013/02/the-mesopotamian-winged-genius.html/*

«Gale Encyclopedia of Occultism and Parapsychology: Rosa Kuleshova», 2001, Answers, 15 de septiembre de 2014. *www.answers.com/topic/rosa-kuleshova/*

HATTAB, H.: «Descartes's Body-Machine», 2001, Experience and Experiment in Early Modern Europe, 12 de septiembre de 2014. *www.folger.edu/html/folger_institute/experience/textures_hattab.html/*

«How to Decalcify the Pineal Gland (Third Eye/Ajna Chakra)?», 2012. Decalcify Pineal Gland, 7 de noviembre de 2014. *http://decalcifypinealgland.com/how-to-decalcify-the-pineal-gland/*

JEFFERSON, R. B.: «The Doctrine of the Golden Mercuric Sulphur (Cinnabar)», The Doctrine of the Elixir, 17 de noviembre de 2014. *http://duversity.org/elixir/*

«Jimo Borjigin, PhD», Medical School, Molecular and Integrative Physiology, University of Michigan, 27 de julio de 2014. *http://medicine.umich.edu/dept/molecular-integrative-physiology/jimo-borjigin-phd/*

JUNGOCCULT: «Styles of Chi Kung Opening Third Eye», 3 de dociembre de 2013. Scribd. *www.scribd.com/doc/188841262/Styles-of-Chi-Kung-Opening-Third-Eye/*

LAST, W.: «The Borax Conspiracy: How the Arthritis Cure has been Stopped», Health-Science-Spirit, 7 de noviembre de 2014. *www.health-science-spirit.com/borax.html/*

LIN, T.: «DMT: You Cannot Imagine a Stranger Drug or a Stranger Experience», 5 de agosto de 2014, Vice, 25 de noviembre de 2014. *www.vice.com/read/dmt-you-cannot-imagine-a-stranger-drug-or-a-stranger-experience-365/*

LOKHORST, G.: «Descartes and the Pineal Gland», 18 de septiembre de 2013, Stanford Encyclopedia of Philosophy, 25 de junio de 2014. *http://plato.stanford.edu/entries/pineal-gland/*

MacArthur, J. D.: «Annuit Coeptis-Origin and Meaning of the Motto Above the Eye», 2014, Great Seal, 6 de junio de 2014. *http://greatseal.com/mottoes/coeptis.html/*

—: «Charles Thomson-Principal Designer of the Great Seal», 2014, Great Seal. 6 de junio de 2014. *http://greatseal.com/committees/final-design/thomson.html/*

—: «Explanation of the Great Seal's Symbolism», 2014, Great Seal, 6 de junio de 2014. *http://greatseal.com/symbols/explanation.html/*

—: «Source of Novus Ordo Seclorum», 2014, Great Seal, 6 de junio de 2014. *http://greatseal.com/mottoes/seclorumvirgil.html/*

«Melatonin», 30 de enero de 2014, Encyclopedia Britannica, 3 de junio de 2014. *www.britannica.com/EBchecked/topic/373799/melatonin/*

Miller, I.: «Soma Pinoline», 2006, Pineal DMT, 25 de noviembre de 2014. *http://ionaparamedia.50megs.com/whats_new_1.html/*

Morris, S. B.: «Eye in the Pyramid», Masonic Service Association. 6 de junio de 2014. *www.msana.com/eyeinpyramid.asp/*

Muller, M.: trad. Sacred Text Archive. *The Upanishads, Parte I.* 8 de agosto de 2014. *http://www.sacred-texts.com/hin/sbe01/index.html/*

—: Sacred Text Archive, *The Upanishads, Parte II.* 8 de agosto de 2014. *http://www.sacred-texts.com/hin/sbe15/sbe15076.html/*

Osborn, D. K.: «Did the Greeks Have Chakras?», Greek Medicine, 25 de Julio de 2014. *http://www.greekmedicine.net/b_p/Greek_Chakras.html/*

Petropavlovsky, V.: «The Third Eye Mystery», 19 de agosto de 2003, Pravda.ru, 20 de mayo de 2014. *http://english.pravda.ru/science/tech/19-08-2003/3551-introscopy-0/*

Pickover, C.: «DMT, Moses, and the Quest for Transcendence». *http://sprott.physics.wisc.edu/pickover/pc/dmt.html/*

«Plato, The Allegory of the Cave», 2012, The History Guide, 5 de mayo de 2014. *www.historyguide.org/intellect/allegory.html/*

Pregadio, F.: «Cinnabar Fields (*Dantian*)», 2014, The Golden Elixir, 25 de noviembre de 2014. *http://www.goldenelixir.com/jindan/dantian.html/*

Rufus, A.: «Third Eye Science» 27 de agosto de 2009, Psychology Today, 25 de junio de 2014. *www.psychologytoday.com/blog/stuck/200908/third-eye-science/*

Shira: «Symbols from the Middle East» 27 de junio de 2014. *www.shira.net/culture/symbols.htm/*

Takahashi, J. S.: «The Human Suprachiasmatic Nucleus», Howard Hughes Medical Institute, 14 de septiembre de 2014. *www.hhmi.org/biointeractive/human-suprachiasmatic-nucleus/*

«The Ancient Connection Between Sirius, Earth and Mankind's History», 2014, Humans Are Free, 17 de noviembre de 2014. *http://humansarefree.com/2014/03/the-ancient-connection-between-sirius.html#sthash.WwubMkaz.dpuf/*

«The Eye of Horus», Ancient Egypt Online, 2010, 19 de junio de 2014. *http://www.ancientegyptonline.co.uk/eye.html/*

«The Microcosmic Orbit», YuLi QiGong: Jade Power QiGong, 14 de noviembre de 2014. *www.yuliqigong.com/MicroOrbit.html/*

Thill, S.: «4 Things You Should Know About Your "Third Eye"», 22 de marzo de 2013, Alternet. *www.alternet.org/personal-health/4-things-you-should-know-about-your-third-eye?paging=off&current_page=1#bookmark/* [1]

«Totafot», 2007, Balashon Hebrew Language Detective, 3 de octubre de 2014. *www.balashon.com/2007/01/totafot.html/*

Troyer, M.: 21 de enero de 2013, «The Eye of Horus and the Pineal Gland», Resonates with Me, 14 de Julio de 2014. *http://resonateswith.me/the-eye-of-horus-and-the-pineal-gland-connection/#sthash.1rc2Xip5.DGjN2kvm.dpbs/*

«Udjat Eye», The Global Egyptian Museum, 18 de junio de 2014. *www.globalegyptianmuseum.org/glossary.aspx?id=384/*

Vimuktananda, S.: «Aparokshanubhuti», Sankaracharya.org, 13 de septiembre de 2014. *www.sankaracharya.org/aparokshanubhuti.php/*

«What does the pharmacist's symbol "Rx" mean?», 17 de mayo de 1999, The Straight Dope, 24 de Julio de 2014. *www.straightdope.com/columns/read/1641/what-does-the-pharmacists-symbol-rx-mean/*

WILSON, H. H.: *Rgvedasamhita, Mandala 9,* 13 de septiembre de 2014. *www.theasis.net/RgV/rv9_2.html/*

Yoga Vasistha-The Art of Realization. *http://yogi.lv/files/yoga_vasistha.pdf*

NOTAS

CAPÍTULO 1
1. Mateo, 6: 22.

CAPÍTULO 2
1. Génesis 32: 30
2. James Mason-Hudson, fotógrafo: Creative Commos Attribution-Share Alike 3.0 Unported License.
3. Wikimeda Commons.
4. Luis García (Zaqarbal), fotógrafo: Creative Commons Attribution-Share Alike 2.0 Generic License.
5. David K. Osborn, *Did the greeks have chakras?*
6. Frank Cole Babbit, ed. *Plutarcj, de Iside et Osiride.*
7. Mark Beck, *A companion to Plutarch, pág. 91.*
8. http://www.greatdreams.com/eye/eye.htm
9. John D. MacArthur, *Charles Thomson, Principal Designer of the Great Seal.*
10. John D. MacArthur, *Source of Novus Ordo Seculorum.*
12. John D. MacArthur, *Annuit Coeptis, Origin and meaning of the motto above the eye.*
13. John D. MacArthur, *Source of Novus Ordo Seculorum.*
14. S. Brent Morris, P. M., *Eye in the pyramid.*
15. Robert Ingham Clegg, *Encyclopedia of Freemasonry, Volumen I, pág. 52.*

16. http://afiftabsh.com/2010/05/30/secret-societies-free-masons/masocin-tracing-board/
17. http://www.abovetopsecret.com/forum/thread928223/pgl
18. «The ancient connection between Sirius, Earth and Mankind's history». Humans are free.
19. Jimmy Dunn, *Horus, the God of Kings in Ancient Egypt.*
20. Shira, *Symbols from the middle East.*
21. «Eye of Horus, Eye of Ra» Symboldictionary.net
22. Alan H. Gardiner, *Egyptian Grammar.*
23. Benoît Stella alias BenduKiwi, ilustrador: GNU Free Documentation license.
24. «The eye of Horus», Ancient Egypt Online.
25. David Flynn, *October 8. Watcher.*
26. H. Peter Aleff, *The system of Horus Eye Fractions.*
27. «What does the pharmacist's symbol "R$_x$" means?», The Straight Dope.
28. «Udjat Eye», The Global Egyptian Museum.
29. http://en.wikipedia.org/wiki/File:Romtrireme.jpg
30. John H. Taylor, *Journey Through the Afterlife, pág. 130.*
31. Captmondo, fotógrafo del British Museum: GNU Free Documentation license.
32. Walters Art Museum: Creative Commons Attribution-Share Alike 3.0 Unported license.
33. Melissa Toryer, *The eye of Horus and the Pineal Gland.*
34. Wikimedia Commons.
35. Totafot, Balashon Hebrew Language Detective.
36. T. Lobsang Rampa, *The Third Eye, pags. 75-77.*

CAPÍTULO 3

1. Traveler100, fotógrafo: Creative Comons Attribution-Share Alike 3.0 Unported License.
2. Gert-Jan Lokhorst, *Descartes and the pineal gland.*

3. *Ibidem.*
4. *Ibidem.*
5. *Ibidem.*
6. *Ibidem.*
7. *Ibidem.*
8. *Ibidem.*
9. Helen Hattab, *Descarte's Body Machine.*
10. Gert-Jan Lokhorst, *Descartes and the Pineal Gland.*
11. «Chronobiology», Polimedica.
12. Williard L. Koukkari y Sothern, Robert B., *Introducing Biological Rhythms.*
13. Jeremy Pearce, «Aaron Lerner, Skin Expert who led Melatonin Discovery, Dies at 86».
14. Kim Kiser, *Father Time, Minnesota Medicine.*
15. Robert Y. Moore, *Loss of a circadian adrenal corticosterone rhythm following suprachiasmatic lesions in the rat.*
16. Friederich K. Stephan, *Circadian Rhythms in Drinking Behaviour and Locomotor Activity of Rats are eliminated by hypothalamic lesions.*
17. Rae Silver, *The suprachiasmatic Nucleus is a Functionally Heterogeneous Timekeeping Organ.*
18. Joseph S. Takahashi, *The human suprachiasmatic nucleus.*
19. Alfred J. Lewy, *The dim light melatonin onset, melatonin assays and biological rhythm research in humans.*
20. David C. Klein, *Evolution of the vertebrate pineal gland: the AA-NAT hypothesis.*
21. Allan F. Wiechmann, *Melatonin: parallels in pineal gland and retina.*
22. Julie Ann Miller, *Eye to (third) eye; scientists are taking advantage of unexpected similarities between the eye's retina and the brain's pineal gland.*
23. Masasuke Araki, *The Evolution of the third eye.*
24. Julie Ann Miller, *Eye to (third) eye; scientists are taking advantage of unexpected similarities between the eye's retina and the brain's pineal gland.*

297

25. Masasuke Araki, *The Evolution of the third eye.*

26. Allan F. Wiechmann, *Melatonin: parallels in pineal gland and retina.*

27. Richard Cox, «The Mind's Eye» en USC Health & Medicine.

28. David C. Klein, *The 2004 - Aschoff/Pittendrigh Lecture: Theory of the Origin of the Pineal Gland - A Tale of Conflict and Resolution.*

29. «Banisteriopsis caapi (BLACK) Peru» Shamanic Extracts.

30. R. Gucchait, *Biogenesis of 5-metoxi-N, N-dimetil-triptamina in human pineal gland.*

31. Rick J. Strassman, *DMT: The spirit molecule.*

32. N. V. Cozzi, *Indolentilamina N-metiltransferasa expression in primate nervous tissue.*

33. S. A. Barker, *LC/MS/MS analysis of the endogenous dimetiltriptamina hallucinogens.*

CAPÍTULO 4

1. D Beach Barker, *An Introduction to Metatonin, the Pineal Gland Secretion that hekps us Access higher understanding.*

2. «Melatonina», *Enyclopedia Britannica.*

3. Dr. Neil Cherry, *EMR Reduces Melatonin in Animals and People.*

4. «Scientists discover a new function of the dopamine in the pineal gland, involved in sleep regulation», Universitat de Barcelona.

5. Dr. Neil Cherry, *EMR Reduces Melatonin in Animals and People.*

6. *Ibidem.*

7. R. J. Reiter y J. Robinson, *Melatonin: Your body's natural wonder drug.*

8. E. F. Torrey, *Seasonality of births in schizophrenia and bipolar disorder: a review of the literature.*

9. Frank McGillion, *The Pineal Gland and the ancient art of Iatromathematica.*

10. *Ibidem.*

11. Richard Boyd, *The Scientific Basis for the Spiritual Concept of the Third Eye.*

12. Scott Thill, *4 Things you should know about your «third eye»*.

13. Jimo Borjigin, PhD, Medical School, *Molecular and Integrative Physiology, University of Michigan*.

14. Bradford S. Weeks, *Scientific Electromagnetic Field EMF Studies*.

15. Kavindra Jumar Kesari, *Biomarkers inducing changes due to microwave exposure effect on rat brain*.

16. Bary W. Wilson, *Evidence for an Effect of ELF electromagnetic Fields on Human Pineal Gland Function*.

17. Dylan Charles, *Do electromagnetic Fields Affect the Pineal Gland?*

18. Shu-qun Shi, *Circadian Disruption Leads to Insulin Resistance and Obesity*.

19. David Salisbury, *Circadian clok linked to obesity, diabetes and heart attacks*.

20. Itai Kloog, *Harvard School of Public Health, PubFacts Scientific Publication Data*.

21. Scott Thill, *4 Things you dhould know about your third eye*.

22. Itai Kloog, *Does the modern urbanized sleeping habitat pose a breast cancer risk?*

23. Jennifer A. Evans, *Individual differences in circadian waveform of Siberian hamsters under multiple lighting conditions*.

24. David W. Frank, *Time-Dependent Effects of Dim Light at Night on Re-Entrainment and Masking of Hamster Activity Rhythm*.

25. «Scientists discover a new function of the dopamine in the pineal gland, involved in sleep regulation», Universitat de Barcelona.

26. N. Ongkana, *High accumulation of calcium and phosphorus in the pineal bodies with aging*.

27. R. Mahlberg, *Pineal calcification in Alzheimer;s disease: an in vivo study using computed tomography*.

28. Jennifer Luke, *Fluoride Deposition in the Aged Human Pineal Gland*.

29. Paul Connett, PhD, «50 reasons to oppose fluoridation».

30. National Research Council, «Fluoride in drinking water: a scientific review of EPA's standards».

31. «How to decalcify the pineal gland (third eye/ajna chakra)?», en *Decalcify Pineal Gland.*

32. Walter Last, *The bórax conspiracy: how the arthritis cure has been stopped.*

33. Joanne Powell, *Orbital prefrontal cortex volume predicts social network size: an imaging study of individual differences in humans.*

34. «Sciencce confirms third eye chakra», 2012, Merovee.

35. Serena Roney-Dougal, *Some speculations on the effect of geomagnetism on the pineal gland 1, Psi Research Centre.*

36. «Gale Encyclopedia of Occultism and Parapsychologie: Rosa Kuleshova», Answers.

37. Sheila Ostrander, *Psychic Discoveries Behind the Iron Curtain.*

38. *Ibidem.*

39. Vladimir Petropavlovsky, *The Third eye Mistery.*

40. Anneli Rufus, *Third Eye Science.*

CAPÍTULO 5

1. Chien-Hui Loou, *Correlation between pineal activation ang religious meditation observed by functional magnetic resonance imaging.*

2. Svatmarama, *Hatha Yoga Pradipika, cap. 2:3.*

3. Gopi Krishna, *Kundalini.*

4. B.K.S. Iyengar, *Light on yoga, 439-440*

5. Parmahansa Yogananda, *La segunda venida de Cristo.*

6. *Ibidem* pág. 109

7. Mateo, 6: 22.

CAPÍTULO 6

1. Mateo, 6:22

CAPÍTULO 7

1. Watkins, *Meditación del chakra del entreejo para conectar con el Tercer Ojo.*

2. Santosh Ayalasomayajula, *Sri Veerabrahmendra. El precursor de Kalki.*

CAPÍTULO 8
1. Mateo, 7: 7.

CAPÍTULO 9
1. Mateo 7, 7. //Nota bibliográfica de la autora [aunque este versículo del Evangelio dice: «Pedid, y Dios os dará; buscad, y encontraréis; llamad, y Dios os abrirá».] Nota personal.
2. Maharishi Mahesh Yogi, *Bhagavad Gita, 6:19.*
3. Swami Hariharananda Aranya, *Yoga Philosophy of Patanjali, 1:2-3.*
4. Maharishi Mahesh Yogi, *Bhagavad Gita, 4:22.*
5. Maharishi Mahesh Yogi, *Bhagavad Gita, 2:58.*
6. Swami Hariharananda Aranya, *Yoga Philosophy of Patanjali, 3:24.*
7. *Ibidem, 3:23.*
8. *Ibidem, 3:25.*
9. *Ibidem, 3:26.*
10. *Ibidem, 3:27.*
11. *Ibidem, 3:28.*
12. *Ibidem, 3:29.*
13. *Ibidem, 3:32.*
14. *Ibidem, 3:33.*
15. *Ibidem, 3:34.*
16. *Ibidem, 3:35.*

CAPÍTULO 10
1. *Ibidem, 3:36.*
2. Fabrizio Pregadio, «Cinnabar Fields (Dantian)».
3. *Ibidem.*
4. *Ibidem.*
5. Tom Bisio, «Taoist Meditation Lesson Eight Theory: Golden Fluid and The Micro-Cosmic Orbit».

CAPÍTULO 11

1. «The Microcosmic Orbit», YuLi QiGong: Jade Power QiGong.
2. John Freed, «The Mesopotamian Winged Games».
3. Wikimedia Commons.
4. H. H. Wilson, trans. *Rgvedasamhita, Mandala 9. 9.001.01, 9.001.02, 9.001.03.*
5. H. H. Wilson, trans. *Rgvedasamhita, Mandala 9. 9.113.07, 9.113.09, 9.113.10.*
6. *Hatha Yoga Pradipika, 3.43-45.*
7. R. B. Jefferson, «The Doctrine of Golden Mercuric Sulphur (Cinnabar)».
8. Tao Lin, «DMT: You Cannot Imagine a Stranger Drug or a Stranger Experience».
9. Iona Miller, «Soma Pinoline» Pineal DMT.
10. Life-changing, que cambian la vida.
11. Cliff Pickover, «DMT, Moses, and the Quest for Trascendence».

CAPÍTULO 12

1. Iona Miller, «Soma Pinoline» Pineal DMT.

CAPÍTULO 15

1. Hatha Yoga Pradipika, 4:17.

CAPÍTULO 16

1. JungOccult, «Styles og Chi Kung Opening Third Eye».
2. Mateo, 7:7.

CAPÍTULO 18

1. *La tempestad, Acto IV, escena 1, 148-158.*
2. *Yoga Vasistha – The Art of Realization.*
3. «Platon, The Allegory of the Cave», *The History Guide.*
4. Vimuktananda, Swami, trad. «Aparokshanubhuti».
5. Max Muller, trad. *The Upanishads. Chandogya Upanishad 6.2.1.*

6. Max Muller, trad. *The Upanishads. Brihadaranyaka Upanishad 1.4.10.*

7. Max Muller, trad. *The Upanishads. Chandogya Upanishad 6.8.7.*

8. Max Muller, trad. *The Upanishads. Chandogya Upanishad 3.14.1.*

9. Max Muller, trad. *The Upanishads. Kena Upanishad 1:5 a 1:9.*

10. Génesis 3, 2-3.

11. *Ibidem.*

BIBLIOGRAFÍA

1. Enlace roto.

Índice analítico

Acerca de la autora

La Dra. Susan Shumsky ha dedicado su vida a ayudar a la gente a tomar las riendas de su vida de modos positivos, poderosos y altamente efectivos. Es una líder espiritual experta, muy aclamada y respetada, así como una profesional respetada. Es ministra del Nuevo Pensamiento y Doctora en Divinidad.

La Dra. Shumsky es autora de *Divine Revelation*, así como de cuatro libros que han sido galardonados: *Exploring Chakras*, *How to Hear the Voice of God* y *Ascension*, publicados por New Page Books; y *Miracle Prayer*, publicado por Penguin Random House. Sus otros títulos incluyen *Exploring Meditation*, *Exploring Auras*, *Instant Healing*, *The Power of Auras* y *The Power of Chakras*, publicados por New Page Books. Sus libros han sido traducidos a varios idiomas, algunos de ellos fueron éxitos de ventas en Amazon y dos fueron seleccionados por el One Spirit Book Club.

La Dra. Shumsky ha practicado disciplinas de autodesarrollo desde 1967. Durante veintidós de esos años ha practicado la meditación profunda durante varias horas cada día en el Himalaya, los Alpes suizos y otras áreas aisladas, bajo la guía personal y del ilustre maestro indio Maharishi Mahesh Yoguim, fundador de la meditación trascendental, gurú de The Beatles y de Deepak Chopra. Ha sido parte del personal de Maharishi durante siete de estos años, y ha visitado en Mallorca, Austria, Italia y Suiza. Luego estudió Nuevo Pensamiento y metafísica durante otros veinticinco años y se convirtió en Doctora en Divinidad.

La doctora Shumsky ha enseñado yoga, meditación, plegaria e intuición a miles de estudiantes de todo el mundo desde 1970 como pionera en este campo del conocimiento. Fundó la Divine Revelation®, una tecnología provada y única para contactar con la presencia divina y escuchar la voz interna y recibir una guía divina clara y sencilla.

La Dra. Shumsky viaja mucho produciendo y ayudando en talleres, conferencias, seminarios en cruceros y tours por los distintos lugares sagrados del mundo. También ofrece teleseminarios y entrenamiento espiritual privado, sesiones de plegaria terapéutica y sesiones de despertar espiritual.

Todos estos años de investigación del conocimiento y la exploración interna han contribuido a la elaboración de sus libros y sus enseñanzas, que pueden reducir significativamente muchos escollos del camino de quien busca la verdad interna, y reducir el tiempo necesario para encontrar el camino interno al Espíritu.

En su web www.drsusan.org (en inglés) podrás:

☞ Unirte a su lista de correo.

☞ Ver el itinerario de la doctora Shumsky.

☞ Leer el primer capítulo de todos sus libros.

☞ Escuchar gratis docenas de entrevistas y teleseminarios.

☞ Invitar a la Dra. Shumsky a hablar en tu grupo.

☞ Encontrar profesores de Divine Revelation en tu área.

☞ Ver el currículum de la Divine Revelation.

☞ Registrarte para los retiros y los cursos de formación de profesores.

☞ Encargar CD, archivos descargables o tarjetas con plegarias sanadoras.

☞ Encargar libros y productos audiovisuales, o cursos de estudio para hacer en casa.

☞ Encargar bellas ilustraciones de la Dra. Shumsky impresas a todo color.

☞ Registrarte para las sesiones telefónicas o los teleseminarios de la doctora Shumsky.

☞ Registrarte para los tours espirituales a los destinos sagrados de todo el mundo.

Al apuntarte a su lista de correo en www.drsusan.org recibirás una mini guía de meditación (en inglés), que se puede descargar de manera gratuita, y acceso a su círculo gratuito y semanal de plegaria por teleconferencia y al foro comunitario gratuito.

Como regalo por leer este libro estás invitado a usar ese código de descuento cuando te registres en uno de nuestros retiros o tours en www.divinetravels.com: THIRDEYE108.

A la Dra. Shumsky le gustará tener noticias de ti. Coméntale tus experiencias personales de apertura del Tercer Ojo con un correo electrónico a divinerev@aol.com.

Contenido